| 22년 경력 체대 입시 전문가의 |

공부하는 놈
위에
뛰는 놈 있다

| 22년 경력 체대 입시 전문가의 |

공부하는 놈
위에
뛰는 놈 있다

| 이홍성 지음 |

프로방스

나의 유일한 직업은 체대 입시 전문 학원 강사다. 대학교 졸업과 동시에 이 일을 시작한 지 22년이 흘렀다. 그 기간 다른 일에는 한눈 한번 팔지 않았다. 이 분야에서는 전문가라는 소리도 듣지만, 이제는 할 줄 아는 일이 체대 입시 강사 말고는 없는 것 같다. 지금의 내가 있을 수 있었던 건 학생들 덕분이다. 그 아이들과 함께했던 시간이 거의 인생의 절반이었다. 체대를 준비하는 학생들과는 처음 상담부터 합격자 발표까지의 시간을 동행을 하게 된다. 그 과정에서 느꼈던 기뻤던 일, 슬펐던 일, 기억에 남는 일들을 적어나가려고 한다. 1000명 이상의 수료생들과의 이야기를 담아냈다.

처음 책을 쓰려고 마음을 먹었을 때 재원 생이나 졸업생들의 격려가 많은 힘이 되었다. 본인의 얘기를 써달라는 학생도 많았다. 자기의 이야기는 책으로 충분히 나와도 된다는 강요 아닌 강요를 받기도 했다. 여건이 허락된다면 이번에 실리지 못한 아이들의 이야기를 2편으로 냈으면 하는 바람도 있다. 여기에 나오는 학생들의 이름은 몇 명을 제외하고 모두 실명으로 쓰였다. 주인공들의 허락을 받았고 또한 그들이 원했다. 자신들의 이야기가 책으로 나온다는 것에 나만큼이나 설레어 한다. 20대에 학원을 강사를 시작하였는데 이제 50을 바라보는 나이가 되었다. 다양한 만남이 있었고 시간이 흘렀지만 내가 만나는 학생들은 항상 19세다. 아이들과 함께하면 나이를 거꾸로 먹는 느낌이 든다. 내가 지금까지 젊게 사는 비결은 여기에 있는 것 같다.

1997년 대학 졸업과 동시에 입시학원 강사를 하였다. 10년이 지날 즈음 상담을 했던 학부모가 '어머 10년이나 하셨어요? 그럼 믿고 맡기려고요'라고 했던 일이 엊그제 같은데 또 10년이 훌쩍 지나갔다.

10년이면 강산도 변한다는데 2번 변하고도 남는 시간이 지나갔다. 직업으로 시작했던 일이지만 시간이 지날수록 어깨가 무거워졌다. 나의 노력이 누군가의 인생에 중대한 영향을 주는 일이기 때문이다. 사명감을 가져야만 했고 더 많은 열정을 쏟아붓게 되었다. 체대 입시 분야에서는 전문가라고 자부하지만, 경력이 늘어가는 만큼 부담감도 올라가는 것이 사실이다. 나의 역량이 한 사람 한 사람의 장래를 결정한다는 것은 의무감을 느끼게 하는 일이었다. 지금까지 1000여 명의 수강생이 다녀갔다. 끝까지 한 학생들이 대부분이지만 중도 포기하는 학생도 있었다. 학원을 등록했던 학생의 이름을 거의 기억한다. 합격한 대학과 출신고교 학생마다의 습관들도 함께 기억이 난다. 책을 쓰면서 아이들의 이름을 가만히 떠올려 보니 감회가 새롭다.

처음엔 합격생들의 얼굴만 보였다. 대학을 합격시킨다는 것은 나에게도 성취감을 주는 일이었다. 합격자 발표하는 날은 떨리기도 하고 기대도 되는 날이기도 했다. 예상한 결과가 나오면 함께 기뻐했던 일들도 생각이 난다. 이제는 경험이 쌓여갈수록 대학을 떨어지는 학생이 더 눈에 밟히고 마음이 아프다. 아무래도 대학에 떨어진 학생들에게 더 많은 시간을 들여 가르쳤기 때문이지 아닐까 싶다. 가능성이 낮은 학생들을 가르치면서 고운 정 미운 정이 더 많이 든 것이다. 떨어지면 안 된다는 마음은 꼭 붙어야 한다는 마음으로 바뀌었다.

합격 가능성이 높은 학생들은 대부분 붙는다. 변수 없이 계획한 대로만 진행이 된다면 다른 결과가 나오는 경우는 별로 없기 때문이다. 반면에 합격 가능성이 낮은 학생은 가르치고 결과 발표가 나올 때까지 한순간도 마음을 놓을 수가 없다. 그래서 가능성이 별로 없던 학생의 성공은 기쁨이 배가 될 수밖에 없다. 본인들도 대학생이 됐다는 성취감은 말로 표현할 수 없을 정도이다. 결혼하고 자녀를 키우면서 교육자와 부모의 마음을 함께 가지게 되었다. 수험생의 부모님 마음까지도 느껴지기 시작하면서 일에 대한 사명감은 훨씬 커졌다.

초창기에는 자료도 별로 없었다. 그 당시 체육대학들은 요즘처럼 인터넷에 입시 관련 자료를 올리지도 않았다. 인터넷이 발달하지 않았던 시절이기도 했다. 나우누리 천리안 하이텔의 시대였으니까… 그때는 합격자 발표가 나기 전까지 정확한 예상을 하기가 힘들었다. 자료가 없다 보니 감에 의존하는 부분이 있기도 했다. 그래서 발표 당일의 기쁨은 지금보다 훨씬 높았다. 현재는 워낙 많은 양의 자료들을 보유해서 실기가 끝나는 그 날 바로 어느 정도의 윤곽이 나온다. 합격자 발표하는 날에 느꼈던 환희는 합격의 확인으로 대체해 가고 있다.

자료가 없던 시절이라 일일이 대학교에 전화해서 입시자료를 모았다. 실기 종목 배점표 등의 자료와 전년도 합격생의 컷트라인을 문의하였다. 하지만 비공개가 원칙인 대학이 대부분이었기 때문에 정확한 자료를 모으기가 힘들어 입시자료에 대한 정보가 합격이고 능력인 시대였다. 예로 서울시립대 체육과 입시자료 정보를 몰라서 지원조차 못 하는 학원들이 대부분일 정도였다. 요즘이야 인터넷으로 방대한 자료들을 구하기는 하지만 그것들도 기본적인 자료들뿐이고, 합격과 관련한 축적된 자료는 구하기 어렵다. 예체능 대학들은 실기점수가 반영되므로 정확한 합격점을 발표하는 학교가 드물기 때문이다. 정작 입시에서 중요한 자료들인 전년도 합격점과 올해의 예상 컷들에 대한 정보를 구할 수 없었다. 이러한 충분하지 않은 정보로 인한 무지함은 수능을 보고 난 후, 학생과 학부모의 심정을 걱정과 두려움으로 만든다. 그래서 정확한 컷을 잡아 불안감을 해소하는 상담이 필요한 것이다.

사람들에게 체대 입시 준비과정을 소개하고 싶었다.

내가 하려는 이야기는 체육대학에 관심이 있는 학생이나 부모에게 자료로 정리된 진학을 위한 책자가 아니다. 살아있는 이야기를 생생하게 들려주고 싶었다. 체대 진학을 목표로 두지 않는 일반인들에게도 역경을 이겨낸 수험생들의 이야기와 전문 엘리트 운동선수가 아닌 보통 학생들이 체대에 가는 길을 실화를 통해서 전달하고 싶었다. 허위와 과장이 아닌 인터넷에 있는 설명서가 아닌 수험생의 입장에서 말이다. 운동도 하고 공부도 하는 아이들은 어떤 생활을 하는지 어떤 생각을 하고 있는지 전달하고 싶었다.

체대에 대해 편견과 잘못된 정보도 많았다. 이런 부분들이 체대에 대한 불신과 선입견을 만들었다. 작은 예로, 구타가 심하다든가, 선후배의 규율이 엄격해서 자퇴생이 많다든가, 체대 가려면 돈이 많이 든다는 등의 일이다. 이 책을 통해서 학생과 학부모 또는 일반인들의 체육대학에 대한 궁금증이 모두 풀리기를 희망한다. 이 글에는 세밀하고 정확한 통계는 들어있지 않다. 그보다는 입시생들의 생생한 현장을 담아내는 것이 훨씬 도움이 많이 될 거로 생각했기 때문이다. 20년간의 나의 이

야기를 이 책에 소개한다. 한 권의 책에 모두 쏟아낼 수는 없지만 기억
에 남는 인생의 이야기들이다. 즐겁기도 했고 보람도 있었다. 때론 마
음 아프기도 했던 실제 삶을 이 책에 담았다.

　우선 내 소개를 먼저 하려 한다.
　나는 1990년에 고려대학교 사범대학 체육교육과를 입학했다. 27년
이 지난 2017년도에 동대학원을 다시 입학했다. 늦은 나이에 다시 공
부를 시작하여 교수로 발령 되도 늦을 나이에 학생으로 다니고 있다.
공부엔 때가 없다고도 하는데 쉽지는 않다.
　처음 입학했을 때 교수님들이 '많이 늦었네요.'하고 물어보는 게 인
사였다. 보통 사람들이 생각하는 시기로는 늦었을지도 모르지만 지금
이 나에게는 적절한 시기였던 것 같다. 그전까지는 대학원을 다닌다는
것은 생각도 해 본 적이 없었다. 사는 데 급급하기도 했고, 공부는 평생
하는 것이라는 생각도 마음만 있었을 뿐이었다. 늦었다고 생각한 지금
이 나에겐 가장 빠를 때인 것이다. 이보다 더 빨리 시작할 수 있는 여건
은 그 전엔 없었기 때문이다.
　재학생과의 나이 차이도 크게 난다. 20년 정도는 되는 것 같다. 학원
에서도 고등학생들과 접하는데 대학원에서도 젊은 기운을 느끼면서

다닌다. 최대한 조용히 있는 듯 없는 듯 다니고 있다. 교육대학원에 다니는 학생들 대부분은 목적이 같다. 교원자격증을 취득하여 교사로 나가고 싶어 하는 학생들이다. 대학을 졸업하자마자 바로 진학하는 친구들이 대부분이라 20대 중후반의 연령이다. 어려움 가운데 대학원을 다니면서 얻는 장점도 여러 가지가 있다. 그중 하나는 학원생들에게 너희도 할 수 있다는 메시지가 전달되는 효과가 있다. 대학원은 야간에 수업이 있어 저녁에 학교에 간다. 가방을 메고 학원을 나설 때 아이들이 물어본다.

'선생님 어디 가세요?'하고 궁금한 눈으로 쳐다본다. 학교 간다고 하면 단체로 파이팅이라고 구호를 외치기도 한다. 아이들의 격려를 받으면서 대학원을 다니고 있다. 이렇게 격려를 해주는 아이들에게 이 나이에 학교 다니는데 너희들도 꼭 대학가라고 얘기를 해 준다.

어려서의 꿈은 체육 교사였다. 학교 운동장에서 아이들과 함께 뛰는 모습을 상상하며 꿈을 키웠다. 대학진학에서 졸업까지 교사만 목표로 했다. 한 번도 다른 꿈을 가져본 적도, 임용이 안 된다는 생각을 해본 적도 없다. 그랬기 때문에 막상 임용고사에 떨어졌을 때의 좌절감은 하늘이 무너지는 것 같았다. 태어나서 겪은 가장 큰 좌절이었다. 교사의 꿈을 접기까지는 시간이 필요했다. 마음의 정리를 하는 건 쉽지 않았다.

내가 몸담은 피스톤 체대 입시에 대해서도 설명하고자 한다. 1995년에 목동피스톤이라는 체육학원이 설립됐다. 피스톤 1호점이면서 지금의 전국피스톤 체대 입시 프랜차이즈 학원의 효시이다. 내가 몸담은 마포피스톤은 1997년에 설립되었다. 피스톤은 피스톤 출신의 강사나 부원장들이 새로운 피스톤을 오픈하면서 학원 수가 늘어나게 된 프랜차이즈이다. 각 원장은 본인들이 강사시절 체득한 경험을 바탕으로 학생들을 지도하기 때문에 전체적으로는 운동의 시스템이 비슷하게 진행된다. 현재 피스톤은 전국에 약 20여 개 가까운 지점을 둔 연합학원이다. 매년 2000명 이상의 수험생이 피스톤의 이름으로 입시를 치른다. 최초설립부터 현재까지 수만 명의 수험생과 이루 헤아릴 수 없을 정도로 많은 합격생을 배출했다. 체대 입시는 자료와 정보의 싸움이다. 축적된 자료를 바탕으로 전국 최고의 체대 입시학원으로 명성을 높이고 있다.

난 우연한 계기로 입시학원에 몸을 담게 되었다. 평소 알고 지내던 선배의 일을 도와준다는 생각으로 시작하였는데. 그때는 이일이 나의 천직이 될 거라고는 상상도 못 했다. 강사로 일하면서 다시 임용을 준비하려는 마음을 갖고 있었다. 대학교 졸업과 동시에 시작한 일이라 이론이나 실기는 자신이 있을 때였다. 젊은 패기로 거칠 것이 없었고, 가르치는 일은 자신이 있었다.

이곳에서 학생들을 만나게 되었다. 그들도 나만큼 목표에 대한 마음이 간절했다. 그 마음을 아는 데 오랜 시간이 필요하지 않았다. 체육을 하는 학생들은 순수하기도 했고, 학원에 다닌다는 것 자체가 목표와 끈기가 있다는 것을 증명하기 때문이다. 처음엔 시행착오도 많이 겪었다. 운동만 열심히 지도하면 대학은 쉽게 갈 수 있다고 생각했다. 그런데 정확한 점수의 계산이 안 되면 아쉽게 떨어지는 경우가 생겼다. 점수가 높았는데 왜 떨어졌지? 실기를 잘 봤는데 왜 떨어졌지? 라는 생각을 되풀이하며 시행착오를 거쳤다. 입시는 막연하게 이 정도면 되겠지? 라는 생각을 하면 안 되는 것이었다. 시간이 갈수록 총점계산을 정확히 했고, 상담이 끝난 학생이라도 혼자서 밤새 다시 확인했다. 공부를 못해도 갈 수 있는 대학이 보였고 실기를 못해도 합격이 가능한 대학이 보이기 시작했다. 실력보다 더 좋은 학교로 보내는 법도 터득했다.

체육대학은 실기가 있는 학교이다. 수능과 내신만으로 선발하는 일반 대학보다 변수가 많다. 학교를 낮추면 무조건 합격할 거라고 사람들은 생각한다. 가군, 나군, 다군 세 개의 대학을 시험을 보고 그중에 가장 상위권의 대학만 합격하는 학생들도 많다. 서울대 합격하고 고대나 연대 떨어질 수도 있는 것이 체대 입시다. 매우 흔하게 일어나는 일이기도 하다.

체대는 그 대학에서 요구하는 부분이 무엇인지 철저하게 분석해야 하는데, 어느 대학의 모 교수는 실기시험을 감독할 때 이런 점을 까다롭게 본다는 구체적인 부분도 파악하고 있어야 한다.

지금은 예전보다 상담하기는 훨씬 수월해졌다. 자체 개발한 프로그램은 학생의 점수만 입력하면 지원 가능 대학이 순서대로 나열된다. 이 프로그램을 통해 학생과 학부모의 입장에서 더욱 신뢰가 가는 상담이 가능하게 되었다.

실전 경험을 통해서 체육대학 입시의 모든 궁금증을 풀어내도록 할 것이다. 이 책을 통하여 체대 입시의 처음과 끝을 알 수 있을 것이다. 모든 궁금증이 해결되리라고 감히 단언할 수 있다. 체대 입시에 대한 불안함과 절망 속에 있는 누군가라도 이 책을 통해 조금이라도 희망을 품게 된다면 더 바랄 것이 없겠다. 책을 쓰다 보니 지금까지 학원에 다녔던 학생들이 생각이 난다. 그들이 있었기에 내가 이 자리에 있을 수 있는 것이다. 힘든 시기를 이겨낸 졸업생들에게 고맙다는 인사를 전하고 싶다. 또한 지금, 이 순간에도 목표를 향해 노력하고 있을 모든 수험생의 행운을 빈다.

CONTENTS

1장

체육대학에 관한
오해와 편견

처음 학원 강사를 할 때는 학생만 상담하러 왔다. 부모님이 오는 경우는 손에 꼽을 정도였다. 학생이 상담하고 체대 진학을 결정하면 부모님을 모셔오는 순이었다. 부모님은 학생의 얘기를 듣고 찾아오거나 아예 졸업할 때까지 한 번도 오지 않기도 했다. 체대에 관한 부모님의 반응은 찬성과 반대 크게 두 가지로 나뉜다. 찬성의 경우 학생의 체대 진학이 결정되면 수강료와 학원의 위치, 합격 가능성, 졸업 후 진로 등의 상담을 한다. 반대하는 경우의 대부분은 오해와 편견이 많은데, 체대는 특기생들만 진학할 수 있다. 구타가 심하다. 부정입학이 많다 등등 다양하다. 그런 경우 상담을 하고 기존에 알던 정보와는 아주 다르다는 것을 알게 된 후에야 등록을 하기도 하지만, 끝까지 생각을 바꾸지 않았던 부모님도 많았다. 그 시절엔 부모님이 먼저 상담을 오는 경우는 거의 없었다.

요즘은 학부모가 먼저 상담을 하고 학생을 데려오는 경우도 많아졌다. 지원을 희망하는 학교에 한해서는 나보다 더 많이 아는 학부모도 있다. 교수진까지도 줄줄 꿰고 있는 학부모도 있을 정도다. 예전과 비교하면 체대에 대한 선입견은 많이 없어졌다는 것을 느낀다. 누구나 묻는 공통 질문이 있다. '체대는 어떻게 해야 갈 수 있어요.'란 물음이다. 나의 대답은 항상 똑같다.

"체대는 성실한 학생이 갈 수 있습니다."

학원에서 운동하는 시간은 하루에 3시간 정도이다. 결코 적은 시간은 아니다. 그 정도 운동을 소화하면 누구나 체력적으로 지치기 마련이다. 체대 합격은 운동을 마치고 난 후의 생활이 합격을 결정한다. 운동이 끝나고 집에 가면 바로 자는 학생도 있고, 게임을 하는 학생도 있고, 공부하는 학생도 있다. 그 차이가 학교를 결정하는 것이다. 대학을 꼭 가야겠다는 그 의지를 1년간 유지하는 게 합격의 지름길이다.

2018년 체대준비생 연합테스트

사람은 성실할수록 자신을 얻는 법이다.
성실하면 할수록 태도가 안정해진다.
그리고 정신을 자각한다.
〈아우렐리우스〉

체대는 무엇을 배우는 곳인가

정희라는 학생이 상담을 왔었다. 운동도 좋아했지만, 특히 노래와 춤을 잘 췄다. 명석 깔아 주면 못한다는 말도 있는데 정희는 시키면 빼지 않고 춤을 추곤 했다. 어떤 날은 시키지 않아도 혼자 춤을 추기도 했다. 당시의 아이돌 춤은 거의 다 섭렵했던 학생이었다. 가끔 학원에서 댄스 배틀도 하고는 했었다. 그때 카라의 골반 춤을 따라 하던 정희의 모습은 아직도 떠오른다.

정희의 아버지는 정희가 운동하는 것을 별로 내키지 않아 했다. 공부를 못해서 쓸데없는 돈이 든다는 것이 이유였다. 정희는 시시콜콜한 집안 얘기까지도 모두 내게 들려주고는 했다. 어머니와는 어려서 헤어졌고 아주 가끔 아버지 몰래 만난다고 했다. 혹시라도 어머니를 만난 걸 아버지가 알게 되면 불호령이 떨어진다고 했다. 정희는 어머니와 같이 살고 싶지만, 지금은 사정이 허락하지 않기 때문에 대학을 가서 자기 스스로 독립하는 날이 온다면 그때는 어머니와 함께 살 거라고 했다.

정희의 가족은 아버지와 오빠 셋이 살고 있었다. 운동이 끝나면 지체하지 않고 집으로 가야 하는 날들도 있었다. 아버지가 버스 운전을 하셨고 교대 근무라서 출퇴근 시간이 일정하지 않았다. 퇴근 시간이 정희가 집에 도착하는 시간과 비슷한 시간대가 있었다. 그럴 때면 정희는 아버지보다 먼저 집에 도착하기 위해 서둘렀다. 아버지는 일이 끝나면 저녁 식사는 꼭 집에서 하셨고, 정희는 빨래와 설거지 등의 집안일을 해야 했다.

겉으로 보기에는 여느 여고생과 별반 다르지 않았다. 오히려 성격은 훨씬 더 밝았다. 정희가 얘기하지 않았다면 전혀 알 수 없는 일들이었다. 정희는 학원수강료를 내는 날이 돌아올 때면 많이 힘들어했다. 아버지는 '너 대학을 갈 수 있기나 하니?' 라는 얘기를 시작으로 공부를 못한다고 무시하는 온갖 얘기를 했고 정희는 참고 들어야만 했다. 오래 앉아서 아버지의 얘기를 전부 듣고 나서야 겨우겨우 돈을 받을 수 있었고 늘 그런 식으로 학원수강료를 냈다.

입시 학원을 하다 보면 상담을 많이 하게 된다. 상담의 주제는 꼭 공부에 관한 얘기만 있는 것은 아니었다. 친분이 생기면 가족 문제를 얘기하는 학생도 있고 다른 고민을 얘기하기도 한다. 정희는 집안 얘기를 유난히 많이 했고, 나는 묵묵히 들어줬다. 아이들이 하는 얘기는 거의 다 들어주는 편이다. 판소리에서 고수처럼 추임새도 넣어준다. '그래'

'저런' 하면서 이야기에 몰입한다. 경청만 해줘도 학생이 가진 고민의 반은 해결이 되는 것 같다. 정희는 공부를 못했지만 하고 싶은 꿈이 매우 많은 아이였다. 공부가 인생의 전부는 아니니까…

운동을 시작한지 얼마 안돼서 진지하게 내게 물었다.

"선생님 체육 선생님 하려면 체교과 가야되나요?"

"체교과를 나와야 교원자격증이 발급되고 임용고사를 볼 수 있어."

"체교과는 어디 어디 있어요?"

"서울대, 고대, 연대, 중대, 단대, 건대, 동대 등이 있지."

"제가 갈 수 있을까요?"

"서울에 있는 학교들이라 지하철이나 버스 타면 갈 수 있는데."

"그렇게 가는 방법 말고요. 지금 성적으로 갈 수 있는지."

"체교과는 선호도가 높아서 체육대학교 중에서도 지원점수가 높은 편이지. 지금 성적으로는 쉽지 않지."

"그럼 다른 학과는요?"

"체교과 말고는 체육과, 사회체육과, 레져스프츠과는 배우는 것이 거의 비슷하고 재학 중에 사회체육 지도자 자격증을 따고 졸업 후에는 일반인들에게 운동을 가르치게 되지. 자격증에 해당되는 종목은 스포츠의 거의 모든 종목이 해당한다고 보면 되고 스포츠의학과는 재활 의학에서 체육이 할 수 있는 분야를 개척 중이고 병원 내에 재활치료실 같은 곳에서 일해"

"스포츠 마사지는요?"

"그건 별로 권하지 않는 편이야. 자격증이 공인된 곳이 거의 없고 취업도 싫지가 않아. 일반 경락마사지나 시각장애인 마사지, 발 마사지, 타이 마사지처럼 종류도 많고 체육을 전공했다고 경쟁력이 생기진 않아. 내가 아는 지인 중에도 스포츠 마사지로 월드컵대표팀 트레이너까지 하긴 했는데, 특별한 케이스였지."

정희는 갑자기 심각해졌다. 막연히 생각했던 대학이 현실로 다가온 느낌을 받은 것 같다.

"저는 무조건 대학 가야 해요. 저희 아버지 아시죠? 아버지 때문이라도 대학교에 가서 뭔가를 보여드려야 하는데. 아, 걱정이 많네요."

"그 많은 걱정 중에 하필 공부 걱정은 없지?"

"이상하게 그것만 걱정이 안 돼요."

공부 얘기만 나오면 정희는 한없이 해맑아진다. 자신 없음의 다른 표현인 것 같다. 공부는 스트레스만 받고 못 하는 학생도 있고, 스트레스가 전혀 없이 못 하는 학생도 있다. 정희는 후자의 경우였다.

"4년제는 자신이 없는데 전문대 나와도 될까요?"

"여학생은 간혹 일찍 졸업하고 싶어 하는 애들도 있어. 전문대 나와서 유아 체육이나 헬스트레이너 계통으로 나가는 애들도 있어"

여학생은 이름도 낯선 지방의 4년제 대학보다는 가능하면 인서울의 전문대를 권하는 편이다. 부모님들도 대체로 그쪽을 선호하는 편이다.

정희는 헬스트레이너에 관심을 많이 가졌다.

"트레이너 괜찮을 것 같아요. 제가 몸도 되고 남 앞에 나서는 것도 좋아하고요."

"나쁘지 않아 보인다. 넌 남 뒤에 있는 것보다는 남 앞에 있는 게 나으니까."

"돈은 많이 벌까요?"

"세상에 있는 모든 직업은 그 안에서 성공한 일부가 다 벌어가, 특수한 직업 말고는. 내 친구는 변호산데도 매일 힘들데. 변호사라고 많이 버는 것 같아 보이지 않은데. 진짠지 아닌지는 모르겠어."

정희는 서울에 있는 한양여대로 진학했다. 몇 해가 흐르고 강사 선생님들이 내게 말했다.

"얘 아세요?"하고 카톡에 있는 사진을 보여줬다.

"누군지 모르겠는데."

강사들이 보여준 건 수영복을 입고 찍은 프로필 사진이었다.

"정휜데요. 대회 나가서 입상하고 지금 유명한 트레이너라는데요"

자세히 보니까 정희였다. 원래도 뚱뚱한 편은 아니었는데 살도 많이 빼고 몸도 잘 다듬어서 몰라봤다. 남들 앞에 서는 걸 좋아해서 포즈도 상당히 과감했다. 하고 싶은 일도 하고 돈도 잘 번다고 해서 다행이었다. 아마 정희 아버지도 어엿한 사회인으로 인정해 주지 않았을까 싶다.

체육대학은 선발 과정을 크게 두 가지로 나눈다. 특기생과 일반 학생이다. 전형이 서로 틀리다. 특기생은 어려서부터 운동을 계속해온 학생들로 대학진학 후에도 선수 생활을 지속하려는 학생이다. 아시안 게임, 올림픽, 프로선수 등의 목표를 가지고 운동을 한다. 보통사람들이 생각하는 엘리트 운동선수이다. 일반 학생은 체육지도자나 체육 관련 분야로 나가게 된다. 다음과 같은 분야들이 있으며, 졸업 후의 진로도 체육과 체육 외의 여러 방면으로 나가기도 한다.

스포츠 커뮤니케이션 분야
스포츠신문 기자, 리포터, 해설자, 아나운서 등이 있다.

체육행정관리 분야
체육 관련 기관 (문화체육관광부, 행정자치부, 체육진흥공단 등) 공무원, 경기단체 (대한체육회, 마사회, 경륜회, 경정회등) 행정 및 사무원, 공공체육시설 관리자.

스포츠 에이전트 분야
각종 스포츠 관련 업무 대행 (축구, 야구, 농구, 배구, 골프 등).

생활체육 지도자 분야
골프, 수영, 태권도, 에어로빅, PT 등 생활체육지도자 및 안전관리지도자.

스포츠 시설 건설업체
스포츠 경기장 디자인, 건설 참여.

직업군인
장교, 부사관.

스포츠 마케팅
각종 스포츠용품 디자인, 홍보, 판매, 스포츠 시설 운영관리 대행.

스포츠의학
병원, 스포츠센터 등의 운동처방사, 장애인등 특수체육 지도자, 개인 체력관리 트레이너, 병원의 운동치료사.

스포츠 경영관리
각종 스포츠센타 및 클럽 경영자, 프로 및 아마추어 스포츠팀 관리자.

경기지도자
각종 운동 종목의 코치, 감독, 선수 트레이너, 군인체육 지도자.

체육 스포츠 연구 분야
스포츠 관련 연구소 연구원, 체육과학 연구소 연구원, 교육개발원의 대학부설 체육 연구소의 연구원.

경호 요원
대통령 경호 등 정부기관의 요인 경호, 국회 경위, 경호경찰, 교도대, 사설경호요원.

대학교 교수, 중등교사, 스포츠강사 등의 진로가 있으며 체육대학에
서는 이와 관련된 커리큘럼이 진행된다. 체육교육과는 졸업과 동시에
교원자격증이 발급되고, 체육 관련의 다른 과들은 재학 중에 생활스포
츠지도사 자격증을 획득해야 졸업이 가능한 학교들이 많다.

2

어떤 사람을 위한 곳인가

체대는 운동이 좋아서 진학하려는 학생이 대부분이다. 졸업을 하면 체육 관련 분야로 일을 하게 된다. 가끔은 다른 목적을 갖고 시작하는 학생들도 있다. 차선책으로 체대를 진학하는 학생들도 있다.

지금은 마포에서 학원을 운영하고 있지만 처음 시작한 곳은 아현동이었다. 학원 첫해에 광진구에서 아현동까지 꽤 먼 거리를 통학하던 학생이 있었다. 이름은 홍진이였고 자기 주관이 굉장히 뚜렷한 학생이었다. 운동신경은 그다지 뛰어난 편이 아니지만, 본인만의 성실함과 꾸준함으로 조끔씩 향상되고 있었다. 얼굴도 상당히 잘 생기고 귀공자 스타일이었다. 운동하는 것 말고는 다른 쪽에 전혀 관심이 없는 학생이었다. 학교는 광진구에 있고 서대문구에 있는 학원에 다니는데 이 근처 여학교에 홍진이를 아는 여학생이 많았다. 그만큼 외모로 인한 인기가 많았다.

나는 한 번도 홍진이가 요령을 피우는 것을 보지 못했다. 지금은 운동을 주 2회나 3회를 기본 수업으로 진행하는데 그 당시에는 주 4회 운동을 했었다. 지금보다 운동량이 훨씬 많았던 시절이었다. 홍진이는 운동이 힘들 때면 힘들다는 내색은 해도 쉬지를 않았다.

운동은 운동만의 특징이 있다. 출석 확인이 끝나고 운동을 시작하게 되면 처음에는 학생들 사이의 차이가 나질 않는다. 시간이 지나고 운동의 강도가 세지면 그때부터 차이가 벌어지기 시작한다. 그런데 이게 능력의 차이는 아니라는 것이다. 다른 학생에 비해 뒤처지기 시작하는 학생은 운동 강도를 약하게 맞춰줘도 소용이 없다. 이 차이는 정신력에 기인한다는 것이다. 홍진이는 정신력이 남들하고는 확연히 달랐다. 좀 말려야 할 정도로 아니 미련할 정도로 열심히 했다. 저러다 쓰러질 것 같아서 쉬는 시간도 줄 겸해서 불러서 물어봤다.

"홍진아 안 지치니?"

대답은 의외였고 간단했다.

"지치는데요"

"정말 죽을 것 같은 표정을 지으니까, 그러다 죽을까 봐 걱정 돼서 그래."

"감사합니다. 그런데 저는요. 학원에 다니면서 돈을 벌고 있어요."

"무슨 소리니?"

"애들마다 똑같은 학원비를 내잖아요."

"그렇지."

"똑같은 학원비를 내는데 운동을 적게 하면 학원비가 아깝잖아요."

"아깝긴 하지"

"학원에서 정해준 운동량을 하면 학원비만큼 하는 거고요. 그거 끝내고 제가 몇 개라도 더하면 그때부터 학원비를 버는 거예요."

뭔가 한 대 맞은 것 같았다. 이런 생각을 하는 학생도 있나 싶었다. 그렇다고 형편이 어려운 아이도 아니었다. 홍진이의 목표는 서울대였지만 체육교육과가 최종 목표는 아니었다.

"서울대 체교과를 가고 싶지는 않아요."

"그럼 운동은 왜 하나?"

"서울대에 가고 싶은 과가 있는데 제가 거기 가기에는 성적이 부족해요."

"그래서?"

"서울대 체교과에 들어간 후에 제가 원하는 과로 전과를 목표로 두고 있어요."

홍진이는 참 다부지게 운동했다. 그때가 학원을 처음 하는 해였다. 결국 홍진이는 우리 학원 최초의 서울대 합격생이 되었다.

〈육일 약국 갑시다〉의 저자인 김성오 메가넥스트 대표가 TV에 출연해서 젊은이들을 대상으로 강연에서 이런 말을 했었다.

"나는 남들이 하는 것보다 딱 1.5배만 더해보자고 다짐했습니다. 그리고 그렇게 했습니다. 그랬더니 나중에 남들보다 5배, 10배, 20배, 200배의 성과로 돌아왔습니다."

홍진이는 남들보다 배로 열심히 했고, 무엇을 해도 성공하리라 생각했다.

학원을 졸업한 홍진이를 다시 본 건 TV를 통해서다. 지금은 아이돌 그룹이란 이름이 흔하지만, 그때는 그런 이름도 없을 때였다. 처음 보는 그룹에서 드럼을 치고 앉아 있는 모습을 보았다. 머리에는 어울리지 않는 두건을 두르고 있었다. 그룹마다 컨셉이 있겠지만 내가 보아 왔던 모습이 아니라 상당히 어색해 보였다. 서울대에 다니면서 길거리 캐스팅이 됐다고 한다. 아무튼 사람은 잘생기고 볼 일이다. 그룹은 이미 결성이 되어 있었고 각자 맡은 파트도 정해져 있었다. 그룹멤버로 가장 늦게 합류한 홍진이는 잘하는 분야가 없었고 다른 악기에 비해 드럼이 수월했다고 한다. 못해도 티가 덜 나고 그나마 그게 제일 비중이 없는 파트라고 했다. 서울대 출신 가수라는 타이틀은 어느 정도는 인지도에 영향을 주었다.

잘되기를 바랐는데 안타깝게도 그룹은 오래가지 못했다. 소속사에 문제가 생기고 활동에 어려움을 겪기 시작했다. 팀원들은 어떻게든지 극복하려고 노력을 많이 했는데 결국은 해체되고 말았다.

해체되고 나서도 가끔 홍진이가 몸담았던 그룹의 노래가 라디오에 들릴 때가 있었다. 홍진이 생각을 해본 적은 없는데 그 노래가 나오면 어김없이 그 아이가 생각이 난다. 홍진이도 이제는 불혹의 나이가 됐을 텐데 그 후로 어떻게 됐을지 궁금하다.

체대 입시는 수능 후를 시즌이라는 말로 달리 부른다. 운동도 시즌

전 운동과 시즌 운동으로 나뉜다. 수능이 끝나면 운동시즌이 시작되고 며칠 동안은 정신이 하나도 없다. 수능이 다가오면 일주일에서 열흘 정도의 마무리 시간을 준다. 잠시 동안 운동을 쉬고 수능에 대비한 컨디션 조절에 들어간다. 학원도 학생들이 쉬는 이때가 겨울에 맞게 되는 짧은 봄방학 같은 시간이다. 태풍이 불기 전의 고요함이라고 할까? 수능 전 10일은 1년 중에 시간이 가장 빠르게 지나가는 시기다.

수능을 보고 나면 상담이 시작되고 운동시간도 늘어난다. 상담은 한 학생당 2시간 정도가 진행된다. 운동능력과 수능점수를 대비해서 바로 확정되는 경우도 있고, 간혹 일주일 넘게 걸리는 학생도 있다. 점수에 맞는 학교를 선택하고 학생도 불만이 없다면 상담은 금방 끝이 난다. 다만 본인 점수와 지원 대학의 갭이 크면 상담 기간이 길어진다. 학생 상담이 끝나고 부모님의 상담이 이뤄지고 부모님의 상담을 끝으로 가

체육대회 후 단체사진

고자 하는 학교의 최종 확정이 난다.

현재는 모든 자료를 컴퓨터 데이터로 처리해서 상담시간이 많이 단축됐다. 수능점수와 실기기록 내신점수 한국사 점수를 입력하면 지원 가능한 학교의 결과가 바로 나온다. 커트라인 대비 남는 점수와 부족한 점수 등이 데이터로 한 눈으로 볼 수 있기 때문에 학생이나 학부모가 쉽게 이해하는 데 도움이 된다. 다만 단점도 있긴 하다. 예전에는 가능성이 적은 대학교가 있으면 기분이 나쁘지 않게 우회적으로 상담을 진행하는 게 가능했지만 지금은 컴퓨터 화면을 함께 보면서 상담을 해서 그럴 수 없게 되었다. 성적이 나쁜 학생은 지원 불가능한 학교가 많이 보이게 되고, 그걸 보고 있는 부모님과 상담해야 하는 나까지 똑같이 난감한 상황이 연출된다.

"우리 애는 저 학교들은 아예 안 되는 건가요?" 이런 질문이 나오면 대답이 조심스러워진다. 한참을 아무 말도 없이 보고 있는 부모님도 있다. 적막감은 계속 이어지고 적절한 학교를 찾아 마무리를 짓는 일이 쉽지는 않다. 편하고 쉽다는 것은 차갑고 냉정함도 동반되는 것인가 보다.

상담 예약이 잡히면 미리 그 학생의 데이터를 둘러본다. 만약 서울권으로 지원 가능한 학교가 안 보이면 괴로움이 시작된다. 일말의 가능성이라도 찾아내야 하는 과제가 주어지는 것이다. 합격 컷이 낮아질 가능성과 운동이 느는 추세라던가 모든 방법을 찾아야 한다. 찾지 못하면 지방권의 대학에 보낼 수밖에 없다.

수업시간도 수능 후에는 대폭 변한다. 시즌 전 운동은 2시간 30분에서 3시간 사이로 진행된다. 시즌에는 아침부터 저녁보충까지 하게 된다. 기본 수업만 하면 7시간 정도이고 보충까지 진행되는 학생은 10시간 전후의 운동을 한다. 이 기간은 학생들의 운동이 많이 향상되는 기간이기도 하다. 버텨내는 아이들이 참 대단하고 안쓰럽기도 하다. 그런데 이상한 점은 나중에 대학생이 돼서 놀러 오면 시즌 때가 제일 재미있었다고 한다. 가끔 군대 전역 후에 추억처럼 군대 얘기를 하는 사람들의 심정일까?

'그래도 군대에서는 시키는 것만 하면 됐으니까. 신경 쓸 일이 없잖아.' 이런 마음일까?

오후 운동이 끝나면 저녁을 먹고 쉬는 시간을 갖는다. 아이들은 삼삼오오 모여서 저녁 메뉴를 고르면서 행복해한다. 끼리끼리 밖으로 나가서 1시간 30분 정도의 저녁 시간을 즐긴다. 저녁 시간에는 사무실 불만 켜고 체육관의 모든 전등은 꺼준다. 히터를 틀어주고 매트를 깔아주면 잠들기에 최적의 상태가 되는 것이다. 운동할 때 쓰는 매트는 부피가 두꺼워서 깔고 누우면 등도 안 배기고 쿠션감이 좋은 편이다.

아이들은 저녁을 먹고 들어온 순서대로 잠깐의 취침을 한다. 거의 모든 애들이 잠을 잔다. 30분은 밥을 먹고 1시간 정도 자는 셈이다. 코를 골면서 자는 학생도 있다. 옆에서 코를 골아도 아무도 신경을 쓰지 않는다. 그러기엔 몸이 너무 피곤하기 때문이다. 이 짧은 시간의 취침은 수업의 피로를 풀고 야간운동을 할 수 있는 힘을 비축해준다.

취침시간이 끝나고 야간운동 시간이 되면 다시 전등을 켜게 된다. 이때가 아이들한테 가장 미안한 마음이 드는 순간이다. 체육관의 불을 켜고 기상을 시키는 그 짧은 순간은 항상 망설여진다. '10분만 더 자도록 할까'하는 갈등은 매년 매번 일어난다. 살다 보면 몰라서 힘든 일도 있지만 알아서 힘든 일도 있는 것 같다.

지수는 수능이 끝난 후, 시즌이 시작되었을 때 상담을 온 학생이었다. 체대는 3년을 준비하는 학생도 있고 한 달만 준비하는 학생도 있다. 지수는 짧게 운동하고 대학을 지원하는 학생의 경우다. 체대 입시에서는 흔한 일이다. 수능 성적표가 나오기 전이라 가채점 점수를 바탕으로 상담을 하는데 늦게 시작하는 학생일수록 떨어질 확률이 높다. 운동 능력을 파악하는데, 시간이 걸리고 남은 기간 어느 정도의 실기 능력이 올라갈지 학생마다 달라서다. 그나마 지수는 키도 크고 신체 조건은 좋았다.

"상담을 좀 하고 싶습니다."

아버님이 말씀하셨다.

"운동을 했었나요."

"아뇨 이런 운동을 해본 적은 없지만 운동은 잘하는 편이에요."

보통 부모님의 십중팔구는 아이가 운동을 잘한다고 생각한다. 사실인지는 어차피 테스트해 보면 바로 확인이 되기 때문에 부모님의 답변은 참고만 한다.

"원래 가려던 학교가 있었는데 수능을 망쳐서요."

딸아이를 쳐다보면서 하는 얘기에 못내 아쉬움이 묻어 나온다. 쉽게 갈 줄 알았는데 운동까지 할 것이라고는 생각도 못 했다는 표정이다.

시즌 후에는 이런 상담이 많이 온다. 아무래도 체대는 수능점수가 일반학과보다 낮은 건 사실이다. 측정을 해보니 다행히도 지수는 성신여대는 지원할 수 있을 것 같았다. 운동을 오래 한 학생보다는 실기점수가 당연히 낮았다. 하지만 실기에서 감점되는 부분은 수능의 여유점수와 합치면 합격 가능한 점수와 비슷할 것 같았다.

성신여대 반에서 그날부터 바로 운동을 시작했다. 체대 입시 운동은 강도가 센 편이라 누구든 처음엔 근육에 알이 배기게 된다. 일주일 정도는 알이 배기고 풀어지고 나서야 운동이 조금씩 늘기 시작한다. 늦게 시작하면 알이 배기고 풀리는 시간을 줄여야 한다. 마음을 먹었으면 시작은 빠르면 빠를수록 좋다.

갑자기 시작한 운동이라 지수 어머니는 걱정이 무척 많았다. 운동 끝나고 집에 오면 밥도 안 먹고 파김치가 돼서 쓰러져 자는 모습이 안쓰럽다고 했다. 가끔 와서 지켜보기도 했다. 마음이 놓이지 않는 부모님은 2~3일 정도는 지켜보다 가기도 한다. 지수와 함께 운동하던 아이들을 지켜보던 어머니가 불쑥 튀어나온 말이 있었다.

"어머 저 아이들이 다 성신여대 반이에요?"

"네 단체 운동할 때가 있고 반별 수업할 때가 있어요."

"쟤네가 다 경쟁잔데 이겨야 할 텐데, 우리 애가 너무 늦게 와서 걱정되네."

혼잣말인지 나에게 한 말인지는 모르는데 들릴 정도의 목소리라서 기분이 별로였다. 안 하던 운동하면서 땀 뻘뻘 흘리고 있는 딸을 보다가 나온 말이었다.

"어머니 예전에 성신여대 7명 써서 5명 합격시킨 해도 있었어요. 잘하는 애들하고 하면 시너지 효과가 있어요. 장단점이 있기 마련이에요."

그리고 덧붙였다. 계속 기분은 나쁜 상태인지라.

"혹시라도 함께하는 학생들이 부담스러우면 제가 자매학원을 소개해 드릴게요. 그 학원에 올해는 성신여대 지원하는 애들이 없어요. 거기서 운동하면 경쟁자가 없어요. 마음 편히 운동할 수 있어요. 다만 시험장에선 다시 만나겠지요!"

어머니는 그런 뜻은 아니었다고 하면서 매우 난처해했다. 죄송하다는 말과 함께 그 후로는 학원에 오지 않았다.

학원을 하면서 제일 듣기 싫은 말이 있다. 우리 학원 내의 다른 애들을 이겨야 한다는 말이다. 아이들끼리 선의의 경쟁을 한다면 그것으로 최고의 성과를 내는 것이다. 어차피 최종 경쟁은 본선에서 잘해야 한다. 대학교 실기시험장에서의 경쟁을 이겨야 하지, 학원에서 일등이라고 실기시험장에서 일등은 아니다. 반대로 학원에선 꼴등이지만 합격 가능한 학생도 얼마든지 있다. 특정 대학을 준비하는 반 아이들이 모두 잘하는 해가 있다. 그럼 그 반에서는 꼴등이라도 경쟁력이 있는 것이다. 실기가 대박이 나면 학원 꼴등까지 다 붙는 경우도 생기는 것이다.

지수는 운동을 잘 따라왔다. 실기도 최상은 아니지만, 일정 수준 이상은 했다. 최종발표에서도 좋은 결과를 얻었다. 본인도 짧은 기간의 운동만으로 합격한 것에 굉장히 좋아했다. 아마도 합격이 실감이 안 났을 것이다.

"감사합니다, 선생님. 운동 할때는 그렇게 시간이 안 가더니 어느덧 다 지났네요."

"네가 열심히 했으니까"

"그때라도 시작하길 다행이에요."

"그때보다 일찍 시작했으면 좀 더 높은 학교도 가능했을 것 같다."

"정말요?"

사실이었다. 수능 점수는 상위권 대학에 붙을 수 있는 성적이었다. 운동이 부족하기 때문에 일정 부분은 학교를 낮춰야만 했다. 이처럼 인 서울 대학을 원하는데 성적이 여의치 않을 때 지수처럼 체대를 두드려 보는 학생도 있다.

왜 지금 체대 입시인가

입시 상담은 두 가지 질문으로 시작한다. 누구에게나 공통으로 물어본다.

"운동 좋아하니?"

첫 번째 질문이면서 가장 중요시 생각한다.

"부모님이 허락하시니?"

상담하려는 학생이 앉자마자 이상의 두 가지 질문을 먼저 한다. 운동을 좋아하고 부모님이 허락하시면 체대 입시를 당장 시작하라고 권유한다. 이유는 명확하다. 사람은 좋아하는 일을 할 때가 가장 행복하고 그 일에 관한 성공을 할 수 있는 확률이 높기 때문이다. 나는 독서를 많이 한다고 자신 있게 말할 정도는 아니지만 매일 책을 본다. 내가 본 책에서 자기가 싫어하고 지금 당장이라도 그만두고 싶은 일을 하면서 성공한 사람은 본 적이 없다. 물론, 있을 수도 있지만 내가 읽었던 책에서는 없었다. 특히 요즘은 부모님의 마인드도 아이가 좋아하는 것을 하도록 지원하고 싶다고 바뀌고 있다.

두 개의 질문은 매우 중요하다. 둘 다 만족하지 않으면 운동을 지속하기가 힘들다. 특히 첫 번째 질문의 만족도는 높으면 높을수록 좋다. 운동을 시작하면 근육도 뭉치고 몸도 아프고 시간도 많이 뺏긴다. 알이 심하게 배기면 다음 날 계단을 오르내리기도 힘들다. 어떤 학생은 팔이 올라가지 않아서 머리를 못 감는 경우도 있다. 수업이 있는 날은 다른 날에 비해 체력이 많이 떨어진다. 집에 가면 씻고 밥 먹고 잠자기 바쁘다. 운동이 좋아서 하는 학생은 이러한 고통을 이겨낸다. 심하게 표현하면 즐기는 아이들도 있다. 개인차가 있지만, 일주일에서 열흘 정도가 지나면 운동 후 근육이 뭉치는 것은 없어진다. 아무리 강하게 운동을

제자리 멀리뛰기 테스트

해도 힘은 들지언정 알이 배기는 시점이 지나, 이제부터 운동이 향상될 준비가 갖춰진 것이다.

매달 마지막 주에는 실기 테스트를 한다. 단 한 종목이라도 기록이 향상되면 본인의 성취감과 만족도가 올라간다. 운동을 지속할 힘이 거기서 생기는 것이다. 가끔 첫 번째 질문에 자신이 없는 학생들이 상담하러 온다. 운동은 좋아하지 않는데 친구 때문에 한다거나 일반과를 지원할 정도의 성적은 안 되고 체대라도 해볼까 하고 오는 것이다.

"저 모의고사 몇 점 나오는데, 어느 정도 대학을 갈 수 있어요?"

이런 상담이 오면 대학교에 대한 얘기는 잘 하지 않는다. 그 대신 운동을 하게 되면 노력을 얼마나 해야 하는지, 하루에 스커트를 몇 개를 해야 하고 윗몸일으키기는 얼마만큼은 해야 한다고 얘기한다. 운동을 과정 위주로 세밀히 설명해준다. 말만 들어도 운동이 정말 힘들구나 하는 생각이 들도록 상담을 한다.

"한 번 더 생각한 후에 마음의 변화가 없다면 시작해라."라고 한다.

물론 나로서는 한 명이라도 더 수강생을 받으면 이익이다. 하지만 운동도 좋아하지 않고, 운동신경도 없는 학생에게는 권하지 않는 편이다. 단체운동이라는 것이 한 명이라도 뒤처지는 학생이 나오면 작게나마 전체 운동 분위기에 영향을 주기 때문이다. 한 학생이 자꾸 뒤처지면 따로 쉬는 시간을 갖게 해준다. 그런데 누군가 쉬게 되면 다른 학생들도 쉬고 싶은 생각이 들기 마련이다. 결론은 운동을 좋아하지 않는 학생은 이 길을 택하면 안 된다는 것이다. 운동하다 중도에 포기하면 학생의 입장에서는 시간적 경제적으로 손해다. 다시 다른 무언가를 준비하기에는 너무나 많은 에너지를 쏟아부은 뒤이다. 중도에 포기하는 학생이 생기면 다른 학생들에게 미미하더라도 영향을 미치게 된다. 체대 입시는 시험은 개인 운동이고 연습은 단체운동의 성격을 갖고 있다. 함께 하면서 얻는 시너지 효과와 팀웍을 무시할 수가 없다. 내가 힘들 때 옆에서 파이팅을 외쳐주고 힘내라는 한마디는 동기와 격려이며 힘이 되는 것이다.

두 번째 질문은 부모님 상담에 관해서다. 학원 초창기에는 운동을 반대하는 부모님이 많았다. 어차피 부모님은 찬성을 하던 반대를 하던 한 번쯤 학원을 방문하게 된다. 상담하고 간 학생은 부모님을 모시고 와서 상담하는 게 원칙이기 때문이다. 운동을 탐탁지 않게 생각하시는 부모님은 대부분 이렇게 말을 한다.

"얘가 왜 갑자기 체대를 가려는지 모르겠네요."

반대의 가장 큰 이유는 아이를 못 믿는 것과 체대에 대한 편견이다. 부모님과는 입시상담으로 시작해서 전반적인 학생의 생활습관에 관한 상담으로 마무리가 된다. 무엇하나 끝까지 한 적이 없으니 학생에 대한 믿음이 없는 건 당연하다. 상담이 끝나면 아이가 끝까지 할 수 있을까? 하는 걱정이 드는 거다. 생활습관의 상담은 상당히 중요하다.

예전과 달리, 요즘은 상담의 분위기가 바뀌었다. 부모님이 와서 상담을 받고 그다음 학생과 함께 다시 오는 경우가 많아졌다. 어떤 때는 질문자의 위치가 바뀌기도 한다. 적극적인 부모님에게는 내가 질문을 한다.

"왜 체대 입시를 시키려고 하세요?"

'왜 하려고 할까?' 실제 사례들로 소개할까 한다.

"왜 체대 입시를 준비하세요?"

세희 어머니는 근심 어린 표정으로 이야기했다.

"이화여대 보내려고요. 이 아이 성적으로 갈 수 있는 과가 하나도 없어요."

세희는 운동신경도 괜찮은 편이었다.

"과는 중요하지 않아요, 학교가 중요하지."

스펙을 쌓기 위해 체대를 지망하는 경우다. 그나마 나의 질문에 부합하기는 하다.

'운동을 좋아하니'

'부모님이 허락하시니'를 둘 다 만족하는 경우이긴 하다.

바야흐로 스펙의 시대다. 고등학교에 입학하면서부터 본격적인 경쟁이 시작되는 것이다. 대학교에 가서도 어학연수며 각종 자격증을 따야 다른 아이들보다 유리하다. 이력서에 한 줄이라도 더 채워야 하고 자기소개서에 자신감 한 줄 더 올려야 한다. 현대 사회에서 경쟁은 숨 쉬는 것처럼 자연스러워졌다. 앞으로도 더하면 더했지 줄어들지는 않을 것이다. 대한민국의 문제점으로 혈연, 지연, 학연을 들기도 한다. 내가 그 중 학연에 관계된 일을 하고 있다는 생각도 든다.

"왜 체대 입시를 준비하세요?"

"애가 좋아해서요."

형석이 어머님의 대답이다. 맞는 말이다. 애가 좋아하니까 시킨다. 요즘 전공이 뭐가 중요하냐며 말을 한다.

"얘가 공부해서 의대를 가겠어요. 법대를 가겠어요. 그냥 지 좋아하는 일 하고 나중에 헬스장이라도 하나 차려서 먹고 살겠죠."

어머님의 얘기가 틀린 말은 아니었다. 형석이는 의대나 법대는 생각도 할 수 없는 학생이었다.

"좋아하는 것 할 때가 제일 행복하긴 한 것 같아요."

"원장님은 좋으시겠어요?"

"네? 제가요?"

"좋아하는 일 하면서 돈도 버시잖아요."

"아, 네…"

습관적으로 가렵지 않은 머리를 긁적이며 대답했다.

형석인 힘이 장사였고 운동도 잘했다. 단, 공부는 정말 못했다. 못해서 안 하는 건지, 안 해서 못하는 건지, 결론은 공부를 이렇게 못할 수 있나 싶을 정도로 못했다. 공부 안 하면 대학가기 어렵다고 귀에 못이 박이도록 이야기해 봤지만, 소용이 없었다. 어떤 날은 귀에 못을 박는 시늉도 했다. 성적은 나빴지만 형석인 천안에 있는 대학에 합격했다. 그리 유명한 대학도 아니었다. 뜻밖의 합격 소식에 집에서 난리가 났다. 형석이가 시험을 봐서 부모님을 기쁘게 해드린 건 생전 처음이란다. 친척들까지 모두 모이고 집안 잔치를 했다. 형석이도 조금 과장을 하자면 어머니, 아버지 저렇게 기뻐하시는 것 처음 봤다고 했다.

더욱 놀라운 일은 그다음 해에 일어났다. 형석이도 대학생이 되고 보니까 마냥 기쁜 것은 한 달 정도였다고 한다. 집에서 학교의 거리가 멀어서 통학도 불편했다. 늦잠이라도 자는 날엔 아예 학교에 가지 않는 날도 많았다. 그러던 어느 날, 형석인 다시 시험을 봐서 인서울의 대학으로 가야겠다고 결심을 했다. 고등학교 내내 공부란 것을 몰랐기에 쉬운 일이 아니었다. 공부를 다시 하려고 해도 아는 게 별로 없었다.

형석이에게는 잘 어울리는 별명이 있었다. 그 별명은 '인중'이었다. 친구들은 형석이를 인중이라고 부르기도 했다. 별명이 생기게 된 계기는 학교에서 축구를 하면서다. 체육 시간에 축구를 하다가 강하게 날아오는 공이 형석이의 관자놀이를 강타했다. 워낙 세게 맞아서 축구를 멈추고 다들 형석이 주위로 모여들었다. 그때 형석이는 눈 주위를 손으로 잡으면서 이렇게 얘기했다고 한다.

"아, 내 인중."

모여든 친구들은 걱정이 웃음으로 바뀌었고 그날부터 형석이의 별명은 인중이 된 것이다. 관자놀이와 인중을 구분 못 해서 생긴 별명이다. 그런 형석이가 공부를 다시 시작했다. 굳은 각오로 수능을 봤고, 머리도 좋아졌는지 예전보다 점수가 조금 올랐다. 원래 점수가 너무 낮았기 때문에 올랐다고 해도 그다지 좋은 점수는 아니었지만, 인서울 학교에서 실기 비중이 가장 높은 학교를 선택했다. 그 덕분인지 정말 턱하니 붙었다. 기적은 세상 어느 곳에나 존재하는 것 같았다. 형석인 자기의 합격을 며칠간 집에 알리면 안 된다고 했다.

"준비작업 없이 집에 알리면 부모님 쓰러져서 못 깨어나실 수도 있어요."

학교에 입학해서는 과학생회장도 하고 적응도 잘했다. 학교 내에선 자신의 과거를 싹 지워버렸다. 형석이 어머님 얘기가 떠오른다.

"하고 싶으니까 시켜요. 얘가 의대를 가겠어요. 법대를 가겠어요."

지금 왜 체대 입시일까? 내가 입시학원을 한 지 22년이 지났다. 체육 관련 산업은 눈에 드러나게 발전하지는 않는다. 하지만 멈추지 않고, 느리지만 지속적인 발전을 해왔다. 속도가 느려서 느끼지 못하는 것뿐이다. 시계의 초침은 움직임이 눈에 띈다. 분침도 자세히 보고 있노라면 움직이는 것이 보인다. 그런데 시침은 아무리 보고 있어도 움직이지 않는다. 움직이지 않는다고 멈춘 것이 아니다. 체육에 대한 수요도 시계의 시침처럼 보이지 않지만 계속해서 증가하고 있는 중이다. 체육과 관련된 직종은 4차 산업혁명 시대가 도래해도 없어지지 않을 것이란 보고서도 발표되었다. 체육에 대한 기대치와 전망은 올라가고 있으며 체대를 준비하는 학생들의 눈높이도 점점 더 높아지고 있다. 체대는 머리도 써야 하고 몸도 써야 합격할 수 있다. 두 가지를 모두 하기가 쉽지는 않지만, 하고 싶은 일을 할 때가 사람은 제일 행복한 것이다. 나도 더 행복해지고 싶다.

아직 늦지 않았다

전화 상담이 왔다.

"학원이 어디에 있어요?"

"네 마포에 있습니다."

"저도 마포에 사는데요. 마포 어디쯤인가요?

"네 공덕초등학교 근처이고요. 문자로 주소와 약도를 보내드릴게요."

"아무 때나 가도 되나요?"

"예약을 잡고 오시는 게 좋아요. 상담은 한 시간 정도 하고요. 그냥 오셨다가 다른 상담이 진행 중이면 기다리셔야 해서요."

어머니는 예약된 시간에 학생을 데리고 왔다. 보기에도 어려 보이는 얼굴이었다.

"너 몇 학년이니?"

"중학생인데요."

"이런! 우린 중학생은 받지 않는데…"

아주 가끔 중학생도 상담이 오고, 드물지만 초등학생의 상담이 올 때가 있기도 하다.

"중학교 몇 학년이니?"

"중 3이요."

"이름은 뭐니?"

"현상이요. 김현상인데요."

아이와 대화가 끝나고 어머니에게 얘기했다.

"저희는 고등학생부터 받고 있습니다."

"어머 체대 가려면 일찍 시작해야 하는 거 아니에요? 지금도 늦은 것 같아서 걱정했는데요?"

"그건 흔히 생각하는 축구, 야구, 배구 선수 등이고요. 저희는 일반 학생을 지도하는 곳입니다."

"늦었다고 생각해서 걱정했는데 아직 안 늦었네요."

"아뇨, 빠른데요. 유명한 운동선수들은 3살 때부터 시작했다느니, 초등학교 때부터 했다느니, 이렇게 말을 하잖아요. 그런 얘기들이 일반 체육과 지망하는 학생이랑 혼동이 되는 거죠."

"어떻게 해야 가죠?"

늘 하던 상담이지만 비교적 상세하게 설명을 해 드렸다.

"체육대학을 일반으로 가려면 수능, 실기, 내신의 총점으로 당락을 결정해요."

"그중에 내신은 비중이 적은 편이고 수능과 실기가 절대적입니다."

"그리고 학생은 아직 중학생이라 내신도 적용이 안 되고, 모의고사는 고등학교부터 보니까 가늠이 안 되네요."

현상이 어머니는 무안했는지 안도를 하는지 모르겠지만 '휴' 하고 한숨을 쉬셨다.

"운동은 어떤 것을 시험 봐요?"

"보통의 대학은 기초체력만 시험을 봐요. 제자리멀리뛰기, 윗몸일으키기, 유연성, 핸드볼 던지기, 배근력, 100M 달리기 등등 예전에 체력장 종목들 같은 거요. 일부 대학은 기초체력을 시험 보고 특기 종목을 시험 보기도 하는데요. 서울대. 연대정도 있고요. 거의 특기는 시험 보지 않아요. 연대는 현상이 시험 볼 때는 특기도 없어지고요. 이대는 현상이가 쓰기엔 추천하지 않아요(생략)."

"종목이 의외로 간단하네요."

"네 종목이 간단하고 어려서부터 매일매일 저런 종목을 연습하는 학생은 없어요. 그래서 고등학교 때부터 시작하면 충분해요."

설명이 끝나자 어머니는 아들을 가리키며 이야기했다.

"너 그런 운동은 자신 있지?"

아이는 반응은 없었지만 거부의 표정은 아니었다.

"보통 언제부터 시작해요?"

"제가 대학 갈 때는 보통 6개월 정도 했고요. 요즘은 1년에서 2년 사이의 운동 기간을 두고 해요. 운동은 간단해 보이는데 만점 기준이 높아요. 상위권 대학은 수능점수의 변별이 높아서 수능 보고 시작하는 애들도 있어요. 2달만 운동하고 합격하는 학생도 제법 있는 편이에요."

설명을 듣고 있던 어머니는 다짜고짜 이야기했다.

"얘 운동 좀 시켜주세요. 도무지 어디를 그렇게 나돌아다니는지 집에 붙어있질 않아요."

"그 나이에 붙어 있는 게 이상한 거 아닌가요?"

"아니에요. 얘는 쓸데없는 힘을 좀 이런 거로 빼줘야 할 것 같아요."

'도대체 넌 무엇을 했기에 벌써 끌려왔니. 이게 무슨 현상이니. 현상아.'

학생을 보고 있으려니 안쓰러운 느낌도 들었다. 아마도 어딘가에 입소하는 감정을 느끼는 것 같았다. 상담하는 내내 현상인 아무 말도 없었다.

다음날부터 운동을 시작했다. 중학생이고 어린 나이라 걱정을 했지만, 기우에 지나지 않았다. 힘든 운동도 잘 따라 하고 형들이 챙겨주니까 학원 다니는 걸 좋아했다. 어머니 얘기처럼 넘치는 힘을 빼줘야 컨디션이 좋아지는 아이 같았다. 몇 달이 지나자 놀라운 일이 발생했다.

학원에서는 한 달에 한 번씩 실기테스트를 한다. 테스트가 끝나면 종목별 3등까지의 학생은 게시판에 이름이 올라간다. 아이들은 측정이 끝나면 자신의 등수를 확인하기 위해 게시판 주위로 몰려든다. 서너 달 지나면서 현상이도 몇 종목에 걸쳐 이름이 올라갔다. 운동을 좋아하기도 했지만 정말 잘하였다. 이 상태로 계속 운동을 한다면 일부 종목의 1등은 중학생일 수도 있었다. 그 얘기는 달리 말하면 현상이는 지금부터 운동할 필요가 없다는 뜻이다. 본인도 운동하는 것을 재미있어하긴 했지만 친구도 없고, 고등학생들 사이에서 혼자 중학생이라 외로워했다. 어머님과 상의를 해서 고등학생이 되면 다시 등록하기로 하고, 운동을 잠시 쉬기로 했다. 어머님도 흔쾌히 동의를 했다. 늦었다는 생각은 너무 이르다는 생각으로 바뀌셨다. 지금 생각해도 대단한 중학생이었다. 체대 입시는 학생마다 지원하는 방법이 다르다. 현재 본인의 수준을 자세히 파악하고 정확한 상담으로 그 시기를 조절해야 한다.

5

체대 비리와 부정입학

지금은 종목이 바뀌긴 했지만, 예전에 서울에 있는 여대에서 특기 종목 하나만 시험을 본 적이 있었다. 기초실기는 실시하지 않고, 오직 특기만으로 학생을 선발했었다. 기준도 까다롭고 어려운 편이었다. 1년 이상은 운동을 해야만 좋은 점수를 받을 수 있었다. 심사의 기준도 모호한 부분이 있기도 했다. 기본자세와 숙달된 운동능력을 판단하는 시험이지만 주관적 평가는 보는 사람마다 다를 수 있기 때문이다. 특기를 시험 보게 되면 장단점이 있기 마련이다. 장점은 특정 종목의 운동능력이 탁월한 학생의 선발이 가능하다. 선수 생활을 했었던 학생들에게 굉장히 유리하게 작용을 한다. 엘리트 선수 생활을 한 학생과 입시를 위해 특기를 준비하는 학생은 그 차이가 확연히 눈에 보이기 때문이다.

단점이라면 부정입학의 원인이 될 수도 있다. 운동실기가 떨어지는 학생에게 높은 점수를 줄 수도 있는데, 그 근거를 찾기 힘들기 때문이다. 이런 점들이 체대 입시에서 비리로 이어지고 부정입학의 원인이 되었다. 특기와 관련된 이야기를 하려 한다. 특기를 잘해서 대학을 간 학생과 아울러 특기시험에서 발생했던 부정입학의 사건이다. 밝음이 있으면 그늘이 있기 마련인가보다.

중학교 때까지 배구선수를 했던 진영이가 상담을 왔었다. 너무나 낮은 점수로 대학을 붙어서 합격자 명단에 이름을 올리는 것도 쑥스러워했던 학생으로 기억된다. 진영이는 고등학교에 올라오면서 배구를 그만뒀다. 배구선수로 대학을 갈 수 있는 실력은 아니었다. 운동을 그만두고 다시 학업을 시작한다는 것은 여간 어려운 일이 아니었다. 모의고사를 보면 성적은 항상 하위권이었다. 선수 생활을 했던 아이라 공부에는 전혀 기초가 없었다. 모의고사 점수가 낮게 나오는 것은 충분히 이해가 되었다. 수능에서는 원래 나오던 점수만이라도 나오길 바라는 정도였다. 그것보다 낮게 나오면 정말 갈 수 있는 곳이 하나도 없을 정도였다.

진영이는 수능을 치르고 학원에 와서 마구 울었다. 키도 크고 덩치도 산만 한 여자애가 울고 있으니까 더 서럽게 보였다. 당연히 수능을 못 봐서 우는 것이라고 생각은 했다. 다독여주고 울음이 그칠 때까지 기다렸다. 어느 정도 시간이 지나서 마음을 추스르고 상담을 시작했다.

"선생님, 죄송해요. 수능을 망쳤어요."

수능을 망쳤다면서 가채점 점수를 보여줬다. 점수를 보니까 울 정도로 나쁜 점수는 아니었다. 평상시 점수와 별반 차이가 없었다. 평상시 점수가 수능으로 나오니까 본인이 보기엔 굉장히 낮은 점수로 보인 것 같다. 수능을 절반 이상 틀렸고 대략 보기에도 백 점 만점에 40점이 안 되는 점수였다. 갈 수 있는 학교가 눈에 띄지 않을 정도로 점수가 나빴다. 방법은 단 한 가지 밖에 없었다. 특기만 시험을 보는 학교와 지방에 낮은 점수대의 학교를 지원하는 수밖에 없었다. 두 학교를 정하고 운동을 시작했다. 그 두 학교의 레벨은 상당한 차이가 있었다.

배구선수라 배구는 가르칠 것이 없었다. 기본기와 실력이 워낙 좋아 있어서 운동을 지도하기가 수월했다. 배구 종목의 시험에서는 이 이상 잘하는 학생은 없을 것 같았다. 다만 걱정되는 것은 수능성적이 낮아도 너무 낮았다. 큰 기대를 하지 않고 시험을 봤다. 시험장에 가서 배구 스파이크 때려서 바닥에 구멍이 나면 붙을 것 같다고 했다. 실제 시험장에서는 마루에 구멍을 내진 않았지만 큰 실수 없이 시험을 봤다. 사실 실수할 일도 없었다. 선수 생활을 하면서 무수히 많은 시합도 뛰었던 학생에게 배구 특기 시험은 어렵지 않았다. 또한 특별한 기대를 하지 않고 보는 시험이라 긴장도 되지 않았을 것이다. 시험이 끝나고 짧게 한마디만 해줬다.

"고생했고 여기는 이제 잊어버리고 너의 목표 대학을 준비하자."

"네, 공부를 좀 더 할 걸 그랬어요. 실기는 잘했는데."

"공부를 안 해서 실기를 잘 본 거 아닐까. 남들 공부할 때 너는 운동했으니까. 아쉬워도 어쩔 수 없다. 시험 보느라 고생했어."

진영이는 다음날부터 나군에 있는 대학의 운동을 시작했다. 보통 학생들은 가군 시험이 끝나면 나군 시험 보는 날까지 가군 얘기만 하는 학생들도 있다. 가군 시험과 나군 시험 사이에는 열흘 정도의 시차가 있다. 하지만 진영이는 나군 시험 보는 그날까지도 가군 얘기는 한 번도 안 했다. 나도 물론 하지 않았다. 그만큼 기대를 하지 않고 있었다.

나군을 시험 보는 전날이 되었다. 지방에 있는 대학이라 하루 전에 출발해야만 했다. 진영이는 하루 묵을 수 있는 개인용품을 챙기고 약속한 시각에 학원에 도착해 있었다. 나는 학원에 남고 다른 선생님이 동행하기로 계획이 되어 있었다. 따로 불러서 시험 잘 보고 오라고 격려를 했다.

"시험 잘 보고 내일만 시험 보면 이제 운동은 끝이네. 그동안 고생 많이 했어."

"네, 선생님도 수고 많으셨어요. 내일 시험 잘 보고 인사드리러 올게요."

"그래, 이만 출발해라. 늦겠다."

인사를 마치고 진영이가 출발하려는 그때 가군 시험이 발표가 났다는 연락이 왔다. 예정일보다 한참 먼저 발표가 난 것이다. 이제 막 출발하려던 진영이를 다시 불렀다.

"가군 시험 발표 났는데 확인하고 가라."

"괜히 확인했다가 기분만 망치고 시험을 못 보면 어떻게 해요."

"그래도 발표 났으니까, 확인해봐. 예비라도 받았을지 누가 아냐."

합격자 조회란에 인적사항을 모두 적고 마지막 클릭을 눌렀다. 다음 화면으로 넘어가는 순간 눈을 의심했다. 진영이가 가군의 대학을 붙은 것이었다. 그 순간, 사무실에는 본인뿐만이 아니라 함께 지켜본 모든 사람이 소리를 질렀다. 나도 순간 소름이 돋았다. 눈으로 보고도 믿기지 않았다.

"축하해. 그런데 이거 부정입학 아니야?"

"그러게요. 어떻게 붙은 거죠?"

"특기를 잘하긴 정말 잘 했나 보다. 진짜 축하한다."

"네. 선생님 감사해요! 저요. 그런데 나군 시험 보러 가야 하나요?"

진영인 갑자기 고민이 됐는지 진지하게 물어봤다.

"장난하니. 서울에 있는 학교를 붙었는데 힘들게 지방까지 시험을 보러 가니. 정 가고 싶으면 내일 시험장에서 시험 보다가 일부러 한번 자빠지든지. 아니면 달리기를 뒤로하다가 나와."

진영이는 학원 선생님들과 다른 친구들하고 인사를 나누고 집으로 갔다. 다른 아이들 모두 부러움의 눈으로 쳐다봤다. 지금 글을 쓰면서도 합격자 발표의 타이밍이 절묘했다는 생각이 든다. 확실히 진영이가 시험 본 대학은 특기점수의 변별이 있었다. 운동 실기 점수를 워낙 높게 받아서 부족한 수능점수라도 합격이 가능했다.

그 후에 몇 년이 있다가 진영이가 합격한 대학의 입시 비리가 터졌다. 메인 기사로 나올 정도의 큰 사건이었다. 형과 동생이 관여된 비리였다. 형은 그 대학의 교수였고 동생은 강남에서 체대 입시 학원을 운영했다. 형이 실질적인 학원의 운영자였다. 명목상의 원장인 동생이 학원생들은 지도하고 있으면 대학교수인 형이 가끔 학원을 들렀다. 운동하고 있는 학생들의 얼굴을 익히기 위해서였다. 학부모에게 거액의 돈을 받은 교수는 실기시험에서 해당 학생에게 높은 점수를 주었다. 관련

자들이 구속되고 사회적으로 큰 파장을 일으켰던 사건이었다. 주관적 평가에 의한 실기는 비리로 연결될 수 있는 여지가 있는 것이다.

그 당시의 신문기사를 검색해 보면 매우 자세히 나와 있다. 체대 입시 비리도 있었고 특기생의 비리도 있었던 대학이다. 최근에도 말이 많았던 학교다.

요즘은 특기를 시험 보는 학교가 별로 없다. 특기의 채점은 비공개로 진행하지만, 최대한 공정한 점수를 주려고 노력을 많이 한다. 불과 몇 년 전에도 이런 상담이 있었다.

"체대에 조금 수월하게 들어가는 방법이 있다고 하던데요."

부정입학에 관한 상담이었다.

"요즘은 거의 없고, 최근에는 비리에 관해서 들어본 기억도 없는데요."

"그래도 있지 않을까요?"

"특기 시험의 점수가 비공개이긴 한데요. 학생을 특정할 수 있는 복장이나 도구가 금지라서 누가 누군지 몰라요."

"정말 없어진 건가요?"

학부모는 재차 물었다.

"네, 어떤 대학은 옷 색깔도 통일시키거나 청색 테이프로 옷에 있는 모든 상표를 가려요. 전혀 없습니다."

"아! 네. 매우 아쉽네요."

"네?"

그분은 상담 대부분을 그쪽으로만 질문했다. 도대체 뭐가 아쉬운 것일까? 정정당당하게 시험을 치른 학생들에게 입시는 공정해야만 한다.

체대 군기는 있는가?

체대는 일반과 보다 선후배 간의 위계질서가 있다. 일반인들에게 왜곡된 표현으로는 똥 군기로 인식되기도 한다. 자세히 들여다보면 일부 대학에서의 일이다. 그런데 매스컴을 타는 순간 전체의 이야기로 바뀐다.

매년 3월이면 그해 입학한 새내기들이 인사차 학원에 들른다. 푸념 같기도 하고 고자질 같기도 한 학교생활을 얘기한다. 대부분 이야기의 결론은 선배들이 무섭다는 얘기다. 최근에는 무섭다는 얘기는 별로 하지 않는다. 시간이 지날수록 체대도 분위기가 많이 바뀐 것을 느낀다. 체대 문화가 바뀐 것도 있고, SNS의 발달로 내부의 일이 외부로 퍼지기도 쉬워졌다. 외부로 알려지면 그 파장이 걷잡을 수 없이 커져서 없어지는 추세이다.

대학을 입학한 새내기들의 이야기는 매년 비슷하다. 군대 휴가 나온 아이들이 군대 이야기 하는 것과 흡사하다. '생각과는 완전히 틀려요.' '술을 마음대로 먹어서 좋아요.' 미팅했다든가 신입생 환영회를 했다 등 입학 소감 같은 이야기다. 항상 빠지지 않았던 주제는 대면식이다. 교수님 포함 전체가 함께하는 자리인 신입생 환영회가 있고, 선후배만 참석하는 자리를 대면식이라고 한다. 대면식의 엄숙함과 긴장감은 요즘 말로 '쩐다'고도 표현한다. 지금은 많이 사라졌지만 예전엔 체대 군기의 대명사 AT가 있었다. 내가 학교 다닐 때는 한 번도 집합이나 AT라는 걸 해 본 적이 없어서 아이들의 얘기를 듣다 보면 다른 세계에 있는 것 같았다. 학원을 운영하게 되면서 신입생들의 이야기를 통해서 알게 된 것들이다.

"아니! 요즘도 그런 일이 있니?

내가 이야기하자마자 아이들은 봇물이 터진 듯 쏟아내기 시작했다.

"완전 심해요. 너무 무서워요. 학교 다니기 싫어요."

여러 명이 학원에 놀러 와서 서로 자기네 학교가 더 심하다고 내기 아닌 내기를 하고 있었다.

"우리 학교는 무조건 다나까야."

"우린 염색금지. 화장금지야. 난 고등학교 때도 화장 안 하면 밖에 안 돌아다녔어. 알지."

"맞아! 넌 얼굴이 무긴데."

"죽을래."

얘기하면서 서로 낄낄거린다.

"야! 우린 집합 완전 무서워. 눈감고 대기하고 있으면 다리가 부들부들 떨려."

"난 목 터지라 안녕하십니까! 하고 다녀서 목이 터졌다."

까르르 웃는다. 이에 질세라 다른 학생도 이야기한다.

"우린 대면식 때 머리핀 100개 꽂아야 해! 머리카락 하나라도 빠져나오면."

매년 듣는 얘기에 매년 똑같은 질문을 한다.

"너희는 군대 다니니?"

"그러니까 말이에요."

"근데 3월만 지나면 풀린다고는 하네요. 한 달만 참자 하고 지내요."

안쓰러웠다. 힘들게 들어간 대학인데 입학과 동시에 꿈과 낭만은 사라진 것이다. 같은 학교에 다니는 여학생 둘이 유독 한 선배에 관해 얘기하고 있었다. 그 선배가 갑 중의 갑이란다.

"와. 눈만 마주쳐도 무서워."

"진짜 고춧가루야."

"사라졌으면 좋겠어. 그 선배만 없으면 참 편할 것 같은데. 다른 선배들은 다들 착한데."

걱정되는 마음에 지나가는 말로 물었다.

"걔 이름이 뭔데. 내가 걔보다 위에 있는 선배를 찾아서 주의를 좀 줄게."

이럴 때면 보통은 '원장님 정말 그러실 수 있어요.' 이런 얘기들이 나온다. '그럼 내가 입시가 몇 년인데 이 바닥 한 다리 건너면 다 연결된다.'라고 말해준다.

그런데 이상하게 애들이 쥐죽은 듯 갑자기 조용하다.

"이름은 말할 수 없어요."

"야! 이름 말한다고 걔가 누군지 내가 아냐? 그리고 너희들이 나한 테 얘기했는지 걔가 어떻게 알아."

그 순간 뭔가 뇌리를 스쳐 갔다.

"우리 학원 출신이구나?"

"선생님. 어떻게 아세요?"

"너 얼굴에 쓰여 있는데."

그 선배가 누구일지 추리를 시작했다.

"작년에 그 학교에 들어간 애가 두 명이고 얘 아니면 얘네."

한 명의 이름을 얘기했더니 아니라고 한다.

"그럼 남은 한 명이네."

"저희가 얘기했다고 하지 마세요."

"너네는 얘기 안 했어. 한 명은 아니라고만 했지. 하하하."

악명이 높다는 그 학생도 작년 이맘때 학원에 와서 선배가 무섭다고 했다. 자기는 후배 들어오면 그런 짓은 안 할 거라고 했다. 본전심리인 가? 아마도 그런 이유가 악습을 대물림시키나보다.

"선생님. 얘는요. 그 언니랑 셔틀버스를 같이 탔던 적이 있어요. 선배 가 뒤에 앉아 있었고요. 얘가 앞쪽에 서 있었어요. 선배가 얘 이름을 몰 라서 그냥 '야 피스톤'하고 불렀어요. 그랬더니 얘가 그 언니보고 '파이 팅'하고 대답했어요. 그것도 버스 안에서요." 장황하게 설명을 했다.

"나 그때 완전히 당황해서 그래."

듣고 있던 장본인이 대답했다. 또 한바탕 웃음이 터졌다. 학원에선 수업을 마치면 마지막에 주장이 마무리 구호를 한다. '차렷, 경례, 피스톤' 하면 전체가 '파이팅'을 외치면서 끝난다. '피스톤' '파이팅'이란 버릇은 꽤 오래간다. 나도 지나가다 우리 학원생을 보고 '피스톤'하고 부르면 그 학생도 '파이팅'하고 대답을 한다. 1년간 운동하면서 생긴 버릇이 버스 안에서 순간 튀어나온 것 같다.

내가 학교 다닐 때는 80년대 학번들은 군기도 세고, 구타도 있었다는 얘기를 들었다. 그게 싫어서 다들 군대에 일찍 갔다고 한다. 복학한 어느 학번의 선배들이 이런 문화는 우리부터 밑으로 내려보내지 말자면서 없앴다고 한다. 부조리에 대항하고 이겨내는 누군가로 인해 체대 문화도 발전하는 것 같다. 학교 내에서의 괴롭힘은 사회문제로 대두되고 있는 갑질 현상의 캠퍼스 버전이 아닌가 생각된다. 체육과는 단체운동을 많이 한다. 당연히 체계도 있고 위계질서도 있어야 한다. 인격체로서 이끌어 주고, 따라가는 문화가 하루빨리 정착되어야 할 것이다.

2장

1000여명의
수료생

긴 세월 동안 한 우물만 팠다. 그러다 보니 이 자리까지 오게 됐고, 많은 학생을 지도하게 되었다. 그 학생들이 있었기에 지금의 내가 있다고 생각한다. 목표를 갖고 운동에 전념했던 학생들의 얼굴이 아른거린다. 다른 학원은 어떨지 모르나 우리 학원은 출석을 중요시한다. 항상 얼굴을 마주치고 일일이 확인을 하면서 부른다. 출석을 부르면 출석률이 올라간다는 논문도 있다. 김춘수의 시 '꽃'에는 이런 구절이 있다.

– 내가 그의 이름을 불렀을 때 그는 나에게로 와서 꽃이 되었다 –

학생들의 이름을 일일이 불러준다는 것은 말로는 설명이 안 되는 유대감이 생긴다. 학생들도 출석 전에 오려고 노력을 많이 한다. 출석이 끝나면 아침 시간은 아니지만, 조회를 한다. 조회의 주제는 따로 정해진 것은 없다. 전달사항도 얘기하고 그날 신문기사도 들려주고 교장 선생님의 훈화를 아이들 눈높이에 맞춰 짧게 하는 분위기다. 학원은 출석률이 높아야 한다. 출석률이 높으면 학생들 간의 단결력도 좋아지고, 입시 합격률도 자연히 올라가기 마련이다.

1

입시 학원을 시작하다

1997년 처음 입시학원을 시작했다. 그때만 해도 체대 입시학원은 별로 없던 시절이다. 처음부터 이 길을 가려고 한 것은 아니다. 나의 평생 꿈은 교단에 서는 것이었다. 임용고사에 떨어지고 방황의 시간을 보내고 있을 때였다. 대학 선배가 함께 일할 생각이 없냐고 며칠간 설득을 했다. 임용고사를 1년간 준비한 터라 운동기능이나 지도는 잘 할 수 있는 상태였다. 입시학원에 발을 들여놓을지 임용을 다시 준비할지 고민스러웠다. 선배는 집요할 정도로 설득을 했다. 자연스럽게 밥이나 먹자고 하면서 자주 만났다. 같이 목욕탕에 가서 등도 밀어주는 정말 허물이 없는 사이가 되었다. 자상함과 처세술이 좋은 사람이었다. 결정적으로 이 길로 들어서게 된 것은 선배의 한마디였다.

"한번 멋지게 해 보고, 하다 하다 안 되면 같이 통닭집이라도 하면 되지."

"내가 튀길게. 네가 배달해라!"

그때 왜 통닭이 왜 닿았는지 모르겠다. 지금으로부터 20년도 전의 일이다. 계기가 무엇인가라고 생각하면 어렴풋이 통닭인 것 같다.

학원 자리를 구하고 간판부터 달았다. 간판을 먼저 달아둬야 오픈 전까지 계속 광고의 효과를 볼 수 있다. 그 후에는 내부공사를 시작했다. 인테리어 업체에 맡길 것은 맡기고, 힘으로 할 수 있는 공사는 직접 다 했다. 아침부터 나와서 밤늦게까지 일을 했다. 일에 치어 지쳐갈 때면 선배는 이렇게 이야기했다.

"이렇게 직접 손으로 해야 보람이 있는 거야."

"형 자금이 부족해서 그런 거잖아."

실제로 비용 절감을 해야만 했다. 일이 워낙 많고 힘이 드니까 보람

운동장 수업을 마치면서

도 점점 없어지고 있었다. 최초의 작업은 천장의 텍스를 뜯는 것이었다. 운동공간은 높이가 높을수록 좋다. 높이를 최대한 확보하려면 천장을 뜯어내야 한다. 당시 우리를 생각하면 참 초보자였다. 일이 서툴러서 더 힘들고, 대책 없이 일했던 것 같다. 어느 건물이나 임대차 계약이 종료되어 이사를 할 경우는 원상복구를 해줘야 한다. 그래서 천장의 원상복구 때 재활용으로 쓰려고 텍스를 일일이 수작업으로 떼어내고 있었다. 그 작업만 3일을 하는 중이었다. 다른 부분의 일을 맡긴 인테리어 업자가 한심하게 쳐다봤다.

"뭐하시는 거에요?"

"보시다시피 텍스 떼요."

"그거 왜 그렇게 떼고 있어요?"

"나중에 다시 쓰려고요."

어이가 없었는지 인테리어 업자는 목소리 톤을 높여서 얘기했다.

"나중에 천장 원장복구 하려면 텍스업자는 새것으로 작업 하는데요."

"이거로 하면 안 돼요?

"오래 두면 텍스가 색깔이 변하고요. 그렇게 많은 것을 어디다 쌓아두시게요."

얘기를 듣고 보니 그 말이 맞는 듯했다. 천장의 텍스는 6개의 나사로 천장에 고정되어 있었다. 그 나사를 일일이 돌려 빼는 것은 정말 단순한 노동이 아니었다. 밤늦게 일을 끝내고 집에 도착하면 손가락이 잘 펴지질 않을 정도였다. 아침에 일어나면 한쪽 손으로 반대쪽 손가락을 하나씩 하나씩 펴야만 했다.

"텍스에 그렇게 구멍이 나 있으면 텍스업자가 구멍에 맞춰서 작업하려면 시간이 더 걸려요."

업자의 얘기를 듣고 보니 그렇다. 천장을 통째로 뜯어내면 된다고 방법도 알려줬다. 하루도 안 걸릴 일을 3일째 하고 있었다. 사실 앞으로 얼마나 더해야 할지 감도 잡히지 않는 상태였다. 머리가 나쁘면 몸이 고생이다. 머리에 화가 나고, 몸에 미안했다. 알려준 방법대로 천장을 안쪽의 철골 구조물까지 한 번에 뜯어냈다. 다음으로 페인트 작업하고, 사무실 칸막이 공사를 했다. 며칠이 지나고 최종 바닥 공사를 하고 있을 때 학생 세 명이 찾아왔다.

"여기 체대 입시학원 인가요?"

"그래, 1주일 뒤에 오픈한다."

"그럼 저희 1주일 뒤에 등록할게요."

뭔가 되기는 할 것 같다는 생각이 들었다. 공사하면서 지친 몸에 다시 힘이 솟는 것 같았다. 상담하는 요령도 몰랐고, 자료도 전혀 없었다. 간판 말고는 아직 광고도 하지 않은 상태였다. 그런데 신입 원생이 저절로 들어온 것이다. 시작은 순조롭게 진행되는 것 같았다. 그런데, 그해 말에 IMF가 올 것이라고 누가 생각인들 했을까?…

그 세 명은 오기로 한날 등록을 했다. 거기다 친구 두 명을 더 데리고 왔다. 배우는 학생인지 은인인지 모르겠다. 그 후로도 많은 친구를 데려왔다. 그 아이들은 날개 잃은 천사라고 생각했다. 당시에는 체대 입시학원이 별로 없던 때라 원생모집이 수월했다.

그 당시 학생들을 생각해 보면 참 착했던 것 같다. 학원 청소를 하고 있는걸 보기라도 하면 '선생님 제가 할게요.'하고 빗자루를 뺏어서 대신하고는 했다. 꾀가 생겨서 학원 청소도 애들이 오는 시간 즈음에 시작했다. 그럼 애들이 와서 마무리를 해줬다. 지금이야 미리 정리정돈을 하고 준비를 끝내지만, 그때는 가족 같은 분위기였다.

교직에 대한 꿈이 워낙 커서 처음 몇 년간은 미련을 버리지 못했다. 기회가 주어진다면 교직을 준비해야만 될 것 같았다. 그 마음을 버리지 못한 채 그렇게 입시학원을 시작하였다.

2

학생들을 가르치며

체대 입시학원이 다른 학원하고 구분되는 차이점은 원생들하고 친밀도가 높다는 점이다. 여러 가지 이유가 있다. 수업 자체가 개인 수업이든 단체수업이든 시범과 반복으로 진행되고 가까운 거리에서 이루어진다. 어떤 때는 수업을 진행하다 보면 가르치고 배우는 관계가 아닐 때도 있다. 함께 진행되어 나가는 동반자 같은 수업 방식이 되기도 한다. 가끔 아이들과 운동 시합도 하면서 더욱 가까워진다.

수업시간보다 1시간 정도 일찍 오는 아이들도 많다. 학교 끝나고 중간에 시간이 남으면 아예 일찌감치 학원으로 와서 책을 보거나 개인 운동을 하기도 한다. 물론 책을 보는 애들은 손에 꼽을 정도로 적다. 대부분 고3이라 나이 차이도 적은 편이었다. 직접 현장에서 느껴보는 애들은 고3이라는 전체적인 색깔은 같지만, 그 안에서 선명도의 차이가 있었다. 선명도의 차이가 여러 가지 다른 상황을 만든다. 정말 다양한 애들이 다 있었다.

　수한이라는 학생이 있었다. 공부를 잘 하진 않지만 모범생이었다. 학교에서는 성적이 좋아야 모범생이지만 학원은 운동을 잘해야 모범생이다. 더 중요한 것은 지각과 결석이 없어야 진짜 모범생이다. 수한이는 항상 출석을 중요시 생각했다. 지각이라도 하는 날에는 꼭 연락했다. 늦는 것을 그렇게 안타깝게 생각하는 학생은 수한이를 따라갈 사람이 없었다.

　어느 날 수한이 어머님이 학원을 방문했다.

　"선생님!"

　마지막 단어를 짧게 끊어서 얘기했다. 차분히 말씀하시지만, 금방이라도 폭발할 표정이었다. 상담을 하다보면 분위기로 내용이 무엇일지

2016년 연합테스트를 마치고

대략 파악이 된다. 그런데 수한이 어머님은 갑자기 방문한 이유가 전혀 감이 오질 않았다.

"네 어떤 일로 오셨나요?

"여긴 대체 학생 관리를 어떻게 하세요?"

다짜고짜 하는 얘기에 감을 잡기가 더 어려웠다. 수한이가 무슨 사고를 친 것 같았다. 학원 내에서 일어난 일이 없었기에 도통 알 길이 없었다.

"네? 수한이가 무슨 일이 있나요?"

"아니 몰라서 물으세요?"

이젠 화를 내면서 얘기를 하기 시작했다. 어머님을 대하는 내 태도에 더는 참을 수가 없었던 것 같다.

"죄송하지만 어떤 일인지요."

"수한이가 가출했어요. 학교도 안 가고요."

어머님의 언성이 높아졌다. 그제야 나도 놀라긴 했다.

"수한이가요. 전혀 몰랐는데요."

내가 할 수 있는 대답이 없었다.

"모른다는 것이 말이 되나요. 학원생이 가출했는데."

"수한이 학원 빠졌던 적이 없는데요. 오늘도 수업시간 전에 올걸요."

내용은 이랬다. 수한인 가출도 하고, 학교도 결석했는데 학원은 나오고 있었다. 나는 출석을 중요시했고 아이들도 학원을 빠지면 큰일 나는 줄 알았던 것이다. 어머님도 어이가 없는 동시에 굉장히 무안해했다. 너무 어이가 없으니까 헛웃음이 나왔다. 그래도 학원이라도 나오고 있으니 수한이를 찾을 수 있다는 것에 안도하는 듯 보였다. 수한이는 갖고 싶은 걸 안 사준다는 것이 가출의 이유였다. 짧았던 수한이의 가출은 그날로 끝이 났다. 가출 사건이 있기는 했지만 내가 생각하는 수한이는 언제나 모범생이다.

교학상장이라는 말이 있다. '동방의 주자'라고 불리는 이황은 기대승이라는 그 당시의 젊은 학자의 편지를 받게 된다. 기대승은 이황의 이론에 몇 가지 의문을 제기했다. 지금으로서는 상상도 할 수 없는 일이다. 대학자인 이황은 진지하게 받아들였다. 이황은 배움에 있어서 어느 누구의 말도 무시하지 않는 학자였기 때문이다. 이 논쟁은 8년이나 이어졌다. 이황은 기대승을 통해서 자신의 이론에 부족함을 채워 나갔고, 기대승은 이황의 가르침을 받아 자신의 학문에 깊이를 더했다. 이렇게 서로 가르치고 배우면서 성장하는 것을 '교학상장'이라고 한다.

그동안 가르치기만 한 것이 아니라 나도 학생들에게 많은 것을 배웠다. 그들의 관심사나 새로운 정보들을 배웠다. 교감의 증진은 상승효과를 나타내기 때문이다.

"선생님 그것도 몰라요?"

"도토리 좀 주세요."

"친추해 주세요."

"오늘 방송하니까 봐주세요"

아이러브스쿨과 싸이월드 시대에서 스마트폰까지 학생들을 통해서 익혔던 정보도 많다.

10대의 문화에서 가장 두드러지는 것이 줄임말이다. 그들은 운동에 관한 많은 용어를 줄임말로 재탄생 시켰다. 길었던 용어들은 그들에 의해서 단 두 글자로 만들어졌다. 부분 부분을 고치기도 하고 완성을 시키기도 했다. 예로 들어 제자리멀리뛰기를 그들은 '제멀'로 고쳤다. 쌤이란 말도 처음엔 적응이 안 되기도 했다. 한 번에 알아듣기 힘든 단어들도 많았다. 원래 단어를 알아야만 이해되는 줄임말도 있었다. 시간이 가면서 점차 적응됐고, 이젠 그런 말들이 사용하기에 편해지기도 했다. 대단한 창의력과 상상력의 세대이다. 10대로부터 시작한 줄임말은 이제 사회 모든 곳에서 나타나는 현상이 됐다.

3

보람과 긍지

어렵게 전화기를 들었다.

"어머니, 경원이 한 번만 더 하면 안 될까요?"

"아뇨, 그냥 학교 보내게요."

"이대로는 제 맘이 편치 않네요."

"재수생인데 이젠 어디든 가야죠."

어머님 말씀이 맞다. 경원이는 재수해서 어디든 가야한다. 이번에 안 가면 삼수를 해야 한다. 재수는 필수지만, 삼수는 선택이란 말도 있다. 말은 쉬울지 모르지만, 당사자의 입장에선 부담스럽고 괴로운 일이다. 경원이는 실기 시험장만 가면 시험을 망쳤다. 운이 없다고 해야 하는지 거기까지가 실력인지 알 수 없었다. 어쩌면 멘탈이 약한 것인지도 모르겠다. 충분히 합격 가능한 학교들을 떨어지는 것이다. 늘 실수가 발목을 잡았다. 그 상황은 다양하게 나타났었다.

시험을 마치고 나온 경원이에게 물어보았다.

"경원아 시험 잘 봤니?"

표정은 어두웠다. 대답도 바로 나오지 않았다.

"실수가 좀 있었어요."

실수란 말에 이번에도 안 될 거란 직감이 들었다. 상황은 변하지 않겠지만 물어보았다.

"어떻게 봤는데?"

"제멀 뛰고 착지하다가 넘어졌어요."

더는 할 말은 없었다. 기대하나 마나 떨어진 것이다. 그나마 이건 본인의 실수라고 치자.

며칠 있다가 또 다른 대학교의 시험을 보러 갔다. 이상하게 경원이만 운이 없는 것일까. 시험이 끝나고 수험생들이 우르르 몰려나오고 있었

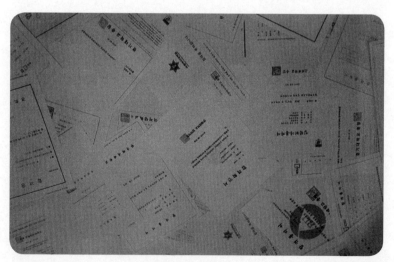

대학별 합격 통지서

다. 많은 무리 사이에서도 경원이는 바로 눈에 띄었다. 경원이는 키가 큰 편이라 찾기는 쉬웠다. 내가 세상에서 가장 부러워하는 기다란 다리를 갖고 있다. 이번엔 표정이 더 안 좋아 보였다. 더는 남은 학교가 없기 때문이다. 경원이를 옆에 두고 정면만을 응시한 채 물어보았다.

"읊어봐."

"아이, 씨."

혼잣말로 내뱉었다.

"욕은 하지 말고."

"죄송합니다. 갑자기 튀어나와서요. 윗몸일으키기 두 군데서 봤는데요."

거기까지 들어도 내용은 파악이 됐다.

"그래 알았다."

더 이상 물어보지 않았다. 그해 시험은 윗몸일으키기가 결정했다. 윗몸일으키기 시험에 대해서는 전체적으로 불만이 많았다. 그 종목 하나로 희비가 엇갈렸고 시험장의 분위기도 어수선했다. 경원이가 시험 본 대학은 두 곳에서 윗몸일으키기 시험을 봤다. 윗몸일으키기는 1분간 실시한 횟수를 가지고 점수를 채점한다. 문제는 두 곳에서 시험을 본다는 데 있었다. 파울을 측정하는 교수의 측정 기준이 서로 달랐다. 한 곳은 파울을 거의 잡지 않고 다른 곳은 파울의 기준을 까다롭게 측정하였다. 당연히 어느 곳에서 시험 봤는지가 점수에 영향을 미칠 수밖에 없었다. 경원이는 윗몸일으키기에서 파울로 처리된 횟수가 아주 많았다. 그 종목만 제외하고 다른 종목의 시험은 잘 봤다. 확신을 가질 수는 없지만 포기하기도 모호한 상황이었다.

결과가 발표되고 근소한 점수로 떨어진 것을 확인했다. 윗몸일으키기 종목을 까다롭지 않은 곳에서 시험을 봤으면 합격을 했을 것이다. 시험운 이라고 치부할 수밖에 없었다. 어디든 올해는 꼭 가야 한다는 부모님은 지방대를 보냈다. 그곳은 천안이었고 서울에 있는 대학의 지방캠퍼스였다. 경원이의 입시는 그렇게 끝이 나는 듯했다.

대학에 입학하고 3월 말경에 경원이가 학원에 들렀다.

"이건 아닌 것 같아요. 그냥 맘먹고 다니려고 했는데 학교에 적응이 안 돼요."

3월은 입학생들에게 가장 설레기도 하고 적응이 안 되기도 하는 달이다.

"네가 그 학교 갈 애가 아닌데 아주 아쉽다."

"집에선 반대하실 것 같은데 한 번만 더 하고 싶어요."

눈빛이 간절했다. 무언가 도움을 주고 싶었다. 이대로 시간이 지나가면 평생 후회를 할 것 같았다.

어렵게 어머님에게 전화했다. 입이 떨어지지 않았다.

"어머님, 경원이 삼수를 시키면 어떨까요?"하고 얘기를 했다. 처음에는 반대가 심했다. 어머님은 재수 정도면 할 수 있는 것은 다 했고, 그냥 받아들이겠다고 했다. 오랜 설득 끝에 한 번 생각은 해 보겠다고 했다. 이 정도면 반은 성공한 것이다. 대학등록금을 낸 상태였고 학원비도 부담스러워 하시는 눈치였다. 학원수강료를 받지 않기로 했다. 어머님은 떡집을 하면서 가계를 꾸려나가고 있었다. 합격하면 떡을 돌리는 거로 수강료를 대신하기로 했다. 수강료는 떡값이 되었다. 물론 그것 말고도 삼수를 한다면 비용이 발생하기 마련이다.

"서울시립대를 준비할게요."

조심스럽게 말씀드렸다.

"가능할까요?"

어머님은 놀라는 눈치다. 붙지도 않았는데 목소리가 한결 밝아지셨다.

"네 가능합니다. 등록금이 타 대학보다 절반 정도라 장기적으로는 훨씬 이익입니다. 또한 지금 학교와는 레벨이 틀리고요."

그렇게 경원이의 삼수는 시작이 되었다. 이번에도 안 되면 가까운 마포대교로 같이 손을 잡고 가자고 했다. 물론 가서 바람만 쐬고 올 생각이다. 멘탈이 약한 경원이는 특별히 다르게 수업을 진행했다. 시험 보기 전에 엄청난 긴장감을 주면서 모의 실기를 여러 번 진행했다. 말 한마디 숨소리 하나 안 나게 긴장감을 주면서 지도했다. 보통의 학생들은 역효과가 날 수도 있는 방법이긴 했지만 별다른 수가 없었다. 이렇게라도 시키지 않으면 시험장에서 불안을 극복하지 못하기 때문이다.

시험 날이 다가오자 이젠 내가 불안해지기 시작했다. 경원이는 오히려 이번에는 담담해 하는 것 같았다. 초조함에 속에 경원이의 실기 보는 날이 됐다. 아침 8시경에 입실을 해서 12시가 되기 전에 실기는 끝이 났다. 실기가 끝나자 하나둘씩 수험생들이 나오는 모습이 보이기 시작했다. 수험생 무리 사이에 키가 큰 학생이 보였다. 경원이는 나오자마자 나를 부둥켜안고 얘기했다.

"저 붙었어요."

시험 끝나고 이렇게 밝은 모습은 3년 만에 처음 보았다.

"시험은 잘 봤니?"

"저희 조에선 제가 제일 잘했어요."

그날 시험은 30명씩 한 개 조로 총 4개 조로 나눠서 시험을 봤다. 자기 조에서 제일 잘했다는 건 일단 29명은 이겼다는 것이다. 날씨도 추운데 마포대교는 안 가도 될 듯싶다. 그날 오후에 어머님이 먼저 전화가 왔다.

"본인 말로는 시험을 잘 봤다는데 이번에는 될 것 같나요?"

"글쎄요. 잘 본 건 맞는데 시험은 워낙에 변수들이 있어서 결과 나올 때까지 지켜봐야죠."

삼수시키려고 통화할 때는 자신 있게 얘기했는데 시험을 보고 나니 조마조마했다. 내심 붙겠거니 기대는 하고 있었다. 장학금까지 받았으면 하는 생각도 있었다. 붙을 가능성이 떨어질 가능성보다는 높다는 얘기로 마무리를 했다. 어머님은 그제야 안심을 하시는 듯했다.

합격자 발표가 예정된 날보다 하루 전에 경원이에게 연락이 왔다. 조기에 발표가 난 것이다.

합격자 발표는 예정보다 빨리 나기도 한다. 다군의 경우는 시험보고 2-3일 지난 후에 발표하는 학교도 있다. 경원이는 들뜬 목소리로 합격의 소식을 알려주었다.

"선생님 감사합니다. 정말 고생하셨습니다."

"네가 잘했지. 내가 뭘 한 게 있니."

이제야 자기 자리를 찾아간 느낌이다. 입시에 전념하기 위해 기존에 다니던 대학도 자퇴했는데 만일 이번에도 실패했다면…

아! 상상만 해도 끔찍하다. 결과가 좋으면 다 좋은 것이다.

부모님들은 주로 전화를 하고 문자는 안 하는 편이다. 간혹 오는 문자도 일정확인이나 간단한 문의만 하는 편이다. 동수 어머님과는 문자로 소통을 많이 했다. 실제 보내온 문자를 하나도 빼지 않고 그대로 옮겨 적었다.

-샘. 동수 편으로 공문서 보내주시면 학교에 제출하도록 할게요. -

(동수는 실업계 고등학교를 다니고 있었고 학원에서 운동한다는 공문서가 필요했다.)

-샘. 동수 오늘부터 수시 비실기전형 원서 접수해요. 동국대, 경희대, 서울시립대, 성균관대 3개 대학은 접수했고 성균관대는 원서에 체육활동 보고서를 제출해야 해서 실기 수업 끝나고 접수하려고요. 수시는 전략과 서류 전쟁이네요. 동수가 열심히 준비했어요. 동수 보시면 격려 많이 해주세요. -

(동수는 내신이 좋은 편이라 비실기 전형의 수시를 접수했다.)

-샘. 바쁘신 것 같아 문자 드려요. 동수 오늘 하루 쉬었으면 해요. 어제 용인대 실기고사 기록이 잘 안 나와서 많이 속상한 것 같아요. 오늘 물리치료 좀 받고 마음 좀 추슬러 주려고요. -

-샘. 잘 지내시죠? 편하신 시간에 연락 좀 주세요. 동수엄마. -

(용인대를 수시로 시험을 치르고 실기에서 실수가 잦았다.)

-샘. 좋은 아침요. 동수가 12시 30분쯤 찾아 뵐 거에요. 어제도 자소서랑 생

기부 보고 면접 준비하느라 별로 쉬지를 못했어요. 격려 좀 많이 해주세요. -

-샘. 요즘 시즌 특강으로 아주 바쁘시죠. 상담 신청요. 이번 주 수요일 수능성적표 통지되면 정시 관련해서 한번 찾아 뵐게요. 서울시립대 최종합격자 발표가 12. 16일이라 그전에 한 번 뵐게요. 동수가 나름대로 면접은 잘 본 것 같은데 그래도 정시계획을 세워야 동수가 집중해서 준비할 것 같아요. 저는 3시 30 이후에는 샘께서 편하신 날짜를 알려주시면 시간 맞춰 찾아뵐게요. -

-네. 그럼 그날 뵐게요-

(수능이 끝났고 수시 원서 접수한 대학이 모두 실패했다.)

-샘. 점심 드시고 이따 4시에 찾아뵐게요. -

-샘. 점심 드시고요. 오늘 정시 마감이라 많이 바쁘시죠. 동수가 오늘 피스톤에서 단체접수 한다고 이야기했는데 대략 몇 시쯤 하나요? 전형료를 제 휴대폰으로 결제할 계획이라 제가 챙겨야 할 것 같아서요. -

(정시원서를 접수했고 최종은 모두 불합격되었다.)

-샘. 잘 지내시죠? 날씨가 많이 춥네요. 편하신 시간에 연락 좀 해주세요. -

-네. 편하신 시간에 연락주세요. 동수는 작년에 피스톤에서 잘 가르쳐주셔서 지금 미친 듯이 수능공부하고 있어요. 그런 생각 안 하셔도 돼요. -

-샘. 늘 고맙습니다. xxxxxx@hanmail.net. -

-샘. 고맙습니다. 가족들과 좋은 시간 보내세요. -

(동수는 재수중이고 메일로 입시자료를 보내드렸다.)

-샘. 잘 지내시죠? 오늘은 봄바람이 상큼하네요. 요즘 많이 바쁘시죠. 동수는 올해 목표하는 대학 체육교육과에 진학하기 위해 수능준비에 올인 했는데 고맙게도 잘 준비하고 있어요. 공부에 속도가 붙어서인지 나름대로 성취도 느끼

고 즐겁게 하고 있네요. 친구들도 안 만나고 오롯이 수능 준비만 하는 동수가 가끔은 안타까울 때도 있는데 그래도 얼굴에 다시 웃음이 있어서 고마운 것 같아요. 샘께서 작년에 잘 이끌어 주신 덕에 용기내서 도전할 수 있는 것 같아요. 늘 고맙습니다. 건강 잘 챙기세요. -

(동수는 재수하면서 성적이 많이 오르는 중이다.)

-늘. 늘 고맙습니다. 무더위에 건강 잘 챙기세요. 제 이메일 주소입니다. xxxxx@hanmail.net. -

-샘. 보내주신 수시 자료는 동수랑 잘 봤어요. 고맙습니다. 혹시 수시전형 비실기 자료가 있으면 부탁 좀 드릴게요. -

-네. 고맙습니다. 주말 잘 보내세요. -

(재수하면서 수시 관련해서 자료를 보내드렸다.)

-샘. 잘 지내시죠. 동수 엄마예요. 편하신 시간에 연락해주세요. -

-샘. 눈이 올 것 같은 날이네요. 내일 수능 끝나면 아주 바쁘시겠네요. 동수 이번 주 금요일 5시쯤 피스톤에 가면 돼요?-

-샘. 바쁘신 것 같아 문자 드려요. 수능이 일주일 연기돼서 대학전형 일정이 다 일주일씩 연기되었는데 정시 체대실기 일정도 연기되었나요?-

-아. 많이 연기됐네요. -

(포항 지진으로 수능이 일주일 연기가 되었다.)

-샘. 점심 드시고요. 드디어 수능이 끝나서 이제부터 매우 바쁘시겠네요. 동수가 오늘은 하루 푹 쉬고 싶다고 하네요. 내일 가면 되나요?-

-샘. 동수이름으로 내일까지 입금할게요. 동수 옆에서 격려 좀 많이 해주세요. 늘 고맙습니다. -

(동수는 재수하면서 수능성적이 많이 올랐고 지원학교도 결정이 되었다.)

-샘. 오늘 단대천안 캠퍼스 가신다면서요? 동수는 전철 타고 출발했어요. 날씨가 상당히 추운데 조심히 다녀오세요.-

-샘. 어느덧 마지막 시험이네요. 저는 작년 수능부터 마지막 실기 고사까지 길게 느껴졌는데 동수는 짧은 것 같다고 하네요. 제가 천주고 신자인데 나일롱이라. 그런데 요즘은 동수가 한체대에 꼭 합격하고 싶다고 해서 열심히 기도하고 있어요. 자식이 이런 존재인가 봐요. 샘도 아이들 진학준비로 매우 바쁘시죠? 다들 좋은 결과 있으면 좋겠네요. 제 주위에서 체대학원 문의하면 마포피스톤 강추요!-

(최종 한체대에 합격했다.)

-샘. 햇살이 여름이네요. 오늘은 무슨 날? '스승의 날'이지요. 한동수 잘 가르쳐주셔서 고맙습니다. 동수는 21살 청년이 되어 지금 대학 생활에 흠뻑 빠져 즐겁게 열정적으로 사는 것 같아요. 한체대 근처 원룸에 독립했는데 이제는 마음도 독립한 것 같아요. 한 달에 잘해야 두 번 정도 얼굴 잠깐 보는 것 같아요. 부모로서 시원섭섭하기도 하고 대견하기도 하네요. 새삼 샘에게 감사하고 고마운 마음을 전합니다. '고맙습니다.'-

동수는 고3부터 재수까지 2년간 학원에 다녔다. 어머님에게 2년간 온 문자를 하나도 빠짐없이 그대로 옮겼다. 지금 읽어보면 그 당시의 동수의 모습이 생생하다. 동수는 좌절도 했고 노력도 많이 했다. 어머님의 마음이 문자에 배어 나오는 듯하다. 어머님은 직장생활을 하고 있었고, 학원하고 거리가 멀어서 주로 문자를 많이 보냈다. 동수는 축구

선수였다. 초등학교부터 고3 초까지 축구를 했다. 수시 전형으로 지원했으나 축구 특기생으로 입학은 실패했다. 마지막 남은 길은 일반 학생 전형밖에 없었다. 하지만 동수는 수능 공부를 해 본 적이 한 번도 없었다. 다행히 학교가 실업계 고등학교라 내신이 무척 좋았기 때문에 수시전형을 노렸지만, 결과가 좋지 않았다. 그래서 고3 때는 정시에서 수원대를 지원하였다. 기초실기가 2종목이 있고 특기를 따로 보는 대학이었다. 축구선수였기에 특기가 있는 대학에 지원할 수 있었다. 하지만 동수는 축구 말고는 수능이나 다른 부분의 실력은 부진하여, 이듬해에 다시 재수했고 한체대에 합격했다. 동수는 공부라고는 초등학교 이후로 해본 적이 없었다. 재수하면서 수능 공부라는 것을 처음 접하게 되었다. 어머님이 보기에도 안쓰러울 정도로 노력을 했다. 그 아이의 노력에 대한 결과는 보람이 있었다. 성적이 꾸준히 올라, 모의고사 볼 때마다 성적이 단 한 번도 떨어진 적이 없었다. 모의고사보다 수능점수가 낮게 나오긴 했지만 목표한 대학에는 무난히 합격을 하였다. 동수의 합격은 정말 인간승리로 느껴졌다. 어머님의 문자내용을 보니 지진으로 수능이 연기된 것도 생각이 난다. 문자를 다시 보고 있노라니 나를 돌아보는 느낌이다. 감회가 남다르다.

처음엔 합격한 아이들이 보인다. 합격한 기쁨의 파동이 지나가고 나면 불합격한 아이들이 보인다. 합격자는 바로 드러나 보이는데 불합격자는 감춰져 있는 듯 보이지 않는다. 합격의 기쁨은 마치 솟아오른 산과 같다면 불합격의 절망은 심연과 같다. 그 잠깐 사이 솟아 나온 산만 보였다.

　동수나 경원이도 결과가 좋아서 그간의 고통은 잊을 수 있겠지만 재수, 삼수하는 동안 감춰진 그들만의 인내는 눈으로 드러나지 않았었다. 이제는 나도 부모가 되어 보니 뒤에서 묵묵히 지켜만 보고 계신 부모님이 보인다. 고3 수험생의 부모는 1년간 똑같은 수험생이라고 한다. 숨죽이고 지켜만 보고 있다. 수험생의 스트레스를 함께 겪는 시간인 것이다.

　우리 사회에서 대학 졸업장은 평생 따라다닌다. 대학입시를 통해 첫 번째 인생의 변곡점이 생긴다. 그렇기 때문에 내가 하는 일은 한 사람의 인생이 걸린 일이다. 사명감을 가져야 하기에 부담감 또한 크지만, 나의 도움이 긍정적 영향을 미친다는 사실에 보람을 갖고 일을 한다. 현직에 있는 선배가 찾아와서 대화한 적이 있다.

　"형 학교에 있으니 편하죠? 나도 교직으로 나가는 게 꿈이었는데."

　"네가 더 중요한 일을 하는거야. 난 애들 관리지만 넌 애들 인생을 결정해주잖아."

　학생들에게 나의 지식과 열정이 그들의 삶에 조금이라도 보탬이 된다면 그것이야말로 보람과 긍지이다.

4

천직이란 무엇인가

요즘 같은 시대에도 천직이란 말이 의미가 있는가 싶기도 하다. 시대는 급변하고 수명은 길어지고 사회 첫 직장이 결코 평생직장이 되기 힘든 사회적 분위기다. 조선 시대까지만 해도 양반과 노비 천민 등의 계층은 그대로 자식까지 이어져 내려왔다. 부모의 직업 또한 대물림되었다. 양반은 계속 양반이요. 노비는 노비였다. 아득히 오래전 일이란 생각도 들겠지만 불과 150여 년 전의 일이다.

어려서부터 나의 꿈은 교사였다. 사회적 분위기는 직업으로서 교사를 택하는 경우가 많았지만 난 천직으로서 교사를 희망했었다. 꿈을 이루기 위한 노력도 열심히 했었다. 하지만 지금 내가 있는 곳은 학교가 아닌 입시학원이다. 22년째 이 일을 하고 있고, 전문직을 넘어 장인정신을 갖고자 노력하고 있다. 내가 하는 일에 만족하고 학생들과 함께하는 내 삶에 만족한다. 20대 후반부터 지천명의 나이가 된 지금 생각해본다면 현재의 일이 나에겐 천직인 셈이다.

어머니는 가끔 점을 보러 다니셨다. 점을 보는 것을 미신이라 치부하고 좋아하진 않았지만, 점괘는 궁금했다. 현재 직업과 관련된 두 가지 점괘가 있었다. 믿거나 말거나 한 이야기다. 고3이 되어서야 체육교육과를 목표로 했다. 고등학교 1학년, 2학년 때는 대학에 대한 목표가 전혀 없었다. 장래에 대해 아무 생각도 없었고, 공부하다 보면 점수에 맞는 학교를 갈 거로 생각했다. 그저 대학은 꼭 가고 싶었다. 갈 수 있을 것이란 확신은 없었지만 어떻게든 되겠지 라는 생각으로 지내왔다. 3학년이 되었을 때 체교과를 준비하던 친구의 권유가 있었다. 곰곰이 생각해보면 체교과에 대해서 알아보지 않았고 막연히 어려울 것이란 생각을 하고 있었다. 그때 성적으로는 당연히 갈만한 대학이 없을 거라고 생각했다. 체대를 살펴보니 내 성적으로 갈 수 있는 곳들이 많이 보였다. 얼추 성적은 맞출 수 있을 것 같았고 실기는 자신이 있었다. 결정을 내리기까지 오래 걸리지 않았다. 목표가 생기니 그때부터 공부의 집중력이 생기기 시작했다. 돌이켜 생각해 보면 잘하지는 않았지만, 열심히는 했던 것 같다. 하지만 워낙 기초가 없어서 올라가는 데 한계가 있었다. 학력고사가 다가오면서 나름대로 작전을 세웠다. 국어와 영어는 일정 점수를 목표로 잡았고, 수학은 앞의 집합문제와 쉬운 문제 나오는 부분을 풀면서 나머지는 한 개 번호로 다 찍으려고 생각했다. 실제 시험에서도 그렇게 시험을 봤다. 앞 문제 푼 것 중에 답에 없던 번호로 다 찍었다.

운동은 원래 잘하기도 했고 좋아하기 때문에 열심히 했다. 하지만 준비를 아무리 열심히 해도 실제 시험에서는 예상을 빗나가는 결과가 나왔다. 대학교 실기시험 보는 날 두 종목에서 실수했다. 실수의 대가는 치명적이었다. 미세한 차이로 종목별로 6점씩 총 12점이 예상보다 더 깎였다. 총점을 계산해보니 작년 컷보다 5점이 낮았다. 두 종목 중 한 종목만 실수를 안했으면 합격이 가능한 점수였기에 두고두고 화가 나고 며칠 동안 잠도 오지 않았다. 그 당시에 고대는 서창에도 캠퍼스가 있었다. 지금의 세종이다. 본교에는 체육교육과가 있고 서창에는 사회체육과가 있었다. 서창의 사회체육과는 신설 된 지 얼마 되지 않았기 때문에 본교보다 경쟁률과 합격점이 높지 않아 지원할 수 있었다. 원서 쓰는 마지막 날까지도 고민했다. 본교를 시험보기에는 점수가 불안했기 때문에 안전하게 서창으로 지원할까하는 갈등이었다. 결론은 체육교사가 목표이자 꿈이었기에 과감히 본교에 시험을 보게 됐다.

실기시험을 망치고 나니 합격자 발표까지 우울 모드였다. 여느 때와 다름없이 풀이 죽어 있는데 이모한테 전화가 왔다.

"축하해 너 붙었데."

"무슨 소리 하는 것이야. 내일이 발푠데."

"지금 발표가 났어. 이모가 전화로 확인했어."

그 당시에는 전화 ARS로 확인하던 때였다.

"그리고 이모가 내 수험번호를 알아."

난 수험표를 옷 주머니에 두고 한 번도 꺼낸 적이 없었다. 엄마가 나

몰래 꺼냈고 도저히 떨려서 이모한테 확인하라고 시켰단다. 이모가 반복해서 얘기했다.

"진짜야! 진짜 붙었어. 네가 다시 확인해봐. 진짜 붙었어. 축하해."

전화를 걸어 확인해 보니 '합격을 축하합니다'라는 멘트가 나왔다. 전혀 기대도 하지 않은 일이 벌어졌다. 정말 기쁘면 펄쩍펄쩍 뛴다고 했던가? 전화로 합격을 확인한 순간 기뻐서 펄쩍펄쩍 뛰었다. 거짓말 조금 보태서 천장에 머리가 닿을 것 같았다. 인생을 살면서 기억에 남는 기쁜 일이 세 개가 있다. 그 가운데 첫 번째 일이 일어났다. 나머지 둘은 결혼했을 때와 운전면허 땄을 때였다. 이 책은 와이프는 꼭 볼 것이다.

그 무렵 어머니가 점을 보러 가셨다. 점집에 도착하고 어머니가 자리에 앉자마자 점쟁이가 물어봤단다.

"애 올해 뭐한 것 있어요?"

"글쎄요. 대학에 간 것 말고는 아무것도 없는데요."

그 이야기를 듣고 점쟁이는 한참을 웃었단다.

"이렇게 실력 없는 애가 어떻게 대학을 갔어요?"

점패는 날아가는 새를 잡을 형국이라고 나왔다. 올해 운이 터졌단다. 어머니는 집에 오신 후 내 실력과 노력을 살짝 인정하지 않는 분위기가 감지됐다.

대학을 입학하고 나서야 알았다. 내가 정말 운이 좋았다는 것을. 그

해 입시 결과는 본교보다 서창캠퍼스의 학력고사 점수가 훨씬 높았다. 학교가 생긴 이래 본교보다 캠퍼스의 점수가 높기는 처음이란다. 높은 정도가 아니라 그 차이도 크게 났다는 것이다. 아마 서창캠퍼스를 지원했다면 떨어졌을 것이다. 날아가는 새를 잡은 것이 맞을지도 모른다. 하지만 운도 실력이다.

대학 3학년을 마치고 군대에 갔다. 제대하고 4학년으로 복학하면서 1년간 임용고사를 준비했다. 인생이 걸린 시험이라 차근차근 계획표를 세워 공부했다. 교육학 시험과 전공을 공부하고 저녁에는 실기 운동을 했다. 늘 2% 부족한 감은 있지만, 최선을 다했다. 임용시험은 체육 이론과 교육학시험이 모든 지역이 같지만 실기가 지역별로 틀렸다. 실기에서 가장 큰 차이점은 서울만 수영 실기가 필수로 있다. 수영이란 종목은 나에게 필패였다. 다른 종목은 할 만한데 수영은 늘 자신이 없었다. 노력해도 별로 늘지 않았다. 그래서 서울지역의 시험을 보는 대신에 경기도를 택했다. 지금 생각해 보면 어쩌면 그게 잘못된 선택인 것 같았다. 지나고 난 다음에 밀려드는 후회이기도 하다. 대학교 지원할 때처럼 과감했으면 어땠을까 하는 생각이 남는다.

역사에 가정이란 없다. 이미 일어났고 되돌릴 수 없는 일들뿐이다. 그 당시 서울의 임용고사는 수영만 필수고 다른 종목은 당일 아침에 제비뽑기로 했다. 실기 기준과 방법이 적혀 있는 여러 장의 용지가 둘둘 말려있고 그 가운데 하나를 추첨하면 그 종목이 실기 종목이 되었다. 경기도는 실기 종목이 정해져 있었다. 여러모로 경기도의 시험은 모든 수험생에게 수월해 보였다.

경기도에 지원하고 전공이론 시험을 볼 때였다. 문제는 주관식 문항이었다. 답지에 답을 적는 순서는 상관이 없고 문제의 번호를 적고 답을 쓰면 된다고 했다. 쉬운 문제부터 답지 상단에 먼저 풀어도 된다는 배려였다. 나도 쉬운 것부터 답을 달고, 어려운 문제는 나중에 풀었다. 끝나는 종이 울리기 전에 마지막으로 검토해보고 답안지를 제출했다. 문제가 어렵다는 생각은 별로 들지 않았다. 이론 시험이 끝나고 떨어졌다고 확신을 가지게 된 것은 채 5분도 걸리지 않았다. 짐 챙기고 가방을 들고 교문을 나오는데 아뿔싸 답지에 번호를 안 썼던 것이 생각났다. 번호를 쓰지 않은 채, 답을 적고 한 칸 띄고 다음 답을 적어 버린 것이다. 내가 쓴 답이 몇 번 문제의 답인지가 명확하지 않았다. 집에 돌아오는 길이 임용을 준비한 시간만큼 길게 느껴졌다.

서울은 어떤 실기들이 나왔는지 확인해봤다. 그해 실기시험은 수영을 빼고는 전부 내가 자신 있던 종목들만 골라서 나온 느낌이었다. '아 괜히 경기도로 시험을 봤네.' 후회해도 소용없었다. 핑계 없는 무덤은 없다고도 한다. 인간은 자기합리화에 익숙하다고도 한다. 아마도 결과를 받아들인다는 것의 스트레스를 조금이라도 줄이는 방법이 아닐까 한다. 어머니의 두 번째 점괘는 '서쪽으로 가지 마라'였다. 서쪽하고 방향이 상극이라고 한다. 서울 시험장은 우리 집에서 동쪽에 있었고 경기도 시험장은 서쪽에 있었다. 왜 서쪽으로 가서 시험을 봤을까. 달마도 동쪽으로 갔는데…

대학교 합격과 임용고사 실패가 지금 일을 하게 된 가장 큰 계기인 것 같다. 처음 몇 년간은 교직에 대한 생각도 많이 했다. '다시 준비하면 할 수 있을 거야'라고 생각했다. 그런데 공부는 공부할 때 해야지, 일하면서 공부한다는 것은 쉽지 않았다.

시간이 흐르고 아이들을 대학에 보내면서 그 마음이 점차 바뀌게 되었다. 학원은 학교보다 아이들과의 친밀도가 훨씬 높다. 수업 전에 와서 인사하는 애들을 보면 항상 밝은 표정이다. 그 아이들은 명확한 꿈과 목표를 갖고 있고 나의 도움이 필요하다. 어느 자리에 있어도 나는 교육자다. 이 일이 나에겐 천직이고 소명인 것이다. 우스갯소리로 아이들한테 얘기한다. 다시 태어나면 하고 싶은 세 가지가 있다고 얘기하기도 한다. 첫 번째는 다리 긴 사람으로 태어나서 바지 밑단을 자르지 않고 싶다. 두 번째는 지금의 와이프랑 다시 살고 싶다. 세 번째는 지금 하는 일을 다시 태어나도 하고 싶다. 현재 일에 만족하며 지금도 나는 학생들에게 최선을 다하자고 다짐을 한다.

장학금이 있어요

학원은 공식적으론 장학금을 주는 시스템이 없다. 학원은 영리가 목적이기 때문에 학교처럼 장학금을 주진 않는다. 하지만 알게 모르게 매년 한두명 정도는 장학금이란 이름으로 할인을 받는다.

나도 체대에 가기 위해 따로 레슨을 받았었다. 그때는 음악학원 미술학원은 있었지만 체육학원은 없었다. 체대를 준비하는 학생들은 체대생에게 실기레슨을 받던 시절이었다. 그 당시에는 시설도 열악했다. 사실 열악하다고 얘기할 수도 없는 수준이었다. 시설이 없는게 시설이었기 때문이다. 일부를 제외하고 대다수의 체대 준비생들은 학교 운동장에서 실기 연습을 했다. 저녁때쯤 되면 대학교 운동장에는 실기 준비를 하는 고등학생들로 북적였다. 체대생들에게 실기레슨은 전공도 살리고 돈도 버는 선망의 알바였다. 우리집은 형편이 넉넉하지 않았다. 체육은 레슨비가 음악이나 미술처럼 고가는 아니지만 부담스러운 금액이었다.

레슨비를 내는 날이면 어머니에게 말을 꺼내기도 쉽지 않았다. 초중고를 다니는 동안 돈을 내고 무언가를 배웠던 기억은 그때가 처음이었다. 어떻게 하면 돈을 적게 들이고 대학을 갈 수 있을까 궁리를 했다. 체육 시간에 개인 연습을 하고 레슨은 최종 2달만 받으면 될 것 같다는 생각에 이르렀다. 많은 궁리 끝에 내린 결론이었다. 나와 같은 해에 인하대 체육과에 붙은 고등학교 동기가 있었다. 그 친구는 인하대 조교를 찾아가 레슨을 받을 것처럼 해서 단 하루만 운동 지도를 받았다. 그러고는 다음 날부터 배운 방법을 토대로 혼자서 운동을 했다. 그는 누구의 도움도 없이 혼자서 운동해서 합격하기도 했다. 짧은 기간을 집중적으로 운동하면 합격이 가능했던 시대였고 정말 독한 친구였다.

실기 레슨의 시기를 결정하고 레슨을 받고 있는 친구에게 물어봤다. 그 후 친구의 소개로 레슨을 시작했다. 레슨을 가르치는 형은 모 대학교 2학년 재학생이었다. 머리는 곱슬이고 키는 작았다. 실제 곱슬머리인지 그때 잠깐 유행했던 장정구 파마인지 구분이 안 됐다. 시골에서 살다가 대학에 진학하면서 서울에 온 것 같았다. 대화 중간마다 사투리를 섞어서 말을 하고는 했다. 급하거나 작게 말할 때는 알아듣기 힘든 말도 있었다. 난생처음 접한 레슨은 흥미로웠다. 그 당시 고대 종목에는 체조가 두 개나 있었다. 매트 운동과 철봉이었다. 혼자서 연습해서 될 종목이 아니었다. 레슨을 조금이라도 늦게 시작했다면 합격은 불가능했을 것이다. 레슨 시기 선택을 잘한 듯싶었다. 같이 레슨을 받던 친구들이 7명 정도 있었는데, 그 형은 레슨비로만 일반 회사원 월급보다 많이 벌고 있었다.

'오, 나도 대학 가면 알바로 개인레슨을 하면 좋겠는데.'라는 생각이 절로 들었다. 레슨 알바를 위해서라도 체대는 꼭 가야만 할 것 같았다. 여러 명과 함께 하는 운동이라 확실히 혼자 할 때와는 달랐다. 다른 친구들을 보면서 경쟁심이 들기도 하고 배우기도 했다. 한 달이 지나고 레슨비를 내야 하는 날이 다시 다가왔다. 레슨비를 조금이라도 깎아 보려고 힘들게 얘기를 꺼냈다.

"형 시험이 얼마 안 남아서 이달은 보름만 운동할게요."

"그럼 그렇게 해라."

의외로 대답은 시원하게 나왔다. 어쩌면 대학 가든 말든 신경을 안 쓰는 말투인 것 같기도 했다.

"그럼 레슨비는 반만 내도 돼요?"

"그건 안 돼. 한 달 치 내야 해."

"보름인데요."

"그건 너 사정이고 레슨비는 한 달 단위로 내야 해."

시험이 20일 정도 남았고 보름만 운동하고 5일은 컨디션도 조절하면 실제 운동하는 날이 보름이었다. 운동을 쉬면서 학력고사를 대비해야 할 시간도 필요했다. 그 형의 대답을 듣고 바늘이 있으면 한번 찔러 보고 싶었다. 피가 날지 안 날지 궁금했다.

집에 가서 사정을 말씀드렸다.

"엄마 미안한데 운동을 한 달만 더 해야 할 것 같아. 내가 허튼짓 안 하고 열심히 할게."

"걱정 하지 말고 해라. 그건 엄마가 어떡하든 해 줄 테니까."

걱정하면서 열심히 했다. 집에 부담 주고 있다는 건 훤히 알고 있었다. 수입이 적은만큼 지출도 줄여야 하는 형편이었다. 난 아마 철이 일찍 들었는지도 모르겠다. 그때 일은 평생 잊지 않고 살고 있다.

학원을 운영하다 보면 수강료를 제때 못 내는 학생들도 있다. 수강료 내야 하는 날짜가 지났다고 재촉을 한 적은 한 번도 없다. 늦어지는 학생이 있으면 혹시나 집이 어려워서 그런가 하는 생각은 한다. 두 달 정도 밀려도 수강료 얘기는 하지 않는 편이다. 늦어지긴 해도 많이 밀리는 학생은 별로 없어서다.

수강료를 석 달 정도 밀린 학생이 있었다. 첫 시간이 끝나고 쉬는 시간에 잠깐 사무실로 불렀다. 이럴 때가 제일 어려운 부분이다. 학생을 사무실로 부르는 이유는 여러 가지가 있다. 상담일 수도 있고 부상이라도 있다면 확인 차원에서 부르기도 한다. 결석해도 불러서 이유를 꼭 물어본다. 보통의 학생은 부르면 대부분 이유를 모르고 들어온다. 무슨 일인지 궁금한 표정으로 들어온다. 느낌인지 몰라도 수강료에 관한 일로 학생을 부르면 무슨 일이지 대충은 알고 있는 것 같은 표정으로 들어온다. 영태도 긴장된 표정으로 들어왔다.

"영태야 학원비가 조금 밀려서."

"아직 안 내셨죠? 말씀은 드렸는데."

눈을 마주치지 못한다. 옅은 긴장감이 흘렀다.

"응, 아직 안 들어 와서."

"다시 말씀드릴게요."

나가려던 아이를 붙잡고 얘기했다.

"혹시 깜박 잊고 못 내신 거니? 아니면 상황이 좀 여의치 않니?"

엄마가 바빠서 못 냈다는 애들도 있고, 내실 건데요, 라고 대수롭지 않게 말하는 애들도 있다. 영태와 눈이 마주쳤다. 그 순간 아이의 눈에서 눈물이 흘렀다. 갑작스러운 일이라 당황스러웠다. 영태는 눈을 마주치지 않으려고 고개를 들어 오른쪽을 보고 있었다. 아무 말도 안 하고 지켜만 보고 있었다. 혹시 누가 들어올지 몰라 걱정이 됐다. 지금 상담 중이라 아무도 사무실에 들어오지 말라고 일러뒀다. 영태는 덩치도 큰 아이였다. 평소에 씩씩하던 애가 눈물을 뚝뚝 떨어뜨리고 있었다. 무슨 일인지는 감이 왔다. 마음이 누그러질 때까지 지켜만 봤다. 어느 정도 진정이 된 것 같아 조심스레 물어보았다.

"좀 어려운가 보구나?"

"네 엄마가 이혼하셔서요. 엄마 혼자서 누나랑 저 학비를 대주세요. 조금만 기다리라고 하셨어요."

이럴 땐 아무것도 물어보지 않는다. 본인이 얘기 나오는 것만 들어준다.

"그럼 앞으로는 반만 내고. 지금까지 밀린 건 내지 말도록 해라."

"어떻게 그래요?"

다시 눈이 마주쳤을 때는 긴장이 좀 풀리긴 했나 보다. 눈을 크고 동그랗게 떴다.

"그래도 돼. 우리 학원은 장학금이 있어. 돈을 주는 장학금은 아니지만, 대신에 학원비를 할인해줘."

"너무 죄송해서요."

영태는 기어들어 가는 목소리로 대답했다.

"그 정도 내도록 하고 어려우면 다시 얘기해라. 그때 가서 다시 또 생각해 보도록 하자."

"아뇨 그 정도면 하실 수 있을 것 같은데요."

"그 대신 공부 열심히 해라."

표정은 한층 밝아졌다.

"너무 죄송해요."

"집이 어렵더라도 대학은 꼭 가도록 해. 대학 간다고 성공하는 건 아니지만 지금보다 나아지려면 대학은 꼭 가도록 해라."

마지막으로 신신당부를 하나 더 했다.

"절대 누구에게도 비밀이다. 이 얘기가 새어나가면 장학금 신청하려는 애들이 많아질 테고, 그러면 내가 망하잖아."

영태의 얼굴에 옅은 웃음기가 돌아왔다.

내가 살아온 얘기도 살짝 들려주고 힘내라는 격려의 말도 해줬다. 매년 몇 명은 수강료를 할인하거나 아예 받지 않는 학생들이 있다. 예전 어려웠던 시절을 생각하면 도와주고 싶은 생각이 많아서다. 살면서 불우이웃을 돕거나 봉사활동을 했던 기억은 별로 없다. 그런 일들은 봉사의 마음을 가진 특별한 사람들이 하는 일이라고 생각했다. 지금 내가 할 수 있는 나눔은 어려운 학생을 도와주는 일밖에 없어서다. 이건 내가 쉽게 할 수 있는 일이니까.

한번은 친구가 학원에 놀러 온 적이 있었다. 여학생과 상담을 하던 중이었다. 친구는 연락도 없이 지나는 길에 들렸다고 한다. 인천에 있는 모 여고에 교사로 재직하고 있는 친구였다. 농담도 잘하고 말도 엄청 많고 재미있는 친구다. 갑작스러운 방문으로 학생에게는 상담을 잠시 뒤로 미루자고 얘기했다. 나중에 다시 상담 하려는 생각이었다. 그런데 갑자기 친구는 앉아 있던 학생에게 대뜸 질문했다.

"얘야, 너 아버지 뭐하시니?"

"사업 하시는데요."

"사업은 무슨 사업 하시니?"

"그냥 이것저것 하세요."

"어머님은 집에 계시고?"

"네."

옆에서 듣고 있자니, 장동건과 유오성이 나왔던 영화 '친구'가 생각났다. 영화 대사 중에 있던 장면이다. 선생님이 유오성에게 물어본다. '너 아버지 뭐하시니?' 하고 물었을 때 '울 아버지 깡팬데요.'라는 대사다.

학생이 나가고 나서 친구를 나무랐다.

"너 그런 것은 왜 물어보냐?"

"뭐! 애가 성격도 밝고 궁금해서 그런데."

"걔가 아버지 안계시거나 무직이면 얼마나 무안하겠냐? 어떤 애들은 할머니가 키우는 애들도 있어."

친구는 무심결에 했던 말이지만 아차 싶었던 것 같다.

"그건 생각을 못 했다. 미안하다."

내가 아이들의 가정환경에 관해서 자세히 물어보지 않는 이유 중 하나다.

다음날 영태 어머님에게 전화가 왔다.

"선생님 얘기는 들었습니다. 감사합니다."

"아닙니다. 어머님 영태가 워낙 성실해서요."

"애가 하고 싶어 하는데. 뒷받침을 못 해줘서."

"네 어머님 신경 쓰지 마시고요. 제가 지금 상담 중이라 나중에 다시 연락을 드릴게요."

"네 감사합니다. 들어가세요."

나는 이런 전화는 되도록 빨리 끊는다. 통화가 길어지면 어머님도 더 미안해하고 나도 다른 할 말이 없어서다.

작게나마 이런 방법이라도 나눔을 주고 싶다. 장학금이란 이름의 수강료가 내겐 없어선 안 될 큰돈은 아니지만 도움을 받는 누군가에겐 조금은 보탬이 되지 않을까 생각한다. 그 아이들이 바른길로 가서 잘 컸으면 한다.

6

신발 끈 풀기 전까진 아무도 모른다

합격이 있으면 불합격도 있기 마련이다. 체대 경쟁률은 5대1에서 높은 곳은 30대1 정도 되는 곳도 있다. 달리 해석하자면 붙는 사람보다 떨어지는 사람이 더 많다는 것이다. 매년 높은 합격률을 유지한다는 것은 쉬운 일이 아니다. 사람을 가르치는 일이라 똑같은 수업을 진행해도 받아들이는 학생마다 차이가 있는데, 개개인의 차이가 운동 결과로 나타난다. 학생별로 장단점을 파악하고 적재적소에 배치해야만 합격 가능성이 커진다. 매년 예상 컷을 잡고 지원을 해도 맞지 않는 때도 많다. 컷트라인이 예상과 달리 나타나는 학교들이 항상 있기 마련이다. 예상 합격 점수가 틀리게 되는 이유 가운데 하나는 실기의 파울 기준이다. 파울을 까다롭게 잡으면 실기점수를 적게 받게 된다. 그러면 전체 지원한 학생들의 실기 총점이 내려가게 된다. 이 결과로 컷트라인이 낮아지는 것이다.

시험장에 들어가기 전 가장 많이 하는 얘기가 '끝까지 포기하지 마'라는 것이다. 시험은 누구의 예상도 빗나가는 결과가 나올 때도 있기 때문이다.

종욱이라는 학생이 있었다. 말수는 적고 마른 체격에 운동보다는 공부를 잘한 편이다. 실기시험 전날 몸을 풀고 있었다. 뭔가 몸이 불편해 보였다.

"선생님, 무릎이 갑자기 아픈데요."

"뭐하다 그랬니?"

"아무것도 안하고 런닝만 하고 가볍게 점프 한번 했는데요."

시험 전날은 운동을 시키지 않는다. 몸 풀고 컨디션 조절만 하고 쉬도록 한다. 종욱이의 상태를 보니 절뚝이기는 하는데 시험을 못 볼 것 같지는 않았다. 혹시 몰라서 병원에 가서, 진통제를 처방받아 오라고 했다. 다음날 실기시험이 기다리고 있었다.

사진8

시험 당일 아침에 종욱이를 만났다.

"상태는 좀 어떠니."

"병원에 갔는데 무릎 연골이 살짝 찢어졌데요."

어이가 없었다. 본인도 물론 더 어이없어했다.

"진통제 처방받고 무릎 보호대도 했어요."

"조심히 시험 봐라. 급작스럽게 다쳐서 걱정이네."

시험이 끝날 때까지 걱정이 떠나지 않았다. 겨울 날씨라 춥기도 했지만, 입술이 바짝바짝 말랐다. 종욱이는 성대를 1년간 준비했다. 간절하게 원했던 대학이라 종욱이의 마음도 착잡했을 거다. 그 마음을 알고 있기에 걱정이 떠나지 않았다. 이윽고 시험이 끝나고 기록을 확인했다. 원래도 말이 없는 애가 더 말이 없어졌다. 제자리멀리뛰기와 100M 달리기에서 평소보다 기록이 나오지 않았다. 각 5점씩 총 10점이 예상점수 보다 덜 나왔다. 부상 투혼으로 시험을 본 것 치고는 잘했지만 입시는 정신력 측정이 아니다. 체력 결과의 측정 즉, 기록만이 남을 뿐이다.

학원으로 돌아오는 내내 머릿속이 복잡했다. 차라리 시험을 망쳤으면 포기라도 한다. 어쩔 수 없었다는 현실은 좌절감이 덜하기 때문이다. 그런데 커트라인 근처의 점수를 받아오면 그때부터 희망 고문의 시작이다.

'한 종목만 더 잘하지. 조금만 더 빨리 뛰지.'라며 오만가지 생각을

20m 왕복달리기 테스트 장면

한다. 종욱이의 말이 머리에 맴돌았다.

"점수가 이런 줄 알았으면 더 열심히 할 걸 그랬어요."

종욱이는 지레 겁먹고 시험을 살살 보긴 했다. 그 당시로는 어쩔 수 없는 선택이었다. 실기시험을 치르다 부상이 악화할 수도 있어서다.

"너 상황에서는 잘했어."

아쉬움이 남아서 짧게 답하고 더는 아무 말도 하지 않았다. 불길했던 우려는 합격자 발표에 현실로 나타났다. 합격자 발표가 나고 보니 종욱이는 총점 3점 차이로 예비번호 11번을 받았다. 예비번호를 받고 보니 더 아쉬웠다. 최초합격을 할 수 있었다는 생각이 들어서다. 작년에는 예비가 14번까지 빠졌다. 작년 정도만 인원이 빠진다면 충분히 가능성은 있었다. 간절한 마음으로 희망의 끈을 놓지 않고 있었다. 최종 예비까지 발표가 끝이 났다. 최종합격은 예비 8번 까지었다. 종욱인 너무 아깝게 떨어졌다.

'한 종목만 잘 봤어도 5점이 올라갔는데. 작년만큼만 예비가 빠졌어도 붙었는데.'

결과는 바뀌지 않지만 아쉽게 떨어지면 두고두고 곱씹게 된다. 학원이란 것이 최종 결과를 남기는 일이라 아쉬움이 많은 직업이다.

종욱이는 서울산업대도 원서접수를 했다. 지금은 서울과기대로 이름이 바뀌었지만 그 당시에는 서울산업대로 정시에 속해 있지 않은 별도의 대학이었다. 군 외의 대학이라 중복지원이 가능했던 유일한 대학이었다. 서울산업대는 1차 선발로 4배수를 뽑았다. 수능점수로 정원의

4배수 안에 든 수험생만 실기시험을 볼 수 있다. 시험은 이틀에 걸쳐서 진행됐다. 종욱이는 첫날 시험을 잘 보지 못 했다. 성대시험 이후로 계속 컨디션이 좋지 않았다. 첫날 시험이 끝나고 풀이 죽은 목소리로 얘기했다.

"선생님 내일 시험은 안 보면 안돼요?"

"왜? 시험은 봤으면 하는데."

"오늘 시험도 망치고 무릎도 아프고 내일 종목이 더 자신이 없어요."

"그래도 시험은 모르는 거야. 끝까지 최선을 다해야 돼. 내일 시험은 무조건 보도록 해."

이미 종욱이는 기가 많이 죽어 있었다.

"시험 봐도 붙을 것 같지도 않고요"

"여기 예비 많이 빠지니까. 최초 합격보다는 예비 합격을 바라보고 시험 봤으면 하는데."

"네"

종욱이는 마지못해 대답했다.

다음날 약속한 시각이 지나도록 종욱이가 오지 않았다. 아무리 전화를 해도 받지 않았다. 성대 실기 전날 다쳤던 부상은 그 여파가 너무 커서, 내가 생각하기에도 종욱이가 서울산업대를 붙기는 힘들었다. 아무리 예비가 많이 빠진다 해도 붙기 어려웠다. 둘째 날, 시험 보는 종목들은 하체를 쓰지 않는 종목들이었다. 무리가 없을 듯해서 시험을 보라고 한 것이다. 한 시간쯤 지나서 문자가 왔다.

'선생님 죄송합니다. 시험은 보려 했으나 자신이 없어서 그냥 포기할 게요.'

답장 대신 바로 전화를 했다. 여전히 전화는 받지 않았다. 화는 나지 않았지만 안타까웠다. 아무 감정도 일어나지 않았다. 어차피 시험을 볼 수 있는 시간은 지났고 변하는 것은 아무것도 없다. 아픈 몸을 이끌고 시험장을 다녔던 종욱이가 안타까웠다.

산업대는 종욱이 말고도 2명의 수험생이 더 있었다. 그 둘만 데리고 가서 시험을 봤다. 종욱이를 기다리다 시간이 지체가 있었다. 시험장까지 가는 시간이 빠듯했다. 웬만한 신호는 무시하고 지나갔다. 안전하게 과속을 했다. 혹시라도 순찰차에 걸리면 수험표를 보여주려고 생각하고 있었다.

'딱지 떼도 좋으니 빨리만 해 주세요.'라거나

'순찰차로 시험장까지 데려다주세요' 부탁을 하려고 했다.

다행히 시간 내에 도착했고 시험을 보는 데 아무 문제가 없었다. 수험생을 들여보내고 나니까 잠이 쏟아졌다. 새벽에 나오기도 했지만 긴장이 풀려서 순식간에 지쳐버렸다. 기다리는 차에서 잠깐 눈을 붙였는데 해가 중천에 떠 있었다. 일찍 일어나면 하루가 길게 느껴진다. 그날은 짧은 사건들로 이루어진 긴 하루였다.

서울산업대 합격자를 발표하는 날 이변이 일어났다. 정확히는 예비번호가 발표되면서 시작된 이변이었다. 예비번호가 굉장히 많이 부여

됐다. 30명 정원에 20명 정도 예비가 발표됐다. 총 지원자가 120명인데 예비합격자 수로 보면 50명이 붙은 것이다. 수험생 중 거의 반이 합격했다. 하지만 그게 끝이 아니었다. 1차 예비번호 발표 후에도 정원을 채우지 못해 2차 예비를 다시 발표했다. 그런데도 역시 정원을 채우지 못했다. 예비번호는 계속 발표가 되었다. 이러다가 한 바퀴 돌고 두 바퀴도 돌겠다는 얘기가 나오기 시작했다. 최종결과는 아무도 예상 못 한 충격이었다. 예비가 세 바퀴가 돌았기 때문이다. 그 얘기는 시험을 본 수험생은 전원 합격을 했다는 것이다. 하지만 그곳에 종욱이의 자리는 없었다. 예비번호 부여의 원칙은 중도 포기자는 제외였다. 종욱인 시험을 보기만 했으면 붙었을 것이다.

'아! 끝까지 시험을 봤으면 됐을 텐데.' 뒤늦은 후회도 소용없었다.

최종 서울산업대는 소수의 정원을 채우지 못했다. 그해 시험 본 수험생들 대부분이 복수합격을 했고, 타 대학으로 등록을 해버렸다고 한다. 며칠 있다가 신문에 광고가 하나 실렸다. 산업대에서 추가모집을 한다는 것이다. 단, 추가모집은 실기는 없고 수능성적만으로 선발이 됐다. 그때가 2월쯤이니 그 해의 마지막 입시가 치러지는 것이다. 모든 대학의 신입생 모집이 끝난 시기였다. 그건 곧 그해에 대학을 떨어진 학생들에겐 불투명한 미래를 고민해야 하는 고통의 시간이기도 했다. 이때 산업대의 추가모집 공고는 마지막 희망이었고 누군가에게는 기회이다. 추가모집에 천 명이 넘는 학생이 지원했다. 종욱이가 학원을 찾아왔다.

"선생님 저도 지원을 해 볼까요?"

"실기가 없으면 지원을 해도 안 될 것 같다. 점수가 굉장히 높을 거야."

진즉에 실기를 참여만 했어도 붙었을 텐데. 그해 입시에서 종욱이는 나에겐 참 아픈 손가락이었다.

아쉬움에 산업대 원서를 접수했던 종욱이는 최종 불합격했다. 올해는 죽어다 깨어나도 대학 못 간다고 마지막 못을 박는 듯했다. 종욱이에게 그해의 입시는 너무나 아쉽고 가혹했다. 성대 시험부터 산업대 시험까지 장면들이 눈앞에 스쳐 지나갔다. '어디서부터 잘못된 것일까?' 하는 회한이 밀려왔다.

매년 수험생들을 지도한다. 실력도 키워야 하고 입시전략도 잘 짜야 한다. 시험이 다가오면 유의사항도 계속 얘기한다. 학교별 파울 기준과 시험장에서 대처방법들이다. 실제 선배들의 예를 들어가면서 설명한다. 귀가 따갑도록 얘기한다. 설명은 지겹게 해야 한다. 요즈음 아이들은 자기 듣고 싶은 것만 듣기 때문이다. 전달의 효과는 이후에 제대로 나타난다. 어떤 아이는 귀에서 못을 빼내는 시늉을 하기도 한다. 언제나 빼먹지 않고 하는 얘기가 있다. 끝까지 최선을 다하는 것이 제일 중요하다고. 이름은 얘기할 순 없지만, 너희들 선배 중에 이런 사람이 있었다고…

결과는 아무도 모른다. 신발 끈 풀기 전까진 누구도 모른다.

운도 실력이다

지현이는 운동하는 학생치곤 통통한 편이었다. 하체보다 상체에 살집이 두둑했다. 목도 짧아서 상체가 더 발달한 것처럼 보였다. 얼핏 보기엔 역도선수 분위기가 나기도 했다. 운동기능으로 나누자면 상체는 강했고 하체는 약했다. 성격은 무척 밝았다. 남학생과 팔씨름을 하기도 했고 어떨 땐 힘 약한 남학생은 지현이의 제물이 되기도 했다. 남자랑 시합은 가능하면 말렸다. 지현이야 자신감이 하늘을 찌르지만, 팔씨름 지고 좌절 모드에 들어가는 남학생도 있어서다. 지현이는 남학생을 이기고 의기양양하게 얘기를 한다.

"선생님 또 한 명 이겼어요."

"지현아, 아시아권에선 웬만하면 힘자랑 하지 마라. 너의 적수가 없다."

웃음을 참지 못하면서.

"엄마도 밤길 조심하래요."

"그래 네가 힘도 세지. 얼굴도 예쁘지 밤에 조심해라."

터지는 웃음을 참으면서 대꾸한다.

"그게 아니고요. 밤에 누가 잡아가서 며칠 동안 빨래만 시킬지 모른다고 하셨어요."

"하긴 너 잡아가면 인근에 빨래방 망하는 건 시간문제일 거야."

체육을 하는 여학생들이 전부 지현이 같지는 않다. 보통의 평범한 여학생들이고, 단지 운동을 좋아한다는 것뿐이다.

지현인 달리기나 멀리뛰기 등의 하체 종목에는 약했고 핸드볼공 던지기, 메디신볼 던지기, 배근력 등 상체나 힘을 쓰는 종목에 강했다. 강하다기보다는 타의 추종을 불허했다는 표현이 훨씬 어울린다. 여학생인데도 남학생 만점 기준에 육박할 정도였다. 모의고사 성적은 3등급과 4등급 사이를 받고 있었다.

체대입시에선 실기 전 종목을 잘한다면 바랄 것도 없지만, 특별나게 못 하는 종목이 없으면 유리할 때도 있다. 왜냐하면 몇 종목에 뛰어난 실력을 발휘하고, 못하는 종목도 몇 개 있는 것보다는 골고루 무난할 때 유리한 대학이 있기 때문이다. 그런 면에서 지현이는 불리할 수밖에 없었다. 잘하는 종목과 못하는 종목이 극과 극이었다. 지원하기에 유리한 대학보다 불리한 대학만 눈에 띄었다. 심사숙고 끝에 고대 세종캠퍼스를 지원하기로 했다. 고대 세종은 두 종목의 실기만 보는 학교다. 100m 달리기와 메디신볼이라는 종목이다. 100m는 누구나 알다시피 100m만 뛰면 되는 종목이다. 메디신볼은 크기가 농구공 정도 되고 무게는 2kg인 무거운 공이다. 남학생은 3kg으로 시험을 본다. 두 손으로 볼을 잡고 머리 뒤로 넘겼다가 앞으로 던지는 시험이다. 축구에서 드로잉과 폼은 똑같다고 생각하면 된다. 지현이는 쉽게 만점을 받는 종목이다. 남자 공으로 던져도 만점 가까이 나올 정도로 잘하는 종목이다. 아쉽게도 100m 달리기는 기록이 좋지 않았다. 불리한 종목인데도 정한 이유는, 100m의 실기 배점이 만점자와 기본점수를 받는 학생간의 차이가 크지 않아서다. 완주하면 기본점수를 받을 수 있는데, 지현이도 완주가 목표였다. 마라톤도 아닌 종목에 완주라는 표현이 우습지만 지현이의 100m 달리기는 그만큼 형편이 없었다.

실기시험 보기 전날 기차를 타고 내려갔다. 다음날 눈 예보가 있었기에 차로 가는 것은 불안했다. 고대 세종캠퍼스가 역에서 그리 멀지 않

메디신볼 연습장면

다는 점도 고려했다. 시험은 보통 9시까지 입실을 해야 한다. 입실하게 되면 학부모의 참관이 가능한 학교가 있기도 하지만 대부분은 참관할 수 없게 되었다. 학부모가 스마트폰으로 실기 동영상을 찍거나 관중석에서 소란을 피우는 경우가 종종 생기면서, 참관이 가능했던 학교도 점차 불가로 바뀌는 추세다. 서울과 인근 지역들 수원이나 인천은 당일 출발한다. 6시 30분쯤 학원에 모여 수험표와 신분증 등의 준비물 파악을 하고 시험장으로 향한다. 고대세종은 당일 출발하기에는 거리가 다소 먼 편이기 때문에 전날 도착해야 마음이 놓인다.

시험을 보기 위해 지방에 가면 특별히 할 일이 없다. 숙소를 잡으면 7시쯤 저녁을 먹고 각자 자유 시간으로 2시간 정도를 준다. 밤참으로 치킨이나 피자를 학생들 방에 넣어주기도 한다. 시험 보기 전날은 움직이지도 않고 활동량도 없는데도 배는 더 고픈 법이다. 그러고 나서 10시나 11시 사이에는 잠을 잘 수 있도록 유도한다. 학생들은 시험 전날이라 떨리기도 하고, 집에서 떨어져 나와서 설레기도 해서 바로 잠자리에 들지 못한다. 이시기는 학교 근처의 숙박 시설들도 대목이라 부르는 게 값이다. 학교 인근의 숙박업소는 평상시의 두 배 전후에서 가격이 형상된다. 조금만 거리가 떨어진 곳을 찾아보면 비싸지 않은 곳도 많다. 숙박업소뿐 아니라 그 지역 상가도 이때만큼은 다시 살아난다. 지방 캠퍼스 인근의 상가들은 겨울 방학 동안은 활기가 사라진다. 대학생들이 떠난 자리를 잠시나마 수험생들이 채운다. 100명의 신입생을 뽑는 대학이 있다고 치자. 경쟁률이 10대1이라고 하면 시험 보는 하루나

이틀 동안은 약 1000명이 몰려오는 것이다. 수험생들로 인해 잠시 상권이 살아난다.

서울을 벗어날 일이 별로 없다가 실기시즌이 오면 지방을 다니게 된다. 모든 학생이 인서울만 한다면 좋으련만…

수원이나 인천, 천안지역의 대학을 시험 보는 학생들도 많다. 특히 천안지역엔 대학이 많다. 상명대 천안, 단국대 천안, 백석대, 호서대, 순천향대, 선문대 등등이 있다. 지방을 가면 서울보다 밤이 더 어둡다. 방학을 맞은 대학가 주변은 인적이 없어 을씨년스럽기도 하다. 서울보다 공기가 좋아서 아침에 일어나면 차창에 성에가 낀다. 서울에서는 혹한의 추위에도 자동차 창에 성에가 끼는 일이 없다. 그만큼 이곳 공기가 맑기도 하지만, 체감온도도 서울보다 훨씬 춥게 느껴진다.

숙소 주변의 24시간 영업을 하는 식당에 아침을 미리 주문해뒀다. 아침에 일어나서 식사하러 밖으로 나가기도 번거롭고, 새벽이라 기온이 차갑다. 아침 6시에 맞춰 각 호실로 김치찌개와 된장찌개를 배달시켰다. 식사를 방에 넣어주고 8시까지 나갈 준비를 시킨다. 올해는 간밤에 사고를 친 애들이 없어서 시간 엄수를 잘하는 편이었다. 사고라 해봤자 새벽까지 안자고 깨어있는 경우를 말한다. 충분히 잠을 못 자면 아무래도 좋은 컨디션을 유지하기 힘들다. 지현이도 잠을 푹 잔 듯이 보였다. 표정이 환했고 시험을 본다는 사실이 긴장보다는 설레는 듯 보였다. 함께 데리고 온 학생마다 하나씩의 걱정거리가 머리에 떠오르는 시점이다. 누구는 이런 실수 하면 안 되는데, 누구는 당황하면 안 되는데, 이런 저런걱정에 생각은 벌써 시험장에 도착해 있다. 그날은 밤새 눈이 너무 많이 내렸다. 학교 운동장에 도착하니 100m 시험을 볼 수 없을 정도로 눈이 운동장을 뒤덮고 있었다. 쌓인 높이도 꽤 높아 보였다. '저걸 언제 다 치우고 시험을 보나.'라는 생각을 했다. 고대 세종 캠퍼스는 눈 오는 것에 대비해서 100m 뛰는 구간에 비닐을 깔아둔다. 아침에 눈을 치우고 비닐을 걷어 내자, 100m 뛰는 곳은 눈 사이로 난 작은 터널처럼 보였다.

입실을 시키고 혼자 멍하니 운동장을 바라보고 있었다. 시험장에 가면 여기저기서 그날 상황에 대한 연락이 온다. 학원 졸업생 중에 고대 세종 재학생에게 연락이 왔다. 100m 달리기가 20m 왕복달리기로 대체가 됐다고 한다. 몇 십 년 만에 처음 있는 일이었다. 종목이 바뀌면 학생들 사이에 희비가 엇갈린다. 원래 시험을 보는 종목에 자신이 있는 학생도 있고, 바뀐 종목이 더 유리한 학생들도 있다. 지현이처럼 종목에 상관없이 자신 없는 학생들도 있지만. 종목이 바뀌니까 더 초조해졌다. 천재지변의 경우 종목이 변경될 수 있다고 입시전형에 명시되어 있지만, 변경 될 종목은 연습을 거의 하지 않는 편이다. 한 번 정도나 연습을 시키지 천재지변용으로 집중훈련을 시키진 않는다. 이런 일이 지금처럼 몇십 년에 한번 일어나기 때문이다. 실기시험장에 들어가면 보통 4시간 정도면 끝나고 나오기 시작한다. 먼저 끝난 학생을 순서대로 내보내는 학교도 있고, 모든 수험생이 실기가 끝나기를 기다렸다가 일

괄적으로 끝내는 학교도 있다. 대학마다 차이가 있다. 기다리는 4시간은 상황에 따라 시간의 길이가 다르게 느껴진다. 실력이 부족한 학생을 기다릴 때는 더 길게 느껴지고, 여유 있는 학생을 기다릴 때는 시간도 금방 간다. 오후로 갈수록 기온은 더 내려갔다. 초조함이 정점에 닿을 즈음 학생들이 보이기 시작했다. 저 멀리서 상체가 튼튼한 지현이가 보였다. 겨울 점퍼가 두꺼워서인지 유난히 부각이 된다. 달리기가 빠르지도 않은 애가 나를 발견하고 달리기 시작했다. 지금 달리는 속도를 보면 100m 시험 만점도 받을 속도다. 분위기가 시험을 망치진 않아 보였다. 오랜 세월 하다 보면 촉이란 것이 생기나 보다. 숨을 참고 온 건지 너무 열심히 뛰었는지 다 와서 거친 숨을 내쉬었다.

"헉, 헉, 헉, 아이고 힘들어."

고개를 숙이고 두 손으로 무릎을 잡고 숨을 쉬고 있었다.

"읊어라."

애써 태연한 척 물어봤다.

"쌤 저 두 종목 다 만점이에요."

원래도 예쁘지만 정말 예쁘게 보였다. 시험을 잘 보면 애들이 다 예쁘게 보이는 건 어쩔 수 없는 것 같다.

"야! 네가 만점이면 시험 본 애들 다 만점이게."

"네, 다 만점이에요."

"다 만점인 시험도 있구나."

"그러게요. 저희 조 애들은 다 만점이에요."

"다 만점이라 불만이냐."

"제가요? 다른 애들한테 미안하죠. 하하하."

자신 있게 대답했다.

폭설로 종목이 변경되고, 변경된 종목의 만점 기준이 너무 쉬워졌다. 대학에선 이런 때를 대비해서 대체 종목을 지정해 두긴 한다. 준비하긴 했지만 실기점수의 난이도를 세세히 나누지 않은 듯했다. 지현이는 메디신볼 종목의 만점으로 남들보다 점수를 더 획득했고, 20m 왕복달리기의 만점으로 점수를 잃지도 않았다. 지현이 입장에서 이보다 시험을 잘 볼 수는 없었다. 최상의 결과가 나온 것이다. 추위도 가시는 느낌이 들었다.

"어서 집에 가자. 춥다."

"네 쌤, 집에 전화 좀 하고요."

전화기를 잡은 손이 부들부들 떨고 있었다. 날씨가 추워서 그런 것 같진 않았다. 수화기 너머에서 들리는 목소리는 지현이보다 더 컸다. 어머님이 흥분하신 듯 했다. 세 사람이 같은 장소에 있는 것처럼 옆에까지 다 들렸다. 통화가 끝나고 발걸음도 가볍게 서울로 향했다.

합격자 발표 날이 왔다. 지현이는 붙을 걸로 예상하였고, 결과는 비껴가지 않았다. 당연히 붙는다고 생각해도 혹시나 하는 불안감은 있기 마련이기에, 컴퓨터 화면에 합격자 이름이 떠야 그제야 안도감이 든다. 합격이 확인되면 아이들은 기쁨이 먼저고 나는 안도가 먼저 온다. 그해 수험생 중 종목이 바뀌어서 떨어진 애들도 분명히 있을 것이다. 지현이처럼 운이 좋은 경우의 수험생도 있을 것이다. 운이라 해도 실력이 없다면 합격할 수는 없다. 종목이 바뀌지 않았다면 불안한 점수라 합격을 예측할 순 없었다. 결국 지현이의 노력도 무시할 수는 없는 것이다. 아예 지원할 수 없는 점수였다면 이런 결과도 나오지 않았을 것이다. 운도 실력이다. 운도 노력하는 사람에게 따라오는 것이다. 아무런 노력도 하지 않고 수능 대박이 나거나 운동 대박이 나는 경우는 없다. 물론, 어떤 해에는 수능 대박이 나는 학생들도 있긴 하다. 하지만 그건 성적이 약한 학생이 찍은 문제가 다 맞는 경우가 아니다. 일정 수준 이상의 학생이 답지에 헷갈리는 몇 문제 중에 찍은 것들이 많이 맞거나 공부했던 지문이 시험에 나오는 경우이다. 운은 준비하는 사람에게 오는 것이고 운도 실력이다.

임기응변

임기응변이란 '어떤 일을 당하여 적절하게 반응하고 변통하다'라는 뜻이다.

중학교 때의 일이다. 지금은 예전 모습이 많이 없어졌는데 달동네라고 하는 난곡동에 살았다. 봉천동과 더불어 서울에선 대표적인 달동네이면서 낙후지역이었다. 학교는 동네에서도 제일 높은 곳에 있었다. 그곳 땅값이 싸서 학교를 지었다고 한다. 아침마다 등굣길이 낮은 산을 오르는 느낌이었다. 지각이라도 할 것 같은 날이면 언덕길을 뛰어야 했다. 걷기에도 힘든 곳을 뛰면 숨이 턱턱 막혔다. 아침에 뛰고 나면 후유증이 1교시 내내 갔다. 여름엔 땀에 옷이 젖어 온 종일 찝찝했다. 학교가 산 밑에 인접해 있어 주변은 외진 곳이 많았기 때문에 하굣길에 가끔 불량배를 만나곤 했다. 그들의 멘트는 예나 지금이나 변함이 없다. 뒤져서 돈 나오면 10원에 한 대였다. 지금 생각하면 10원에 한 대라는 그 얘기에 웃음이 나온다. 당시 불량배들은 후미진 골목으로 끌고 가서 주머니를 뒤지고 돈을 뺏었다. 갈취를 당한 학생이 많아지자 학교에서는 대책을 마련했다. 여럿이 같이 다녀라, 넓은 길로 가라, 학교 끝나면 바로 집으로 가라 등이었다. 종례 시간에 담임선생님이 위기를 모면한 사례를 얘기해 줬다. 옆에 반 학생의 얘기였다. 이야기는 단순했다. 그 아이가 후미진 골목에서 불량배 세 명에게 둘러싸여 있었다고 한다. 골목의 막다른 곳에 있었고 한 명이 얘기하고 두 명은 도망을 못 하게 입구를 막고 있었다. 돈이 없으면 보통은 그냥 보내준다. 기분이 나쁠 경우 한 대 정도 때리고 보내준다. 그 친구는 용돈 받은 것이 주머니에 있어서 위기상황이었다. 돈이 없으면 불량배 앞에서도 당당할 수 있다.

"너 돈 있지?"

"없어요."

"없어? 이리와 뒤져서 나오면 10원에 한 대다."

그들의 작업 멘트가 나왔다. 친구는 얼굴이 빨개졌다.

"너 돈 있구먼. 이리와."

어깨에 손을 짚고 주머니를 뒤지려 했다. 도망갈 수도 없는 상태로 잡힌 것이다. 그 순간 골목 바깥 길에 아주머니 한 분이 지나가고 있었다. 처음 보는 아주머니를 보고 크게 소리쳤다고 한다.

"이모."

아주머니와 눈이 마주쳤다. 갑자기 생긴 일이라 아주머니도 순간 멈췄고 불량배들도 몸이 언 듯 아무 말도 못 했다. 그 틈에 친구는 도망쳐 나왔다. 불량배들도 어쩔 수 없이 미적미적하고 있었다. 그제야 아주머니도 사태를 파악했고 그 친구를 데리고 갔다. 갑자기 생긴 일이었고 불량배들한테 훈계할 상황도 아니었다. 기껏해야 고등학생들이지만 자리를 피하는 것이 상책이었다. '거기서 그런 말이 나올까?' 난 입이 안 떨어질 것 같다. 그런 일이 닥치면 써먹어야지 생각은 했지만, 그 후로 불량배를 만난 적은 없었다.

　　최근에 임기응변을 발휘한 학생에 관한 얘기다. 워낙 위기극복을 잘해서 학원 후배들에게 그 얘기를 들려주곤 한다. 성배라는 학생이고 용인대학교 시험장에서 있었던 일이다. 실기시험장에 가면 여러 상황이 발생한다. 항상 조건이 똑같을 순 없다. 발생 가능한 상황에 관해 설명도 해주고 대처법도 준비를 시키지만 예기치 않은 일이 생기기도 한다. 제자리멀리뛰기 시험 중에 일어난 일이다. 간단하게 '제멀' 시험이라고 지칭한다. 시험방법은 간단하다. 출발선에 선 자세에서 뒤꿈치에 탄마 가루를 바른다. '탄마'는 탄산마그네슘의 줄임말이고 하얀색 가루이다. 체조 선수들이 미끄럽지 말라고 손에 바르기도 한다. 처음 본 학생들은 밀가루 아니냐고도 한다. 그러면 나는 집에 가져가서 수제비 만들어 먹으면 안 된다고 농담처럼 얘기해준다. 그대로 믿는 애들도 있긴 하다.
　　"이거로 수제비를 만들어요."
　　"만들 수는 있는데 지저분하니까 학원에서만 써라."
　　탄마 가루를 뒤꿈치에 바르고 점프를 하게 된다. 뛰고 나면 착지점에 탄마 가루가 묻고 줄자로 거리를 측정한다. 문제는 여기서 발생이 됐다. 착지 지점에 탄마 가루가 너무 많이 떨어지다 보니까 착지 시 미끄러지는 학생이 많았다. 시험 보고 나오는 학생들이 울상이 되었다. 제멀 바닥 판이 너무 미끄럽다는 것이다. 모두 그런 것은 아니고 가끔 운이 좋은 애들도 있다. 시험 순서가 앞쪽에서 하는 학생들이다. 제멀 바닥판이 깨끗한 상태라 착지할 때 미끄러질 일이 없다. 그 외에 시험장 상태에 영향을 받지 않는 학생들이 있다. 평균적으로 착지하는 거리보다 훨씬 많이 뛰는 학생들이다. 탄마 가루는 만점 부근과 그 아래로 많이 묻게 된다. 그 부분을 훌쩍 넘어가는 경우는 넘어질 일이 없다. 그 부분을 못 뛰는 저조한 기록의 학생들도 넘어질 일은 없다. 물론 거기까지 못 뛴 애들은 붙을 일도 없긴 하다. 수험생들이 나오면 각 학원의 원장이나 담당 선생님이 물어보는 것은 다 똑같았다.

"넘어졌니."

그걸 확인하고 그 후에 기록을 물어본다. 그날따라 넘어진 학생들이 많았기 때문이다. 넘어졌으면 떨어질 수 있기 때문에 신경을 곤두세울 수밖에 없다.

성배를 걱정하는 이유가 있다. 시험 번호가 뒤에 있어서다. 분명 바닥에 탄마 가루가 많이 떨어져 있을 것이 뻔하다. 불리한 조건에서 시험을 봐야 한다. 다른 애들이 자빠졌다는 얘기가 들릴 때마다 안타깝기도 하고 경쟁자가 많이 없어졌구나 하는 생각도 든다. 그들도 이 시험을 위해서 1년여를 준비했을 텐데 운동 외적인 요소로 당락이 결정되는 것이 현실이다.

성배는 나올 시간이 훌쩍 넘었는데 보이질 않았다. 예정된 시간을 넘기면 불안감이 몰려온다. 혹시 얘가 울고 있나? 초조함이 짜증으로 바뀌고 다시 불안감으로 바뀔 때쯤 성배가 보였다. 표정은 나빠 보이진 않았다. 나하고는 살짝 거리를 두고 있었다. 다가가려 하면 일정한 거리를 유지하려 했다. 아마도 시험이 끝나서 어디선가 담배를 하나 피고 온 것 같다. 시험 전도 아니고 시험이 끝난 후라 그런 것으로 얘기할 생각은 없었다.

첫 질문은 남들과 똑같았다.

"자빠졌니?"

"아니요."

"만점이니?"

"네."

"수고했다. 착지를 잘 했나 보네."

제자리 멀리뛰기 테스트

"첫 번째 시기 때는 자빠졌어요. 아 진짜 미끄러워요."

만점이란 사실을 알고 있는데도 첫 시기 실패란 얘기를 들으니 긴장이 됐다.

"두 번째는 잘 뛰었네."

"바닥이 미끄러워서 닦아 달라고 했어요."

시험장은 진행요원이 옆에 있어서 수험생이 얘기하면 바닥을 닦아주기도 한다.

"닦아주디?"

"닦아 줬는데 대충 닦아서 넘어졌거든요. 두 번째 뛸 때 바닥 닦아 달라고 했는데 안 닦아줘요."

"왜?"

"뒤에 사람도 많고 수험생마다 한 번만 닦아 준대요."

진행요원은 마른걸레로 제멀판 바닥을 닦아주긴 하지만 형식적이고 꼼꼼히 닦아주진 않는다. 시험이 길어지다 보면 진행요원도 지치기 때문이다. 그 사람 입장에선 누가 합격해도 아무 상관이 없기 때문이다. 어차피 누군가는 붙게 돼 있는 것이 시험이다.

"그럼 두 번째는 어떻게 뛰었니."

성배는 씩 웃었다.

"아무리 생각해도 이대로 뛰면 또 자빠질 것 같았어요."

"그래서?"

"윗도리를 벗었어요."

성배는 흰색 반소매 티를 입고 있었다. 시험장에서 자기 윗도리를 벗어서 제멀판 바닥을 닦은 것이다. 자기가 뛸 것으로 예상한 곳을 박박 닦았다고 한다. 시험을 보조하던 재학생은 갑작스러운 일이라 제지를 못 했다. 감독관들도 깜짝 놀라서 지켜만 봤다고 한다. 아마도 그 정도 열정을 보인 수험생은 처음일 것이다. 시간을 끌긴 했지만 그대로 지켜봐 준 것 같다. 성배는 이제 그만하라는 소리를 듣고도 계속 닦았다고 한다. 감독관이 '이제 실시 안 하면 실격으로 처리한다'라는 말을 했을 때 자기 자리로 왔다고 한다. 감독관들은 순간 일어난 일이지만 수험생의 열의에 배려를 해 준 셈이다. 유심히 지켜보다 한마디 했다고 한다.

"너 그러고 만점 못 받으면 혼난다."

"네!"

성배는 씩씩하게 대답을 했다.

지면을 박차고 공중으로 도약을 했다. 그러고는 자기가 닦아놓은 곳으로 착지를 했다. 워낙 잘 닦아 놔서 넘어질 일도 없었다. 줄자로 거리를 측정하고 만점을 받았다. 이름과 기록을 확인하고 시험장을 나왔다. 임기응변이 대단히 뛰어났다. 나도 그런 생각을 할 줄은 몰랐다. 성배 옷을 보니 구김살이 잔뜩 있었다. 엄청 열심히 닦은 흔적이 그대로 남아 있었다. 실기 시험장은 들어가는 순간부터 긴장감에 억눌린다. 긴장감을 이겨내지 못하면 자기 기록을 내지 못하게 된다. 그 순간에 기지를 발휘해서 넘어간 성배가 대견해 보였다.

"저 붙을까요?"

성배가 물어보았다.

"시험을 망친 애들이 많으니 너한테 유리하게 작용하겠지. 잘 되겠지. 기다려보자."

돌아오는 길은 퇴근시간대에 겹쳤다. 차도 많고 길도 밀렸지만 느긋하게 왔다. 1년을 기다렸는데 신호대기로 기다리는 시간은 쉬는 시간이라고 생각했다.

성배는 용인대에 합격했다. 학교에 들어간 후엔 스노보드에 미쳐서 스키장에서 산다고 한다. 외국으로 스노보드 강사 자격증을 따러 나갔다는 소식도 들었다. 수험생들에게 매년 들려주는 실기장 유의사항이 있다. 그 레퍼토리에서 빠지지 않는 하나는 성배의 이야기다.

꿈 이야기

'매몽득화'는 꿈을 팔아 영화를 얻는다는 말로, 신라 김유신의 동생 문희가 언니 보희의 꿈을 사서 태종무열왕의 황후가 된 일화에서 유래했다. 신라의 김유신은 가야국 사람이다. 김유신에게는 보희와 문희라는 두 명의 누이동생이 있었다. 어느 날, 보희가 꿈에 서악의 선도산에 올라가 소변을 보니 그 양이 엄청나 서라벌이 모두 잠겨버렸다. 기이한 꿈이라 동생 문희에게 꿈 이야기를 들려주자 문희는 그 꿈을 팔라고 졸라 비단을 주고 꿈을 샀다. 그일 이후 정월달에 김유신이 김춘추를 자기 집에 초대하여 공차기하고 놀았다. 김유신이 김춘추의 옷고름을 밟아 옷고름이 떼어졌다. 유신은 누이 보희에게 춘추의 옷고름을 달아주도록 권했다. "오라버니, 남녀가 유별한데 어찌 그런 일로 남의 남자를 가까이하겠습니까?" 보희는 양갓집 처녀로서 책잡힐 것을 걱정하여 정중히 사양했다.

그러자 곁에 있던 문희가 자청하여 떨어진 옷고름을 달아주었다. 그것이 인연이 되어 문희는 춘추와 깊은 관계를 맺어 임신했고, 그 사실을 유신이 알게 되었다.

"시집도 안 간 처녀가 잉태하다니, 이는 우리 가문을 더럽힌 것으로 용납할 수 없는 일이다."

유신은 문희를 크게 꾸짖으면서 불태워 죽이겠다고 소문을 퍼뜨렸다. 그리고 선덕여왕의 남산 행차에 맞추어 자기 집 뜰에다 장작과 짚을 쌓아놓고 불을 질러 연기가 치솟게 했다. 왕이 고을 복판에서 올라오는 연기를 보고 웬일이냐고 묻자 신하들이 아뢰었다.

"김유신 공이 누이가 시집도 가지 않았는데 임신하였기로 그 죄를 물어 화형에 처한다고 하옵니다."

"그럼 임신시킨 남자는 누구냐 하더냐?"

그러자 왕을 모시고 있던 김춘추의 얼굴색이 검게 변하면서 안절부절못했다. 여왕은 조카 춘추의 소행임을 알고 꾸짖었다.

"네가 한 짓이로구나, 빨리 가서 구해주도록 해라."

일이 이렇게 되자 김춘추는 김유신의 누이와 혼례를 올렸다. 선덕여왕이 승하하고 진덕여왕에 이어 김춘추가 왕위에 오르니 바로 태종무열왕이다. 문희는 문명왕후가 되어 삼국통일을 내조했고, 꿈을 판 보희는 평범한 무명의 여성으로 여생을 살았다고 한다.

꿈을 사서 왕후가 된 문희의 얘기다. 나도 꿈을 팔수만 있다면 팔고 싶었던 꿈이 있다. 내 의지론 바꿀 수 없었고 아직도 생생한 기이한 꿈을 꾼 적이 있다.

학원에 다녔던 학생들의 이름은 거의 다 외우는 편이다. 때로는 별명으로만 불렸던 아이들도 있었다. 유난히 별명이 독특하기도 하고 강렬했던 학생이 있었다. 지금도 그 학생은 별명만 생각이 나고 이름은 기억하지 못한다. 그 아이의 별명은 아가리였다. 입이 상당히 커서 생선의 아귀가 생각날 정도다. 얼굴은 하얗고 입술이 유난히 붉었다. 가만히 보고 있자면 눈이 크고 코가 낮은 피에로 같기도 했다. 코가 작아서 입이 더욱 크게 대비가 되었다. 입술 가장자리가 자주 터서 피가 나고 딱지가 지는 경우도 많았다. 그럴 때면 유독 입만 도드라져 보였다. 10여 년 전의 일이라 이름은 생각이 나지 않고 얼굴과 별명만 기억이 난다. 별명을 부를 수 없어서 A라고 부르기로 하겠다. A와 관계된 꿈 이야기이다.

어느 날 잠이 들었는데 A가 꿈에 나왔다. 나한테 다가오면서 이야기를 했다.

"원장님 저 당분간 학원에 못 나갈 것 같아요."

"무슨 일이 있니?"

꿈에서도 입은 참 컸다.

"집에 일이 있어서요."

"무슨 일이니?"

"그건 나중에 말씀드릴게요."

"그래, 무슨 일인지는 모르겠는데 아무튼 잘 풀렸으면 해."

"네 금방 나갈 건데요."

돌아서서 걸어가는 모습을 보면서 꿈에서 깼다. 이상한 꿈이었다. 내가 A랑 친분이 많은 것도 아니었다. 딱 꼬집어 그 학생이 내 꿈에 나온 자체가 이해가 안 됐다. 그런 부분이 걱정되긴 했다. 대사 하나하나가 기억이 생생했다. 빨리 만나서 혹시 무슨 일이 있는지 물어보고 싶었다.

학원의 수업은 하루 운동하고 하루 쉬는 격일로 진행되었다. 다음날은 A가 나오는 날이 아니었다. 전화로 물어볼까도 했지만 참았다. 전화까지 하면서 물어볼 정도로 무슨 뜻이 있는 꿈도 아니었고 A랑 가깝지도 않았다. 하루가 더 지나고 A가 오는 날이 되었다. 수업시간이 다가와서 A가 오면 사무실로 보내라고 미리 얘기를 해두었다. '똑똑' 문을 두드리는 소리가 났다. 웃는 얼굴로 A가 들어왔다. 웃고 있으니 역시 입이 더 커 보였다. 표정도 밝아서 꿈에서처럼 걱정스러운 얼굴은 아니었다.

"선생님, 부르셨어요?"

A가 먼저 물어봤다.

"네가 꿈에 나와서 불렀어."

"제가 꿈에 나왔다고요?"

A도 의아하다고 생각하는 것이 당연했다. 그 아이와 내가 그 정도로 친한 사이는 아니기 때문이다.

"제가 왜 꿈에 나왔어요?"

"그걸 나도 모르겠어. 하도 신기해서 물어보려고 불렀어."

"꿈에서 어땠는데요?"

"별다른 것은 없고 당분간 학원을 못 나온다고 하더라."

"제가요?"

놀라기보다는 의아한 표정이었다. 재미있어하는 표정이 맞는 말인 것 같다. 원장선생님의 꿈에 나타나서 자랑스러운 건가?

"이유는 묻지 말라고 하던데. 집에 혹시 무슨 일이 있니?"

"아뇨, 아무 일 없는데요."

"그러겠지. 개꿈 이거나 아귀 꿈이라고 생각은 했지. 별일 없으면 가서 운동하도록 해라."

"네."

허무할 정도로 별 내용도 없는 대화였다. 오히려 아무런 일도 없는 것이 다행이었다. 작은 걱정거리 하나를 해결했다. 그 일은 그렇게 잊히게 되는 줄 알았다.

다음날 오후에 A에게서 전화가 왔다. 학원 오는 날도 아닌데 전화가 와서 불길했다.

"원장님, 저요 당분간 학원을 못 나갈 것 같아요."

머리끝이 쭈뼛해졌다. 꿈에서 들었던 말투랑 너무나 똑같이 얘기하는 것이다. 심상치 않은 일이기에 조심스럽게 이유를 물어봤다.

"무슨 일 있니?"

"네, 아버지가 돌아가셨어요."

"아버지가?"

"선생님 꿈에 다른 건 없었나요?"

A가 지푸라기라도 잡고 싶은 심정으로 물어봤다.

"너한테 얘기한 준 것 말고는 아무것도 없는데 그게 다야."

"네, 알겠습니다."

울먹이면서 전화를 해서 더는 물어보지 않았다. 전화를 끊고 나니 소름이 돋아있었다.

장례식장에 조문을 하러 가서야 사정을 알게 되었다. A의 아버지는 막노동을 했다고 한다. 돌아가시는 당일에 건물 외벽에서 일하다가 그만 추락사를 했다고 한다. 장례식장에서 A와 어머님을 만났다. 어머님은 갑작스러운 일이라 경황이 없었다. 나를 보더니 대뜸 꿈에 관해 물어봤다. A가 어머니에게 이미 얘기를 한 것 같았다. 꿈을 꾼 내가 죄송스러운 마음이 들었다. 딱히 이야기할 것도 없었다. 혹시라도 막을 수 있는 여지가 있었을까 하는 마음인 것 같았다. 나도 곰곰이 생각해봤다. 그 꿈에서 기억 못 했던 장면이 있는가를 되짚어보았다. A에게 해준 이야기 말고는 전혀 생각이 나질 않았다.

조문을 마치고 나오는데 A와 어머님이 배웅을 나왔다. 아직도 어머님과 A가 상복을 입고 장례식장에 있는 모습이 눈에 선하다. 조문을 낮에 갔고 급작스러운 사고라 문상객이 별로 없었다. 두 사람만 덩그러니 장례식장에 앉아 있는 모습에 마음이 무거웠다.

꿈에서는 당분간 못 나온다고 했던 A는 그 후론 보이지 않았다. 아버님의 갑작스러운 죽음으로 진로를 변경하게 되었다고 한다. 팔수만 있다면 팔고 싶은 꿈이었다. 하지만 팔수도 살수도 없는 꿈이다. 어떤 꿈인지 전혀 해몽되지 않았고 내 의지와는 별개였던 꿈이다.

죽음과 관련된 꿈을 전에도 한 번 꾼 적이 있었다.

꿈속에서는 머리를 감고 있었다. 평상시처럼 욕조에 머리를 대고 샤워기로 머리를 적셨다. 왼손으로 샤워기를 잡고 오른손으로 샴푸를 눌러서 손바닥에 짰다. 머리에 샴푸를 적시고 샤워기를 댔다. 샴푸의 거품이 빠지기 시작했다. 흘러내리는 물을 보면서 머리를 감고 있었다. 어느 순간 샴푸 거품이 흰색에서 검은색으로 변하는 것이었다. 자세히 들여다보니 검은색 물이 아니고 머리카락이었다. 머리를 헹구면 헹굴수록 머리카락이 쭉쭉 빠져나가는 것이었다. 머리카락은 계속 빠지면서 욕조가 막힐 정도로 많이 빠졌다. 아침에 일어나서도 꿈이 선명했다. 정확한 해몽은 할 수 없지만 정말 불길한 꿈이라는 생각은 했다. 이른 오전부터 어디선가에서 전화가 왔다. 이모부가 돌아가셨다는 연락이었다. 투병 중이셨는데 새벽녘에 운명을 달리하셨다고 한다. 뭔가 일은 있을 것 같았지만 딱 들어맞기는 처음이었다. 그 후론 꿈과 현실이 맞았던 일은 일어나지 않고 있다. 수많은 돼지꿈에 복권 한번 맞은 적도 없었다.

　수업이 끝나고 밤에 학생들을 집에 데려다줄 때가 있다. 비가 오고 평소보다 더 어두침침한 날에는 내가 꾸었던 꿈 이야기를 들려준다. 학생들은 흥미롭게 듣다가 갑자기 소름이 돋는다고 한다. 이때를 맞춰서 A가 앉았던 자리를 지목해 준다. 그 자리에 앉아 있던 학생은 무섭다고 옆으로 자리를 바꿔 앉기도 한다. 아이들은 진짜 있었던 일이냐고도 여러 번 물어본다. 진짜 있었던 일이지만 앞으로는 없었으면 하는 꿈들이다.

타로를 봐주며

조각가 피그말리온은 아름다운 여인상을 조각하고, 갈라테이아(Galatea)라 이름 짓는다. 세상의 어떤 살아 있는 여자보다 더 아름다웠던 갈라테이아를 피그말리온은 진심으로 사랑하게 된다. 날마다 자신의 조각상과 사랑할 수 있게 해 달라고 기도를 했다. 여신 아프로디테는 피그말리온의 사랑에 감동하여 갈라테이아에게 생명을 불어넣어 준다. 간절히 원하고 기대하면 원하는 바를 이룰 수 있다는 것을 보여주는 그리스 신화이다.

1968년 하버드의 교수 로젠탈(Robert Rosenthal)은 미국의 초등학교 학생들을 대상으로 피그말리온 효과에 대해 실험을 했다. 먼저 전체 학생을 대상으로 지능검사를 했다. 결과와 상관없이 무작위로 20%의 학생을 뽑고, 상위 20%의 학생 명단이라 하여 교사에게 전달했다. 교사의 기대와 격려에 학생들은 부응하려고 노력했다. 해당 학생의 성적이 실제로 향상되었다. 명단에 오른 학생들에 대한 교사의 기대와 격려가 학생의 성적 향상에 실제로 영향을 미친다는 사실을 증명했다.

피그말리온 효과는 운동에서도 나타난다. 긍정과 격려는 실제로도 효과가 많이 나타난다. 운동에서는 마인드 컨트롤이나 할 수 있다는 자기 암시를 지속적으로 심어주는 것이 중요하다. 학원을 하다 보면 성적 상담을 할 때도 있고 때로는 학업과 관련 없는 상담을 할 때도 있다. 이성 친구에 관한 상담을 들어줄 때도 있다. 이성 문제가 생기면 운동이나 공부에 집중을 못 하는 경우가 다반사다. 수능 전까지는 이성친구는 절대 사귀지 말라고 얘기를 해도 내 마음대로 되지는 않는다. 뒤쫓아 다니면서 말릴 수도 없고 난감한 경우가 많다. 특히 싸우거나 헤어졌을 때 평소와는 다른 모습이 보인다. 분위기는 분명 이성 친구와 문제가 있는 것 같은데 말수가 없어져서 접근하기 힘든 친구들이 있다. 운동도 의욕이 없고 성적도 신통하지 않게 된다. 이럴 때 타로로 상담을 하면 도움이 되는 경우가 많다.

특정 날짜를 정해서 타로를 봐주는 이벤트를 연다. 평상시와는 분위기도 달라지고 아이들은 순번을 정해서 기다릴 정도로 인기가 높다. 고객은 주로 여학생들이 많다. 가끔 나를 시험해 보고 싶은 남학생들도 타로점을 보기도 한다. 여학생들은 초롱초롱하며 호기심 가득한 눈빛으로 타로를 본다. 반대로 남학생들은 그게 맞는지 안 맞는지 의심을 품고 보기도 한다. 남학생들은 장난으로 타로를 보지만 재미있어하기는 매한 가지다. 타로를 보면 물어보는 내용은 거의 순위가 매겨져 있다.

첫 번째는 대학을 갈 수 있을까? 이고, 두 번째는 이성 친구와 관계된 일이다. 타로는 점을 보는 방법의 하나인데 사주와는 조금 다르다. 가까운 미래만을 주로 본다. 3개월에서 6개월 사이의 미래를 점쳐 보고 그 이상의 미래는 잘 보질 않는다. 또한 타로점은 그 사람의 현재 감정이나 기운에 의해 카드를 뽑는다. 뽑힌 카드 그대로 해석해주면 비슷하게 맞는다. 사주나 그 사람의 전체적인 운세를 보고자 한다면 타로 생일 수로 보는 방법이 있다.

타로점을 보는 학생들

학생들은 가위바위보로 자기들 나름대로 순서를 정한다. 가끔은 고깔을 머리에 쓰고 할 때도 있다. 그러면 아이들이 집중도도 높아지고 더 재미있어한다. 스프레드 천을 바닥에 깔고 카드를 고르게 펼친다. 내 느낌인지 몰라도 카드가 예쁘고 고르게 퍼지면 점괘도 잘 나오는 것 같다. 나만의 주문을 외우면서 상담을 시작한다. 처음 고객으로 들어온 학생은 여학생이었다.

"아수라발발타."

영화 타짜에서 백윤식이 하던 대사를 따라 하면서 카드를 섞는다.

"에이, 선생님. 그게 뭐예요?"

"수리수리 마수리보다 나은 것 같아서 쓰는 나만의 주문이야."

주문은 분위기를 부드럽게 하는 효과가 있다.

"대학갈 수 있을까요?"

십중팔구 나오는 첫 번째 궁금증이다.

"타로는 시험 운은 보지 않는단다. 결과가 좋게 나오면 공부를 등한시할 것이고 나쁘게 나오면 좌절을 할 것이고, 어떤 결과가 나와도 좋은 영향은 별로 없기 때문이지."

"와, 쌤 그럴싸한데요."

"그럴싸하긴, 내가 타로 배우러 다닐 적에도 나의 사부께서도 시험에 관한 운은 보지 않았는걸."

"어 배우신 거에요?"

"배운 거지. 그럼 야매인줄 알았니."

어떨 때는 시험 운도 봐주긴 한다. 시험운의 해석은 노력이라는 정도로 얘기해 준다. 뽑아서 내려놓은 카드를 지칭하면서.

"이 그림이 뭐처럼 보이니"

"고민하는 것 같은데요."

"그래, 고민 그만하라고 나오잖아. 이젠 집중하라고 점괘가 나오네. 고민 그만하면 성공할 거야"

"아 정말 그래야 할 것 같아요."

고3 수험생은 고민이 없는 학생은 없다. 점을 보기에 앞서 일단 반은 맞히고 들어가는 것이다. 실제로도 타로점을 보면 효과가 있다. 그냥 얘기하는 것보다 타로를 보면서 얘기해주면 쉽게 수긍을 한다. 기분도 좋게 만들어 주고 운동이나 공부에 에너지를 충전시켜 주기도 한다.

"쌤 하나만 더 물어봐도 돼요."

처음 점괘가 어느 정도 맞으면 질문이 쏟아지기 시작한다.

"기다리는 애들이 많아서 하나만 봐주고 그다음부터는 3000원을 받는데, 특별히 너니까 하나 더 봐줄게."

"고마워요. 저 남자친구랑 헤어졌는데 다시 만날 수 있을까요?"

"왜 헤어졌는데?"

"몰라요. 좀 생각하는 시간을 갖자고 하더라고요?"

타로나 철학관에 점을 보러 가면 손님이 반은 얘기를 해줄 때도 많다. 일단 학생에게 얘기를 들었으니 내용은 파악이 됐고 카드를 펼쳐보았다.

"음. 남자가 생각이 많네. 진짜 시간을 좀 가져야 할 것 같네."

"진짜요. 그렇게 나오나요."

방금 학생이 했던 말을 다시 했다. 점을 보는 사람들의 특징이다. 자기가 얘기하고 금방 잊는다.

"지금은 조금 떨어져서 지켜봐 주는 것이 나을 것 같다."

"저도 그렇게 생각해요. 정말 그렇게 나오나요."

수긍하면서 교감이 형성되면 그다음이 중요하다.

"해결책을 좀 봐야겠네."

"왼손으로 카드 두 장만 뽑아봐."

학생은 떨리는 손으로 이리저리 망설이다가 두 장을 뽑았다.

"지금은 네가 자꾸 연락하면 다시 돌아올 사람도 안 돌아온다고 나왔네."

"그럼 그냥 있으면 될까요?"

"3개월 정도 지나면 잘 해결 될거야. 너무 걱정하지 마라. 점괘가 그렇게 나왔으니까."

"다행이네요. 그럼 오늘부터 마음을 접고 신경 덜 쓸게요."

3개월 후에 다시 타로를 봐준다고 하고 상담을 끝냈다. 고등학생의 남녀관계는 생각보다 깊은 경우가 많지 않다. 3개월 후에는 다시 만날 수도 있고 헤어질 수도 있다. 하지만 지금이라도 마음을 편히 먹고 그 기간이 지나면 마음의 상처가 아물기에 충분한 시간이다. 그 이후로 여학생도 아무 일도 없었다는 듯이 잘 지내게 되었다.

아이들의 이야기는 경청하기만 해도 분명히 효과가 있다. 자신의 이야기를 꺼냄으로써 앙금이 가시거나 카타르시스가 해결되는 경우가 많다. 나는 카드를 펼치고 이야기를 들을 준비를 하는 것이다. 아이들은 다양한 그림에 흥미를 느끼며 자신의 이야기를 한다. 그 순간부터 작게나마 치유가 시작된다. 부모님 얘기, 친구 얘기, 학교 얘기 등을 가만히 들어준다. 하고 싶은 얘기가 다 끝나면 답을 주지 않아도 스스로 답을 찾기도 한다. 카드를 보면서 아이들에게 해 주는 얘기가 있다.

"지금은 힘들지만 나아지고 있네."

"마음만 먹으면 잘 풀린다고 나오네."

이런 말들은 피그말리온 효과가 있다. 지금도 운동하는 아이들 사이에선 신통방통한 도사로 통하고 있다.

타로를 배우게 된 건 우연한 계기였다. 마흔이 넘어서 배우고 싶은 것들이 너무 많았다. 성격이 호기심 천국이라 그럴 수도 있다. 여력이 된다면 배우고 싶은 것들은 다 배워야겠다는 생각을 하게 되었다. 사주명리도 배우고 타로도 그중의 하나였다.

보통 사람의 첫인상은 만나고 3초 정도면 결정된다고 한다. 나는 외모적으로 선해 보이지 않거나 강해 보이는 인상을 별로 선호하지 않는다. 카리스마가 강해 보이는 사람도 호감이 가지 않는다. 그래서 먼저, 인터넷을 며칠간 검색해서 인상이 가장 좋아 보이는 선생님을 검색하였다. 이왕 배우는 것 실력을 떠나서 편한 마음으로 배우는 것을 좋아하기 때문이다.

지역적인 거리조건, 지하철로 몇 정거장 정도 되며, 역에서부터 타로학원까지의 거리 등을 검색한다. 평소 지하철을 이용하는 습관이 있다.

나는 에스컬레이터를 거의 이용하지 않는다. 사람들은 돈을 내거나 시간을 들여서 운동하러 다닌다. 돈도 들지 않고 일부러 시간을 낼 필요도 없는 지하철 계단은 운동수단으로 최고이다. 꽤 긴 계단도 에스컬레이터 옆으로 걸어 올라간다. 오르고 나면 작은 성취에 기분이 좋다. 평상시 즐기는 운동 방법이다.

학원을 선택할 때는 수강생들의 댓글도 꼼꼼히 본다. 댓글이 특정 기간에 몰려 있으면 관리자가 쓴 글일 수 있다. 또 댓글이 공통질문은 거의 없고, 시간부터 가격 프로그램 등 전반적으로 세세하게 적혀있으면 광고성 댓글일 수도 있다. 댓글이 인위적이지 않아 보이는 곳, 가격 측면의 비교까지 검색한다. 그리고 나서 전화해서 대략 수강생은 몇 명정도나 되는지도 알아본다. 너무 적으면 인기가 없거나, 이름이 덜 알려진 곳일 수도 있고 많으면 집중도가 떨어질 수도 있기 때문이다. 며칠을 꼼꼼히 검색하고 살펴보았다.

최종 결정은 1회 무료수강이 되는 곳으로 결정했다. 이미 다니려고 결정한 상태에서 찾아갔다. 가격은 다른 곳에 비해 저렴하지는 않았다. 수업을 들어보고 시설도 보고 선생님과의 공부 궁합이 맞을지 최종 확인의 차원이었다. 무료수강 1회 때는 무속인도 있었고, 철학관을 하는 사람도 있었다. 다양한 사람들이 배우는구나 라고 생각했다. 타로보다 배우려는 그 사람들이 더 궁금했다. 내가 관심을 가지고 봤던 그 수강생들은 아쉽게도 첫 수업 이후엔 보이지 않았다. 최종 등록을 하게 된 사람은 총 8명이었다. 8명 수강생 중에 남자는 나 혼자 밖에 없었다. 타로 선생님은 강의마다 남자가 꼭 한 명씩 등록한다고 한다. 이 시점에서 내가 등록 안 하면 강의 징크스가 깨지는 걸까? 나는 무조건 등록할 수밖에 없는 운명인가?

무엇을 하더라도 원해서 한다면 재미도 있고 열심히 하게 된다. 수업 과정의 중반이 지날 즈음엔 수강생끼리 서로 타로를 봐주면서 연습을 했다. 그때 감정이 북받쳐 우는 사람도 종종 있었다. 수강생 중에 연세가 일흔이 다 된 분이 있었다. 그분도 가족 얘기를 하면서 눈물을 흘렸다. 남편이 너무너무 속을 썩이고 평생 힘들게 했다고 한다. 이런 얘기는 여기가 처음이고 말을 하고 나니 속이 조금은 후련하다고 했다. 고생하신 분들의 얘기에는 늘 공통점이 있다.

'내 얘기는 소설로 써도 몇 권은 쓴다.'는 얘기로 끝냈다. 그런데 내가 직접 책을 써보니 한 권 쓰기도 쉽지 않다는 걸 느낀다. 그분을 보면서 배움에는 나이가 없다는 것을 다시금 생각했다. 나도 그 나이가 돼도 어디선가 또 무엇을 배우고 있을까? 틈나는 대로 많이 배우고 싶고 현재도 배우는 중이다. 배워서 남 주고 싶다.

긍정이 낳은 결과

대학원에 기말고사가 있어서 평소보다 일찍 갔다. 미리 가서 마무리 공부를 해야만 했다. 야간 대학원이라 저녁에 수업을 들으러 간다. 도착해서 학교식당에서 간단하게 저녁을 먹었다. 자리를 이동하지 않고 식탁에서 책을 보고 있었다. 학부 수업이 끝난 오후 식당은 다소 한산한 편이다. 이맘때면 식당도 도서관 분위기가 흐른다. 장소가 넓고 트여있어서 공부하기에 괜찮다. 가장자리 구석에서 노트를 들여다보고 있었다. 늦게나마 다시 시작하는 공부가 쉽지는 않다. 한 번 본 것도 돌아서면 잊어버린다는 말도 있는데 희한하게 나는 돌아서지 않았는데도 잊어버린다. 아마 그동안 뇌를 사용 안 해서 녹이 슨 것 같다. 대학원을 다니기엔 늦긴 늦은 것 같다. 교수보다 나이가 많으니…

늦었다고 생각할 때가 가장 빠를 때라는 말이 있다. 예전엔 그 뜻이 이해가 되지 않았다. 늦을 때가 왜 가장 빠른 것일까? 이제야 그 말이 이해가 간다. 나이 제한으로 못하게 되는 일들은 있을 수 있다. 그런 일들 말고는 진정 늦었다고 생각하는 일은 없을 수도 있다. 늦었다고 느낀 것은 그제야 필요성을 깨우친 가장 빠를 때이다. 아무것도 시작하지 않으면 늦었다는 생각조차 들지 않을 것이다.

'이순'이라는 말이 있다. 공자가 예순 살부터 생각하는 것이 원만하여 어떤 일을 들으면 곧 이해가 된다고 한 데서 나온 말이다. 예순이 된 건 아니지만 전에는 이해 못 하던 말들이 지금은 저절로 이해가 되는 경험이 많아지고 있다.

외진 곳에서 공부하고 있는데 누군가 부르는 소리가 들렸다.

"선생님, 여긴 어쩐 일이세요?"

학원 졸업생인 형우였다. 이런 곳에서 형우를 다시 보게 될 줄은 몰랐다. 학부생이 있을 시간도 아니고 뜻밖의 장소였다. 군대 제대하고 복학한 소식은 들어서 알고 있었다.

"나 여기 대학원 다니잖아."

"아 맞다. 저는 낯이 익은 사람이 있어서 순간 학교 선배인 줄 알았어요."

"선배는 선배지 늙어서 그러지."

"아뇨, 저는 학부 선배인지 순간 헷갈렸어요. 편한 자리도 많은데 하필 여기 계세요?"

"그 많은 자리 중에 하필 여기가 편해. 넌, 여자 친구는 있고?"

"아뇨, 없어요. 제대하면 무조건 생길 줄 알았는데."

"그게 사람들의 착각 인거야. 대학 가면 여자 친구가 생기겠지. 군대 갔다 오면 철들겠지. 이게 누구에게나 해당하지는 않는다. 근데 너는 잘 생기고 키도 커서 금방 괜찮은 여친이 생길 거야."

"네 감사합니다."

바빠서 짧게 대화하고 헤어졌다. 형우는 만사가 긍정이다. 내가 그 아이를 좋아하는 이유다.

학원을 하다 보면 대학을 떨어지는 학생도 많다. 체육대학의 경쟁률만 본다면 붙기보다 떨어지기가 쉽다. 형우도 그 떨어진 학생의 한 명이었다. 운동도 2학년 때부터 시작했었다. 성격은 긍정적이고 활달했지만, 운동신경은 좋은 편이 아니었다.

누구나 운동을 하다 보면 자연히 스트레스도 받게 된다. 희망하는 대학의 실기가 늘지 않아서 받는 스트레스는 외적인 것이다. 반대로 내적인 스트레스도 있다. 운동을 늦게 시작한 학생들보다 기록이 뒤처지면서 오는 스트레스도 있다. 한 달에 한 번씩 실기테스트를 한다. 종목별로 3위까지 게시판에 이름을 공지한다. 형우도 기록지에 이름이 몇 개 올라가 있었다. 하지만 시간이 지나도 기록이 정체된 상태가 오래갔다. 서서히 학원 게시판 내에서 형우의 기록이 있던 자리는 다른 학생들의 이름으로 채워지기 시작했다. 표현은 하지 않지만 이런 종류의 스트레스도 심리적 타격이 크다. 형우는 두 가지의 스트레스를 다 겪고 있었다. 늘 긍정적인 아이라 개의치 않는 듯 보였을 뿐이다. 신체 구조상 불리한 점도 있었다. 큰 키에 비해서도 다리가 너무 길었다. 실기 종목 중의 하나인 유연성은 측정 시 다리를 펴고 앉는다. 그 상태로 상체를 숙이고 손을 앞으로 쭉 뻗는다. 다리가 긴 학생은 팔을 뻗어도 측정 거리가 짧아서 불리할 수밖에 없다.

형우한테 늘 하던 얘기다.

"형우야, 넌 다리가 길어서 세상 살기엔 좋은데 체대 입시에는 불리하다."

"저도 다리를 좀 자르고 싶어요."

"자르진 말고 유연성 시험이 없는 학교로 지원해라."

"그러고 싶어요."

상위권 대학일수록 유연성 종목이 없다.

고3 수험생의 점수는 수능이 다가올수록 떨어지는 편이다. 중요한 모의고사는 일 년에 3번을 본다. 3월에 보는 모의고사는 고3만 시험을 본다. 6월의 모의고사는 재수생의 일부가 참여한다. 9월의 수능 전 마지막 모의고사는 그해 시험 보는 수험생들은 거의 다 본다. 이렇게 재수생의 모의고사 참여비율이 높아질수록 고3 학생의 등수가 내려갈 수밖에 없지만, 형우는 여전히 모의고사에서 평균 4등급 정도를 유지하고 있었다. 수능에서도 비슷한 점수가 나왔다. 대박도 없었고 실수도 없었다. 점수에 맞춰서 세종대를 지원했다. 사실 형우는 더 큰 목표를 갖고 있었는데 현실은 냉정했다. 마음에 드는 학교는 아니지만 인서울에 만족해야 했다. 그런데 시험을 보고 와서 기록을 정리해보니 합격선은 안 될 것 같았다. 최종 결과도 역시나 나빴고 예비도 순위가 높지 않았다. 2학년 때부터 운동했는데 대학에 들어가는 건 실패했다. 노력의 시간이 길었던 만큼 충격의 강도도 커서인지. 어떤 말도 위로가 되지 않았다. 다만 시간만이 해결해 주길 바랄 뿐이었다.

형우는 재수를 시작했다. 체대 입시는 재수를 해서 대학을 가는 학생도 많다. 현역 때는 가고 싶은 학교를 소신 상향하는 학생이 많다. 반면 재수 때는 안정권의 대학을 쓰는 이유도 있고, 한 번 경험을 해 봐서 실기 시험장에서 실수하지 않는 이유도 있다. 그런데도 재수를 한다는 건, 한 번에 가는 것보다는 힘든 일이다. 형우는 재수할 때도 공부를 열심히 했다. 노력 대비 성적이 오르지 않아서 머리를 의심했다. 운동은 작년 경험이 있어서 운동 시간을 줄이고 공부에 더 매진했다.

두 번째 수능을 보고, 걱정 반 기대 반으로 시험결과를 기다렸다. 가채점 점수를 보니 작년보다는 성적이 올랐고 재수를 선택한 보람이 있었다. 작년보다 더 상위권의 학교를 지원할 수 있었다. 이번에는 한체대와 건대를 지원했다. 건대는 실기를 보다가 실수가 있었다. 기대를 할 수 없을 정도의 큰 실수였다. 한체대는 실기를 잘 봤고 합격 가능성도 높았다. 다만 한 가지 신경 쓰이는 부분이 있었다. 작년보다 정원이 7명이나 줄어든 것이다. 21명 정원에서 14명으로 줄었다. 내심 그 부분이 발표하는 그날까지 신경이 쓰였다. 입시를 겪다보면 불안한 예감은 이상하게 적중한다.

한체대의 합격자 발표하는 날이 됐다. 합격자조회란에 인적사항을 모두 채워 넣고, 떨리는 손끝으로 확인 버튼을 클릭했다. 모니터에는 마음에 걸렸던 부분이 현실로 나타났다. 조회결과는 예비 7번이었다. 정원을 줄이지 않았다면 최초합격이었던 등수이다. 하는 수 없이 초조한 마음으로 예비합격을 기다렸다. 1차 예비발표 때 몇 명 빠지지 않았다. 희망은 점점 줄어만 가고 있었다. 최종 예비가 발표되는 날이 왔다. 마지막까지도 형우의 자리는 없었다.

"미안하다. 합격시켜야 했는데."

"아닙니다. 제가 시험을 못 본 건데요. 고생하셨습니다."

형우와 마지막 대화였다. 인사를 하고 뒤돌아 가는 뒷모습이 쓸쓸했다. 어깨가 들썩이는 게 보였다. 아마도 눈물을 보이지 않으려 서둘러 돌아섰는지도 모르겠다. 함께 한 시간이 아쉬웠다. 합격자가 있으면 불합격자도 있기 마련이다. 늘 겪게 되는 일이지만 막상 닥치면 마음이 무겁다. 그 후 형우는 힘에 부쳤는지 체대 진학을 포기하고 말았다.

형우는 삼수를 결정했다고 한다. 기숙학원에 들어간다는 연락도 왔다. 연락은 성실하게 잘한다. 그만큼 형우와는 가까운 사이였다. 현역이든 재수생이든 대학을 가면 결과만 보인다. 그 과정에서 고생하는 모습은 잘 보이지 않는다. 삼수까지 하게 된 형우는 얼마나 힘들었을까? 본인이 좋아하는 체육을 포기해서 더 마음이 무겁지 않았을까 하는 생각이 들었다.

기숙학원에서 휴가를 받으면 연락이 오곤 했다. 성적은 계속 오르고 있었다. 고3이나 재수 때 공부와는 비교도 안 되었다. 모의고사를 볼 때마다 성적은 가파르게 올랐다. 1년의 세월이 흐르고 세 번째 수능을 봤다. 가채점 결과가 나오자마자 학원에 왔다. 홍대와 단대가 지원 가능한 점수가 나왔다. 기초가 부족했던 학생의 고생이 훤히 보였다. 고대 체육교육과는 가능한지 문의를 했다. 수능과 내신 실기를 합산해 총점을 계산했다. 실기 300점 만점에서 297점 받으면 가능성이 있어 보였다. 하지만 295점 이하로 받으면 힘들 것 같았다. 실기 297점은 상당히 어려운 점수다. 곰곰이 생각하던 형우가 얘기했다.

"단 1퍼센트라도 가능성이 있으면 해보고 싶은데요."

"1퍼센트는 넘어."

"그럼 몇 퍼센트나 될까요?"

"1퍼센트만 넘어."

"제가 고대를 쓸 수 있다면 그것으로 만족해요."

"말은 멋있게 한다."

"가능성도 적은데 말이라도 멋있게 해야죠."

그렇게 인생의 마지막 도전이 시작됐다. 형우는 운동신경이 뛰어난 편은 아니다. 다행인 점은 3년간 체대를 준비해서 그런지 체력은 좋았다. 특히 재수할 때 건대를 준비했던 게 도움이 됐다. 고대와 건대는 유사한 종목이 있어서다. 실기 날짜에 맞춰서 차근히 운동을 진행했다. 그런데 시험이 다가올수록 다리에 쥐가 나는 횟수가 많아졌다. 결국은 경련이 올라왔다. 하체 쪽의 이런 증상을 햄스트링이라고 부른다. 운동을 제대로 소화하지 못하고 가는 날이 많아졌다. 아침에 일찍 왔다가 운동도 못 하고 가는 날도 있었다. 결단을 내려야 하는 상황이 왔다. 실기가 2주 정도 남았을 때 형우를 불렀다.

"앞으로 10일간 운동을 나오지 마라."

"네 아직 기록이 안 나오는 부분이 있는데요."

"이런 식으로 불안한 마음으로 날짜 채우는 운동은 의미가 없을 것 같고, 아예 푹 쉬고 낫고 와라."

"그래도 너무 걱정되는데요."

"아무것도 하지 말고 푹 쉬고 와라. 이렇게 해봤자 떨어진다."

뒤돌아 가는 형우의 뒷모습을 또 보게 됐다. 1년 전의 그 모습이었다. 너무 친해서인지 형우는 뒷모습만 봐도 앞모습이 상상이 간다. 뒷모습만 봐도 힘이 없어 보였다. 10일이 지나고 밝은 표정으로 형우가 다시 왔다. 몸 상태를 보니 컨디션을 일부 회복하고 왔다. 다리는 아프지 않았는데 높이뛰기를 두 번 정도 뛰면 쥐가 났다. 딱 시험을 볼 정도의 몸만 만들었다.

시험일이 다가왔다. 이번은 진짜 마지막이다. 시험장에 도착하니 형우와 어머님이 함께 있었다. 몸을 풀어 주고 주의사항도 전달하고 입실하라고 했다. 형우는 나와 어머니가 가는 걸 보고 입실하겠다고 들어가지 않고 있었다. 시간 돼가니까 얼른 들어가라고 재촉을 했다. 똥 마려운 강아지 마냥 다가와서 나에게 소곤소곤 얘기했다.

"들어가면 못 나오는데 꼭 해야 할 일이 하나 있습니다."

"진작 말하지."

"금방 가실 줄 알았죠."

형우는 담배 하나만 피고 들어가면 시험을 잘 볼 수 있다고 했다. 긴장되니까 생각이 나는가 보다. 자리를 피해 주고 돌아왔다. 고대는 아침 8시에 입실하면 5시에 시험이 끝난다. 시험 중간에 밖에 나오지 못한다. 점심도 도시락을 지참해서 안에서 해결한다. 이번에는 내가 돌아가는 뒷모습을 형우가 보고 있었다.

예정된 시간 즈음에 시험이 끝났다. 애매한 점수를 받았다고 연락이 왔다. 297점은 합격 가능이고, 295는 힘들다고 했는데 296점을 받았다.

"어떻게 될까요?"

"모르겠다. 진심으로. 어머님은 뭐라고 하시니?"

"막 우시던데요. 296점이라니까."

"나도 울고 싶다."

"저두요."

"같이 울자. 부둥켜 안고."

합격자 발표가 예정된 정확한 시간에 결과가 나왔다. 최초 합격은 못하고 예비번호 7번을 받았다. 최초 합격이 될 거라고 생각은 안 했다. 다만 예비번호가 앞쪽에 있기를 바라고 있었다. 서울대와 고대를 중복으로 합격한 학생들을 수소문하기 시작했다. 내가 파악한 인원이 11명 정도는 됐다. 이 정도면 충분히 붙은 것이다. 1차 예비 발표 때 추가합격을 했다. 그 얼마나 오랜 기다림이었던가. 삼수 만에 원하던 학교에 간 것이다. 사실 형우가 고2 때 학원 상담 왔을 때 목표가 고대였다. 그날 이후 3년의 노력 끝에 꿈을 이룬 것이다. 형우는 고3 때나 재수할 때 대학을 붙지 않은 것이 다행이라고 했다. 그랬으면 고대는 못 갔을 거라고…

홍대와 단대도 합격하고 그 해에 3관왕을 했다. 고진감래라 했던가. 포기하지 않았고 결국은 해낸 것이다.

오늘 난 우연히 형우를 고대에서 만났다. 이런 만남이 있기 위해 우린 3년을 기다렸다.

12

부상과 좌절 그리고 극복

〰〰〰〰〰

체대 입시도 일반 운동처럼 항상 부상이 도사리고 있다. 주의를 주고, 설명해도 잠깐의 방심은 부상으로 이어진다. 준비운동을 충분히 하고도 다칠 수 있다. 이런 때는 불가항력적인 경우다. 입시가 다가온 시점의 부상은 더욱 치명적이다. 뜻하지 않은 부상으로 1년의 노력이 물거품이 되는 학생들도 있다. 프로 스포츠에서도 부상은 심심치 않게 접하게 된다. 상대가 있는 경쟁의 스포츠에 부상은 항상 도사리고 있다. 의도하지 않은 상태에서 발생하는 돌발 상황이 부상의 원인이다. 프로 축구 선수인 이동국도 경기중 십자인대를 다치기도 했다. 결국은 그 부상으로 인해 월드컵 출전이 좌절되고 말았다. 이렇듯 운동과 부상은 항상 같이 공존하고 있다. 누가 부상 없이 지속하는가가 만족한 결과를 낼 수 있는 한 부분이다.

체대 입시에서 발생하는 부상은 전문 운동선수들의 부상과 다른 점이 있다. 체대 입시는 경쟁자에 의한 부상은 없다. 입시 운동은 타인과 직접적인 경쟁을 하지 않기 때문에 순위와 기록에 대한 경쟁이 있을 뿐, 직접적인 기량을 겨루지는 않는다. 오직 자기 자신과의 싸움이다. 부상으로 꿈을 접어야 했거나 극복을 했던 사례들도 많다.

인하대 시험장에서 있었던 일이다. 세 명의 수험생과 시험을 보러 갔다. 인하대는 인천에 있는데, 갈 때마다 늘 추웠던 것 같다. 입시가 가장 추운 1월에 치러지는 점도 있지만, 바다가 가까워서 더 추운 듯하다. 게

불의의 부상

다가 대학교는 운동장이 넓고 강의실도 일정 거리를 두고 지어져서 바람을 막아주는 곳이 없다. 학교가 크고 넓으면 이런 단점도 있다. 도심은 이곳보다 건물들이 촘촘히 붙어 있어 바람을 막아준 덕분에 덜 춥게 느껴지는 것 같다.

수험생과 시험장에 가면 느끼는 감정은 누구나 같다. 실수가 없고 전부 합격했으면 하는 마음이다. 현실적으론 거의 불가능한 바람이다. 합격 가능성이 높은 학생도 있고 아예 없는 학생도 있다. 인하대 시험을 보는 지석인 합격을 기대해 볼 수 있는 학생이었다. 다만 그날의 부상만 없었다면 말이다.

시험을 볼 아이들이 입실하고 차에서 쉬고 있었다. 끝날 시간이 아직 남아있는데 급작스럽게 연락이 왔다.

"선생님 어디 계세요?"

지석이 목소리였다. 끝날 시간이 아닌데 뭔가 일이 벌어진 것 같았다.

"아까 너네 내려준 곳에 있는데. 벌써 끝났니?"

"뵙고 말씀드릴게요."

전화를 끊고 나니 불안했다. 가끔 실격당하면 남은 시험을 안 보고 나오는 학생도 있다. 지석인 실격은 아닐 것이다. 나는 실격을 당해도 모든 시험은 다 보고 나오라고 한다. 다른 학교 시험 볼 때 분명 도움이 되는 경험이기 때문이다. 실격으로 미리 나오는 것은 아닌 것이 분명했다. 초조한 마음으로 아침에 지석이가 들어간 방향을 응시하고 있었다. 얼마 지나지 않아 모습이 보였다. 꽤 추운 날씨였는데 반바지를 입고 나오는 것이었다. 오른쪽 무릎에 붕대를 칭칭 감고 있었다. 붕대를 감아서 긴바지를 입기 불편했나 보다. 붕대를 감은 다리는 땅에 딛기 힘들어 보였다. 거의 한발로 깽깽이 하듯이 오고 있었다. 부축해서 차에 태웠다. 육안으로 봐도 십자인대가 손상된 듯 보였다. 이 정도의 부상은 올해 입시는 물론 체대 쪽의 진로는 거의 포기하게 된다.

인하대 시험에는 사이드 스텝이라는 종목이 있다. 무릎을 구부린 자세로 서서 좌우측에 표시된 지점을 발끝으로 찍는 시험이다. 지석이는 사이드스텝을 시험 보는 도중에 '빽'하는 소리가 크게 났다고 한다. 본인은 느끼지 못했고 교수가 놀라서 먼저 상태를 물어봤다고 한다. 정작본인은 긴장을 많이 해서인지 아픈지 모르고 시험을 끝냈다. 기록은 만점에 가까웠고 시험이 끝나자마자 극심한 통증을 느꼈다고 한다. 통증을 참으면서 다음 종목 시험을 치르려 했으나 중도 포기 하고 나온 것이다.

부상당한 것도 불운했지만 시험 운도 없었다. 실기는 무작위 순서로 진행이 되기 때문에. 만약 지석이의 실기순서가 사이드스텝이 마지막이었다면 부상을 당하고도 합격할 수도 있었을 것이다. 물론 그 정도로 운이 좋았다면 다치지도 않았겠지만 말이다. 큰 부상을 당한 지석이는 수술을 했고 결국, 체대의 꿈을 접어야 했다.

부상은 당했지만 운이 좋은 경우도 있었다. 위식이는 몸이 굉장히 튼튼한 학생이었다. 우량아로 태어나서 어머님이 무척 고생했다고 한다. 위식이는 팔다리는 짧고 두께가 무척 두꺼웠다. 목도 굵고 짧았다. 보기에도 다부져 보였고 힘으로 하는 종목은 타의 추종을 불허했다. 피부색은 검고 머리는 스포츠로 짧게 하고 다녔다. 흡사 권투선수 마이크 타이슨이 연상되는 외모였다. 위식이는 보기와는 다르게 착했고 모험심과 호기심이 많았던 아이로 기억된다.

학원 초창기엔 1년에 한 번 학생들과 수련회를 갔었다. 운동과 단합을 목적으로 2박 3일간 진행되었다. 이름도 체대 입시와 어울리게 전지훈련이라고 불렀다. 전지훈련을 하러 가면 운동도 하지만 놀러 가는 분위기가 더 강하다. 집을 떠난다는 사실은 학생들을 들뜨게 한다. 고3 학생들의 에너지는 어디로 튈지 모를 정도로 엄청나다. 반대로 나의 긴장감은 극에 달한다. 활동반경이 학원보다 넓어지고 해방감을 만끽하려는 학생들의 통제가 쉽지 않다. 그렇기 때문에 숙소에 도착하면 두 시간마다 한 번씩 인원파악을 한다. 누가 어디로 도망을 갔는지 사고라도 났는지 확인을 해야 한다. 정해진 시간에 인원파악을 계속하면 아이들이 긴장감을 풀지 않게 하는 효과가 있다.

전지훈련을 하러 가던 장소는 늘 같은 홍천으로 갔다. 10명을 수용하는 방이 15개 정도 있었고, 작지 않은 야외수영장이 있었다. 가족 단위로 오는 사람들도 있는 곳이다. 우리가 단체로 가면 다른 투숙객에게 민폐가 돼서 전체 방을 모두 빌려 버린다. 비용이 부담은 되지만 그게 마음이 편하다. 숙소에서 5분 정도 걸어 나가면 강이 흐르고 있다. 난 항상 강은 단체로 정해진 시간에 한 번만 다녀오도록 계획한다. 강의 수심이 깊지 않았지만, 수심이 일정치 않아서 위험하기 때문에 개인적으로 강가에 가는 것은 절대 가지 말라고 강조한다.

점심을 먹고, 물의 온도가 아주 차갑지 않을 때쯤, 단체로 강으로 향했다. 아이들은 고삐 풀린 망아지처럼 연신 뛰어다녔다. 인원이 많아서 안테나를 세우고 지켜봐야만 했다. 강에 빠지거나 물에 떠내려가는 아이는 없는지 유심히 지켜보고 있었다. 다행히 유속은 빠르지 않아서 떠내려갈 걱정은 없었다. 아이들은 처음에는 한 무리로 들어갔다가 시간이 지날수록 행동반경이 늘어난다. 삼삼오오 따로 흩어져서 놀게 되고 살펴야 하는 반경도 점점 넓어진다. 여학생 무리를 집중해서 보고 있을 때였다. 강 건너편에서 웅성거리는 소리가 들렸다. 소리는 점점 커졌고 사람들이 모이기 시작했다. 모든 아이들의 시선도 그쪽으로 쏠렸다. 그때 이마에서 피를 흘리고 있는 위식이가 보였다. 손을 이마에 대고 있었지만 피가 뚝뚝 떨어지고 있었다. 그 상태로 위식이가 건너편 바위에 앉아 있었다. 위식이 뒤쪽 나무에 '다이빙 금지'라는 현수막이 바람에 날리고 있었다. 현수막을 보자 단번에 상황파악이 됐다. 위식이는 바위에서 강물로 다이빙을 했던 것이다. 수심은 낮았고 강바닥에는 바위들이 많았다. 바위에 이마를 부딪쳐서 찢어진 것이다. 수건을 구해 지혈하면서 강을 건너왔다. 수상 안전요원들이 다가와서 상태를 살펴봤다.

"다이빙 금지 현수막도 있는데 왜 그러세요."

걱정도 되고 짜증이 섞인 목소리였다.

"미안합니다. 아직 학생이고 어려서 일단 병원부터 가 볼게요."

"거기서 다이빙해서 목뼈 부러지고 척추 나간 사람도 있어요."

사람의 심리는 다 똑같은가 보다. 그 자리는 다이빙 충동을 일으킬 만했다. 크고 평편한 바위에 오르면 강물이 '어서 들어와'하고 유혹하는 자리였다.

"학생 다른 데는 안 아파요? 목뼈 다치면 불구 돼요."

안전요원은 유심히 살펴보다가 깜짝 놀랐다.

"목이 엄청 두껍네요. 목이 살렸네요."

위식이는 목이 정말 두꺼웠다. 두껍다 못해 얼굴과 몸이 바로 붙어 있는 듯 보인다. 아마도 그 덕에 이마만 찢어진 정도로 끝난 것 같다. 인근 병원에 가서 열 바늘 정도 꿰매고 붕대를 칭칭 감았다. 위식이가 다치고 난 다음부터 다른 아이들은 말도 잘 듣고 얌전해졌다. 전지훈련 내내 차분한 분위기로 지내다 돌아왔다. 의도치 않은 위식이의 살신성인 덕분이다. 단체 활동이나 운동할 때 위험요소는 언제나 있다. 조심한다고 해도 사고는 난다. 항상 주의해서 조심하는 습관이 몸에 배어 있어야 부상을 최대한 방지할 수 있고 큰 사고도 막을 수 있다.

휘연이는 피부가 유난히 하얀 여학생이었다. 키도 작은 편이고, 몸도 가늘어서 체대를 준비하는 학생으로 보이지 않는다. '예체능 해요'라고 말하면 음악이나 미술을 생각하지, 체육은 상상조차 할 수 없다. 거기에 안경까지 썼다. 렌즈는 눈이 작아서 불편하다고 사용하지 않았다. 안경을 벗으면 사람 얼굴을 구분하지 못할 정도로 눈이 나빴다. 안경을 벗으면 음대나 미대생 같고, 쓰면 법대생 같은 외모였다. 성격은 밝고, 요즘 말로 쿨하다고 해야 할지, 생각이 없다고 해야 할지, 좀 독특한 매력이 있는 학생이었다.

"넌 얼굴은 하얀데 눈썹은 진해서 눈에 확 띈다."

"그런 건데요 티 안 나나요?"

휘연이는 무표정하게 대답했다.

"팔다리 가늘어서 힘이나 있겠니?"

"허리는 두꺼운데요."

대답은 늘 예상 밖으로 파격적이고 재미있는 아이였다. 경기대를 목표로 운동을 하고 있었다. 휘연이가 경기대 시험 보는 날은 여러 대학교의 시험이 겹쳤다. 그때 나는 다른 대학교의 시험장에 있었다. 시험을 보는 학생들은 끝날 때마다 나에게 연락을 하였기 때문에 다른 곳에 있어도 결과는 바로 알 수 있었다. 경기대 시험장에서 대기하던 선생님에게 연락이 왔다. 시험은 모두 끝났는데 휘연이한테 문제가 생겼다고 한다.

경기대 시험에는 배근력이란 종목이 있다. 발판 위에 올라서서 무릎정도 높이의 손잡이를 양손으로 위로 당기는 측정이다. 허리에 무리가많은 운동이다. 그 시험을 보던 중에 디스크가 터졌다는 것이다. 중도포기하고 나왔는데 도저히 움직이지 못한다는 것이다. 수원 경기대에서 서울까지 어떻게 와야 할지 결정을 못 하고 있었다. 구급차를 타고와야 할지 고민하고 있었다. 일단은 조금 안정을 취하고 결정하기로 했다. 다행히 시간이 조금 지나자, 차를 탈 수 있을 정도만 회복되었다. 의자를 최대한 눕히고 서울까지 이송 아닌 이송을 했다. 학원에 도착한 휘연이의 얼굴을 봤는데 특별히 할 말이 떠오르지 않는다. 원래 허리가 약했는데 시험장에서 무리한 것이다. 허리가 두껍다고 강하진 않은 것 같다. 지원한 대학이 하나 더 남아있었는데 이대로 입시는 끝나고 말았다.

　휘연이는 재수를 하면서 다시 왔다. 허리가 약해서 체대는 한 곳만 지원하기로 했다. 체대는 숙대만 준비하고 일반과를 두 군데 지원하기로 했다. 현 상태에선 최선의 선택이었다. 공부는 비교적 순조롭게 진행이 됐다. 수능은 수학을 빼고 국어와 영어만 준비했다. 숙대는 시험 종목에 체조가 있다. 핸드스프링이라는 종목이다. 매트 위에서 실시하고 손으로 바닥을 짚고 앞으로 한 바퀴 도는 것이다. 안경을 쓰고 운동을 하던 휘연이는 손을 짚고 한 바퀴 돌면서 안경이 허공으로 날아가는 장면이 연출되면서 간혹 재미를 선사하기도 했다. 눈은 작은 편이 아닌데 안경이 벗겨지면 가늘고 길어졌다. 안경이 없으면 휘연이는 보이는 게 없었다. 눈을 게슴츠레 뜨고 땅을 더듬더듬 짚으며 안경을 찾고는 했다.

　"선생님, 제 안경 어디로 날아갔죠?"

　"그 바로 옆에 있잖아."

　무릎을 대고 땅을 짚어가며 안경을 찾는 모습을 보고 있으면 웃지 않으려 해도 웃음이 터진다. 시험 보다가 안경이 벗겨지고 날아가는 학생들도 가끔 있기 때문에 시험 보기 전까지 렌즈에 적응하라고 했다. 작년에 다친 허리는 아직 완전히 낫지 않아서 통증이 올 때면 1주일 정도 운동을 쉬는 것 말고는 달리 치료방법이 없었다. 휘연이는 체육으로는 숙대를 지원하고 일반과로 덕성여대와 서경대를 지원했다.

최종성적은 숙대 체교과를 합격하고 덕성여대는 예비 1번, 서경대도 합격했다.

"선생님, 저 붙었어요."

"그러게 네가 붙기도 하는구나."

장난스럽게 대답을 했다.

"작년에 아예 불합격하기를 잘했네요."

이런 것도 운이 작용한 것인지 모르겠다. 작년에 경기대에서 허리디스크가 터지지 않았다면 합격했을 것이다. 만일 디스크가 터졌어도 그게 마지막에 시험 보는 종목이었다면 합격을 했을 것이다. 그랬다면 올해 숙대를 시험 본다는 것은 꿈에도 생각 못 했을 것이다. 부상으로 좌절을 겪는 학생도 있고, 극복해내는 학생도 있다. 휘연이처럼 오히려 좋은 결과를 만들기도 한다. 휘연이의 사례는 다른 학생들에게도 긍정의 힘을 심어준다. 지금의 고난을 더 나은 미래를 위한 과정으로 만든다면 말이다.

13

감동을 선물 받고

소희는 전교 꼴등이었다. 내신이 9등급이고 모의고사 점수도 모든 과목이 9등급이다. 가끔 8등급이 나올 때도 있지만 평균은 9등급이다. 운동 말고는 잘하는 과목이 아무것도 없었다.

공부를 못한다고 기가 죽거나 우울해하는걸 본 적이 없었다. 표정도 항상 밝았고 늘 미소를 띠고 얘기를 했다. 공부가 인생의 전부가 아니란 것을 몸으로 보여주는 것 같았다. 성적이 나쁘지만 미워하려 해도 밉지가 않은 학생이다. 소희는 형제 중에 맏이라서 바쁜 아이였다. 어떤 날은 동생을 돌보다가 늦게 오기도 했고, 다시 돌보러 일찍 가는 날도 있었다. 자기 밑으로 동생이 네 명이 더 있는데 막내가 이제 16개월이었다. 엄마가 바쁜 날에는 대신 돌봤다. 막내는 거의 소희가 키우고 있다고 했다.

소희의 꿈은 체육 선생님이다. 되기만 한다면 정말 좋은 선생님이 될 것이다. 교사가 되는 방법에 대해 진지하게 얘기를 해주었다.

"체육 선생님이 되려면 체교과 나와서 교원자격증을 받고, 공립은 임용고사를 보고 사립은 자체 경쟁을 거쳐서 뽑아, 넌 얼굴도 예쁘고 성격도 좋고 운동도 잘해서 될 수 있을 거야. 단 공부를 못해서 걱정이 크다."

자기 자신은 본인이 제일 잘 안다. 소희는 초중고를 거치는 동안 공부를 한 기억이 거의 없었다고 한다. 이런 아이에게 갑자기 고3 때 성적이 향상될 거란 기대는 안 한다.

다만 고3 때만이라도 책상에 앉아 있는 습관이라도 생겼으면 했다. 아직은 실천이 되고 있지 않은 무늬만 고3이었다. 가끔 수능 대박이 나서 예상보다 점수가 더 잘 나오는 학생도 있지만 소희에겐 그런 기대감 자체를 가질 수 있는 여지가 없었다.

체육대학의 입시는 수능 실기, 내신의 총합으로 선발된다. 수능은 받은 점수가 그대로 계산이 되고 내신은 학교별 기본점수가 있어서 실질 점수 차이는 적게 나는 곳도 많다. 어떤 대학은 전교 1등과 꼴등의 내신 차이가 10점도 나지 않는 학교도 있다. 내신이 나쁜 학생은 학교 선택을 적절히 해서 입시 지원을 시켜야 한다. 실기는 보통 윗몸일으키기, 제자리멀리뛰기, 100m달리기, 유연성, 핸드볼 던지기 등 예전의 체력장에 있었던 종목들의 측정이 많다.

기본적인 체력의 테스트라고 해서 기초체력 평가라고도 한다. 상담이 끝나면 부모님들은 의외로 체육대학교의 실기 종목이 간단하다는 사실에 놀라기도 한다.

소희의 실기 능력은 최상이었다. 기록을 지금보다 더 올릴 수 없을 정도였다. 거의 모든 종목을 잘했고 대학만 간다면 비인기 종목의 국가대표를 노려볼 만도 했다. 문제는 대학을 가기가 쉽지 않은 성적이 문제다. 체육 선생님이 목표인 소희에게는 다른 방법을 강구해야 했다. 조금은 돌아가는 길이지만 현재로서는 최선의 방법이기도 하다. 일단은 수능의 비중이 적은 전문대를 입학하고, 학점관리를 잘해서 4년제 대학에 편입한 다음 졸업과 동시에 교육대학원에 입학해서 교원자격증을 받는 방법이다. 설명을 듣고 난 후, 소희는 역시나 그 밝은 미소와 함께 대답했다.

"어머 그런 간단한 방법이 있어요.?"

세상에 이 정도로 무한 긍정인 학생이 또 있을까 싶다. 자신의 성적에도 교사를 할 수 있는 방법이 있다는 것에 희망에 찬 눈치였다.

체대 입시학원은 수능을 보고 나면 운동량이 많이 늘어난다. 11월에 수능을 시험 보고 다음 해 1월에 실기시험을 본다. 수능과 실기시험 사이에 두 달 정도의 준비 기간이 생긴다. 수능 후 수업은 보통 아침부터 밤까지 진행된다. 시즌 때는 수업 시간이 늘어난 만큼 비용도 올려서 받는다. 기존에 내던 금액과는 차이가 있어서 학생들에게 부담이 되기는 한다.

소희가 수능을 보고 다음 날 사무실에 찾아왔다. 다른 학생의 입시상담을 하는 중이었다. 누군가 있는 걸 본 소희는 사람이 없을 때 다시 오기로 하고 사무실을 나갔다. 상담이 끝나고 아무도 없을 때 소희를 불렀다.

"선생님 저요, 집에 동생이 많아서 학원비가 부담되는데 나중에 아
르바이트해서 내면 안 될까요?"

어려운 얘기를 꺼내는데도 소희는 쾌활했다. 당연하다는 듯이 말을
하니까 들어주지 않으면 내가 이상한 사람이 될 것 같았다.

"나중에 아르바이트해서 내고, 아르바이트도 여의치 않으면 직장에
들어가서 내도록 해라. 난 기필코 받을 거니까 나중에 실업자 되면 안
된다."

아르바이트나 직장 얘기를 한 건 소희가 기죽지 말라고 하는 얘기였
다. 학원을 졸업한 학생에게 밀린 수강료를 받았던 기억은 거의 없었
다. 수강료 얘기는 마무리 짓고 진학상담을 하려는데 소희는 수능점수
채점도 해 오지 않았다.

"제 점수는 제가 잘 알아요, 모의고사 때와 별반 다르지 않아요."

소희는 항상 꾸준한 아이였고 성적도 늘 꾸준했다. 다만 오르지 않는
다는 점이 문제였다. 역시나 4년제 대학을 갈 수 있는 성적은 아니었고
서울 소재 전문대에 입학했다. 전문대이긴 했지만, 합격증을 받고 너무
나 좋아했다. 자기도 이제 대학생이라고 자랑을 했다.

축하한다는 말도 전해주고 어찌 되었건 전교 꼴등이 대학을 가서 참
대견스러웠다.

그해 입시가 끝나고 시간이 많이 흘렀을 때다. 계절도 어느덧 봄이
지나고 있었다. 5월인데도 초여름 날씨같이 무더워지고 있었다. 느닷

없이 소희에게서 전화가 왔다.

"선생님 안녕하세요."

"소희야, 오랜만이네"

"오늘 들려도 될까요?"

"어, 아무 때나 와도 괜찮아. 무슨 일 있니?"

"아뇨, 특별한 일은 없고요. 가서 말씀드릴게요."

두 시간쯤 지나서 소희가 도착했다. 롤 케이크 하나와 음료수를 들고 왔다.

"선생님 저 장학금 탔어요."

"우와 말도 안 돼. 너 고등학교 때까지 상이라곤 타본 적도 없잖아. 정말 대단한데"

소희는 그 장학금 중에 일부를 들고 왔다. 그건 지난 시즌에 미납한 수강료인 것이다. 생각지도 못한 일이라 대견하고 감사하기까지 했다. 소희의 가정형편을 아는지라 차마 받을 수가 없었다.

"집에 가서 어머님 드려라. 안 받아도 된다."

"엄마도 학원비 드리라고 해서 가져왔어요. 알고 계세요"

"그럼 반만 내도록 해. 난 너한테 학원비 다 받은 셈 치고 그거로 집에 생활비 드리도록 해라. 그러면 받을게."

학원도 이미 졸업했고 생각지도 못한 소희의 방문에 감동하였다. 잊지 않고 찾아준 것만도 고마울 따름이었다. 죄송하고 감사하다고 몇 번을 얘기하고는 소희는 돌아갔다. 그 후로도 가끔 연락이 왔다.

"선생님 저 편입했어요. 이제 4년제 대학생이에요"

"선생님 저 대학원 입학했어요, 교원자격증 따려고요"

거기까지만 소식을 알고 그 후론 어떻게 지내는지 알 수 없었다. 늘 밝았던 아이는 잘 지내고 있을 거라고 생각된다.

나에겐 이루어질 수 없는 소망이 있다. 학원 재원생들이 모두 합격하는 것이다. 1년 이상을 운동해도 떨어지는 학생이 많은 건 어쩔 수 없는 현실이다. 합격자 발표는 집에서 확인하기도 하고 학원에서 할 때도 있다. 학원에서 함께 확인하면 떨어진 아이들 배려도 해야 한다. 축하도 해야 하고 위로도 해야 하는 기간이다. 떨어진 학생들에게도 무슨 말을 해 주긴 해야 하는데, 그 순간은 아무리 경력이 오래돼도 면역이 생기지 않는다. 해줄 수 있는 위로의 말도 딱히 없다.

기억에 남는 불합격생이 있었다. 이름은 정민이고 국민대를 준비했었다. 눈이 크고, 주근깨가 조금 있고, 성적은 좋은 편이었다. 지금은 주장이란 직책을 두지 않지만 정민이는 그 당시에 주장을 맡고 있었다. 주장이라야 별건 없다. 운동 시작과 끝에 인사 구령을 붙이고, 앞에 나와서 준비운동을 하는 것이 전부다. 원하는 학생 가운데 선발이 되고 없으면 지정해 주기도 한다. 그런데 어느 순간부터인가 주장징크스라는 말이 돌았다. 한동안 이상할 만큼 주장들이 대학을 못 붙어서 생긴 말이다. 주장들은 대체로 운동도 잘했는데 이상하리만큼 결과가 나빴다. 정민이가 와서 불안한 표정으로 물었다.

"선생님 주장 징크스가 있나요?"

"그게 무슨 소리니."

"주장들은 대학을 못 간다고 하던데요?"

사뭇 진지했다. 그 얘기를 듣고 곰곰이 생각해 보니까 최근 주장들이 대학을 못 가기는 했다. 큰 관심을 두지 않아서 파악을 못 했던 일이다.

"못가긴 했는데 주장이라 못 간 것은 아니지. 근래 들어 못 갔는데 예전엔 훨씬 잘 갔어. 너무 걱정하지 않아도 돼."

"그냥 신경이 쓰여서요."

걱정하지 말라고 얘기를 해 줬는데 이젠 내가 신경이 쓰이기 시작했다. 정민이가 그렇게 얘기하는 것도 무리는 아니었다. 결국은 다음연도부터 주장이란 이름을 쓰지 않았고, 정민이는 우리 학원의 마지막 주장인 셈이었다. 주장이란 이름을 쓰지 않게 된 건 대학을 못 간 징크스가 이유였지만 결정적인 계기는 따로 있었다.

윗몸일으키기 운동을 시키던 어느 날이다. 매트를 길게 쭉 펴고 그 위에 한 명은 눕고 한 명은 다리를 잡아주면서 연습을 하고 있었다. 정민이도 윗몸일으키기를 하려고 누워 있었다. 그 옆으로 재수생 형도 누워서 윗몸일으키기를 하고 있었다. 공교롭게 그 재수생은 작년에 주장이었다. 이쯤에서 정민이의 불안은 시작되었다. 재수생 옆으로 삼수생이 한 명 누워서 운동하고 있었다. 재작년 주장이었다. 하필 셋이 붙어서 운동을 하게 된 것이다. 세 명의 주장은 올해는 꼭 대학에 가자고 의지를 다지면서 운동을 했다. 따로따로 있을 때는 느끼지 못했는데 셋이 같이 있는 모습을 보고 있으려니 미안한 마음이 들었다. 여기까지는 징크스도 있고 불안과 웃음도 있는 얘기이다.

　결정적인 순간이 오고 말았다. 군대 제대하고 시험을 준비하는 학생이 한 명 들어왔다. 그 학생은 현역 때 시험에 떨어지고 재수를 하지 않고 바로 군대에 갔었다. 말년휴가를 나와서 수능시험을 봤다. 수능을 보고 남은 복무기간을 채우고 전역을 했다. 학원에서 제일 나이가 많은 형이 들어온 것이다. 준비운동이 끝나고 예비역인 형은 정민이한테 다가갔다.

　"네가 주장이니?"

　"네."

　"그래 열심히 해라. 나도 주장이었다."

　"네!"

　정민인 짧게 대답을 하고 더는 아무 말도 하지 않았다. 아주 짧은 순간이지만 몸이 멎는 듯 보였다. 옆에 있던 나도 같이 들었다. 이미 3~4년 전에 다녔던 학생이라 주장이었는지 기억을 못 했다. 곰곰이 생각해보니 주장이 맞다. 그 학생이 앞에 나와서 준비운동을 진행하던 모습이 생각이 났다. 운명의 장난도 아니고 주장이 네 명이나 모였다. 그해 목표가 주장 대학에 가자로 정해졌다. 주장 징크스를 없애는 방법은 주장들이 대학을 가거나 주장이란 이름을 안 쓰는 것이다. 징크스 자체를 없애기 위해서 후자를 선택했다. 입시는 항상 부담스러운 일이지만 이렇게나 많은 주장들은 또 다른 부담이었다. 주장들은 모두 열심히 했다. 주장이란 자리가 열심히 해야 하는 자리이기도 하고 원래 운동을 잘하기도 했다. 그해 주장들의 합격률은 50퍼센트였다. 둘은 붙고 둘은 떨어졌다. 합격자 중에 정민이는 없었다. 정민이는 국민대 예비번호 5번을 받았다. 1차 예비 발표할 때 1명이 빠지고 2차엔 한 명도 안 빠졌다. 마지막 3차 발표를 앞두고는 아예 기대가 사라졌다. 최종 발표 때도 더 이상 빠지는 인원은 없었다. 예비로 떨어지든 아예 가망성이 없게 떨어지든 같은 불합격이다. 하지만 예비로 떨어지면 그 후유증이 오래 간다. 조금만 잘했으면, 실수가 없었으면, 이런저런 아쉬움이 많이 남는다. 정민인 오히려 나를 위로했다.

"선생님 죄송해요. 제가 못해서 그런 건데요."

"아니다. 미안하다. 주장 징크스를 깨주고 싶었는데."

"아, 그러게요."

"주장 징크스 때문에 내년부터는 주장을 두지 않으려고."

"그러면 없어지겠네요."

떨어진 아이가 괜찮다고 웃는 모습이 보기가 더 힘들었다. 본인의 잘못도 있을 수 있지만 떨어진 책임의 절반 이상은 나에게 있다고 생각한다. 정민이는 가군, 나군, 다군을 모두 떨어졌다. 내년에는 주장이 아닌 재수생으로 다시 오겠다고 하고 떠나갔다.

체대 실기는 1월 말이면 마무리가 된다. 시즌 때는 아침부터 밤까지 정신이 하나도 없다가 시즌이 끝나면 아침이 있는 삶이 다시 찾아온다. 2월에는 그동안 운동했던 애들이 안부 인사를 하려고 들렀다 가곤 한다. 정민이한테 연락이 왔다. 학원에 오고 싶은데 언제쯤 시간이 좋을

지 물어봤다. 약속을 정하고 시간이 되자 정민이가 왔다. 한 손에는 비타민 음료 한 박스와 나머지 한 손에는 와인을 한 병을 가지고 왔다.

"그냥 와도 되는데 웬 거니?"

"알바를 해서 사 왔어요. 선생님 그동안 수고 많으셨어요."

"무슨 알바를 했니."

"편의점에서요."

얘는 가끔 말문을 막히게 하는 재주가 있다. 가슴이 먹먹해졌다.

"대학도 못 보냈는데 무슨 선물이야?"

"아뇨, 그건 그거고요. 올해도 잘 봐주세요."

뉘 집 자식인지 참 잘 키웠다는 생각이 들었다. 그날 받은 와인은 아직도 보관 중이다. 도저히 뜯을 수가 없어서 고이 간직하고 있다. 마음이 따뜻했던 그 겨울의 주장을 생각하면서…

일상다반사

가능하면 숨은 코로만 쉬어야 한다. 입은 음식을 먹고 말을 하는 기능이고 코로는 숨만 쉬어야 한다. 입으로 숨을 쉬면 면역력이 약해진다. 코로 숨을 쉬게 되면 비강의 점액과 코털이 공기 중의 유해물질을 걸러준다. 미세먼지와 황사가 일상화된 환경에서 1차 필터 작용을 하는 것이다. 입으로 숨을 쉴 경우 해로운 공기에 무방비로 노출이 된다. 이와 잇몸이 약한 사람들 가운데는 자신도 모르게 입으로 숨을 쉬는 사람들이 많다.

운동을 할 때도 입으로 숨을 쉬면 훨씬 빨리 지친다. 겨울철에는 입으로 숨을 쉬면 찬 공기가 바로 폐로 들어와서 몸에 좋지 않은 영향을 미친다. 코로 숨을 쉬면 찬 공기가 코 안으로 들어와 기도로 넘어가는 동안 찬 기운이 없어진다. 그런데 아주 가끔은 입으로만 숨을 쉬어야 할 때도 있었다. 아니 숨을 쉬고 싶지 않을 정도로 고통스러운 경험이 있었다.

유난히 땀 냄새가 심했던 학생들이 있었다.

체대 입시는 운동의 강도가 세서 땀을 많이 흘린다. 겨울에도 예외는 없다. 여름에 에어컨을 틀고 운동을 해도 땀은 흐르기 마련이다. 어떤 사람은 땀 흘리려고 운동하는데 무슨 에어컨을 틀고 운동을 하냐고 할 수도 있다. 운동해서 흘리는 땀과 더워서 흘리는 땀은 질적으로 틀리다. 또한 더운 상태로 운동을 하면 탈진이 오기도 하고 쉽게 지친다. 유연성 종목의 운동을 할 때 잠깐 에어컨을 끄기도 한다. 땀을 충분히 흘리고 연습을 해야 하는 종목이기 때문이다.

여름에는 운동이 끝난 후 아이들의 운동복이 비 맞은 듯 흠뻑 젖는다. 땀이 덜 나는 체질인 학생도 예외는 없다. 누구든 똑같이 땀을 뻘뻘 흘리고 운동을 한다. 쉬는 시간이 됨과 동시에 정수기 앞에 줄이 길게 늘어선다. 안타까운 것은 땀은 누구나 흘리는데 냄새는 아이들마다 다르다. 유독 냄새가 심한 학생이 두 명 있었다. 여학생 한 명과 남학생 한 명이다. 개인 신상을 고려해 X 남학생과 Y 여학생이라 하겠다. 혹시라도 이 책을 읽게 된다면 그들은 자기 얘기인 줄 알 수도 있다.

누구나 무언가 연상을 하면 함께 떠오르는 이미지가 있을 것이다. 나는 어머니를 떠올리면 감자와 무를 반반씩 섞어서 해 주신 갈치조림 생각이 난다.

아직도 그 학생들의 얼굴을 떠올려 보면 냄새까지도 같이 생각이 난다. 운동시간에 줄을 지어 운동을 하다 보면 다른 친구들이 그 옆에 가는 걸 꺼려 했다. 유연성 종목을 연습할 때는 말로 표현은 안 하지만 함께 연습을 하던 친구들은 더 힘들어했다. 연습 방법은 이러하다. 다리를 길게 뻗고 앉은 상태에서 앞에 앉은 한 명이 손을 잡아당기고 또 다른 한 명이 뒤에서 등을 눌러준다. 몸이 뻣뻣한 학생은 두 명이 누르기도 한다. X 군의 등을 눌러주는 학생은 오만가지 인상을 쓰면서 한다. 모르는 사람이 보면 힘껏 눌러주기 위해서 자연스럽게 인상을 쓰는 것처럼 보인다. 사실은 도저히 땀 냄새를 참기 힘들어서 짓는 인상이다. 그 학생과 조를 지어준 것이 미안할 정도다. X는 운동 시작할 때는 별로 심하지 않지만 땀이 나기 시작하면 냄새가 스멀스멀 올라온다. 땀이 쏟아짐과 동시에 참기 쉽지 않은 냄새가 퍼진다는 표현이 맞을 정도로 심하게 난다. X의 땀 냄새와 다른 학생들의 땀 냄새가 섞이면 학원 전체에 공기가 탁해지는 느낌이다. 쉬는 시간이 되면 아이들은 대부분 학원 밖으로 나가서 맑은 공기를 마시고 들어온다.

사무실에서 X와 상담을 하게 될 일이 있었다. 코로만 숨을 쉬는 것이 자연스러운데 X가 들어오면 입으로 숨을 쉬어야 한다. 입으로도 숨을 쉴 수 있다는 게 감사할 따름이다. 상담은 단답형의 대답이 많아진다. 가능하면 빨리 끝내고 싶어서다. 상담이 길어질수록 냄새로 인한 고통을 참기가 여간 힘든 게 아니다. 본인도 얼마나 괴로울까 하는 생각도 들고 안됐다는 감정도 느꼈다. 하지만 그 생각으로 넘길 수 있는 냄새가 아니다. 일단은 내가 살고 봐야 한다. 다음부터는 가능하다면 X와의 상담은 운동하기 전 시간으로 잡아야 할 듯싶었다. 무사히 상담을 마치고 X는 밖으로 나갔다. 얼마 있다가 강사 선생님이 사무실에 볼일이 있어서 들어왔다. 들어오자마자 대뜸 얘기했다.

"어, X 왔다 갔나요?"

"어떻게 알았니?"

"X 냄새가 사무실에 꽉 차 있는데요. 어떻게 참으셨어요?"

"참긴. 지금 정신이 들었어. 문 좀 열어둬라."

강사는 문을 열고 방향제를 뿌려대기 시작했다. 나는 냄새에 민감해서 방향제 향을 별로 좋아하지 않는다. 방향제 냄새를 오래 맡으면 머리가 아프다. 차에도 방향제를 두지 않는다. 몸에 향수를 뿌려 본 기억도 별로 없다. 사무실처럼 밀폐된 공간에 있으면 흡연하는 학생도 금방 알아챌 정도로 냄새에 민감하다. 하지만 X가 다녀가면 방향제라도 뿌리고 무언가 방법을 강구해야 할 정도다. 이대로 있으면 옷에도 냄새가 배길 것 같다.

운동과 땀은 실과 바늘 같은 존재다. X는 운동량이 늘면 늘수록 냄새도 강력해졌다. 하루는 운동을 하고 있던 X를 불렀다.

"X야 운동 열심히 해서 선물을 하나 줄게."

"어떤 선물이오?"

"티를 한 장 더 줄게, 앞으로도 쭉 열심히 해라."

"감사합니다."

"네가 다른 애들보다 유난히 땀을 많이 흘리니까 중간 쉬는 시간에 새 옷으로 갈아입고 운동해라."

학원을 처음 등록할 때 운동복 상하의를 지급해준다. X처럼 땀이 많이 나면 중간에 티를 갈아입어야 할 것 같았다. 여벌의 옷은 효과가 조금 있었다. 냄새가 없진 않았지만 운동 중간에 옷을 갈아입어서 땀 냄새가 줄기는 했다. 마음 같아선 티를 몇 장 더 주고 땀이 날 때마다 갈아입었으면 했다. 자기 의지와 관계없는 냄새로 고통받는 X에게는 옷을 자주 갈아입는 게 최선의 방법이었다.

Y라는 여학생도 냄새로 기억된다. X와는 다르게 씻지 않아서 나는 냄새였다. 세상에 여학생이 안 씻는다는 사실이 말이나 될까. Y의 냄새는 X보다 심하진 않았다. 원래 나는 냄새하고 안 씻어서 나는 냄새의 차이인 것 같다. 안 씻는다는 말이 노숙자처럼 오랜 기간을 뜻하는 것은 아니다. 단지 씻기를 즐겨 하지 않는 듯 했다.

운동이 끝나면 집이 먼 학생은 데려다주기도 한다. Y의 집은 성신여대 근처였다. 학원이 있는 마포에서 집까지는 먼 거리였다. 함께 타고 가는 학생은 Y를 포함해 여섯 명 정도였다. 하필 Y가 집이 제일 멀어서 맨 뒷자리에 앉는다. 아이들은 먼저 내리는 순서대로 앞쪽에 앉는다. 차는 밀폐된 공간이라 냄새가 빠질 곳이 없다. Y에게서 땀 냄새와 쉰내가 섞인 냄새가 났다. 땀은 여름에 많이 나지만 냄새는 겨울이 더 견디기 힘들었다. Y도 여름엔 더우니까 자주는 아니더라도 몸을 씻었던 것 같다. 여름엔 차의 창문이라도 열어서 냄새를 빼는데 겨울엔 추워서 집에 가는 동안 창문을 열수도 없다. 운동이 끝나고 집에 갈 때 에어컨을 틀지 않을 때가 많았다. 나름 Y에 대한 배려였다. 에어컨을 틀면 시원하기는 하지만 창문을 닫아야 해서 냄새가 빠지지 않는다.

"얘들아 밤이니까 바람이 시원하네. 바람 좀 쐬자."

"네 그렇게 하세요. 바람 쐬는 것 좋아요."

몇몇은 내 의도를 아는 것 같았다. 창문부터 선루프까지 열 수 있는 모든 문은 열고 달린다. 나도 가급적 창문 쪽으로 고개를 대고 운전을 한다.

가끔 눈치 없는 Y가 먼저 얘기한다.

"에어컨 틀면 안 돼요?"

"안 돼, 에어컨 틀면 기름 많이 먹어."

마포에서 출발해서 광화문과 대학로를 지나 성신여대 역까지 가면 그날의 일과가 끝난다. 집으로 돌아오는 내내 창문은 열어둔다. 차에 배인 냄새를 빼야 했다.

Y의 냄새는 자주 안 씻기 때문인 것은 확실하다. 우연한 일로 알게 됐다. 어느 겨울날이다. Y가 팔을 걷고 운동을 하고 있었다. 멀리뛰기를 연습하고 있었다. 목표로 하는 기록이 나오지 않고 그날따라 컨디션도 좋지 않아 보였다. 운동을 마칠 때쯤 소매를 올린 Y의 팔에 목표 기록을 써줬다.

"너 이 기록 나와야 대학 간다. 집중하고 마인드 컨트롤도 해라."

Y는 팔에 적힌 기록을 내려다봤다.

"이 정도는 조금만 하면 도달할 수 있어요."

그날 수업은 그대로 마무리했다. 그 후로 일주일 정도의 시간이 흘렀다. 학생들이 운동하는 모습을 이곳 저곳 둘러보고 있었다. Y도 역시 열심히 하고 있었다. 이마에도 땀방울이 송골송골 맺힐 정도였다. 어느 정도 몸에 열이 올라왔는지 Y는 소매를 걷었다. 그 순간.

'헉 저 팔뚝에 있는 글씨는 일주일 전에 써 준 건데'

그때보다 조금은 옅어지긴 했지만 여전히 선명하게 남아 있었다. 그 걸 보고 Y가 잘 씻지 않는다는 것을 알게 됐다. 여학생에게 씻고 다니 라고 말할 수도 없고 그런가 보다 하고 지나갔다. 더욱 놀라운 건 나중 에 알게 되었다.

지방대 시험을 보게 된 Y는 하루 전날 내려가야만 했다. 당일 출발해 서 시험장까지 가기엔 거리가 너무 먼 대학교였다. 시험 보기 전날 출 발해서 학교 근처에서 하루 자고 다음날 시험을 보도록 계획을 잡았다. 여자 강사 선생님이 따라가서 둘이 같은 방을 쓰게 하였다. 다음날 시 험장에 Y가 들어간 후에 여자 강사선생님에게 물어보았다.

"Y 잘 안 씻지?"

"어머, 어떻게 아셨어요. 보셨어요?"

"보긴 뭘 어떻게 봐. 내가 변태니. 그냥 느낌인데."

"어제 먼저 씻고 자라고 했는데 저보고 먼저 씻으래요. 씻고 나왔더니 그냥 자던데요. 아 어쩜 이도 안 닦고 아무것도 안 하고 그냥 자던데요."

"네가 고생이 많다. 피곤해서 그랬을 거야!"

"그래도 아침엔 씻던데요."

"피곤해서 안 씻은 거겠지."

Y의 냄새는 게으름이 원인 같았다. 아이들을 가르치다 보면 별의별 일을 많이 겪게 된다. 지금도 X와 Y의 얼굴을 떠올려보면 그들만의 체 취가 느껴진다.

스승의 날에는 단축수업을 하거나 게임으로 그날 수업을 대신하기도 한다. 게임 종류는 실내 풋살이나 피구 등이다. 그날은 누군가 한 명은 꼭 케이크를 들고 학원에 온다. 혹시라도 눈이 마주치면 친구 생일이라 준비한 케이크라고 말한다. 마치 도둑질하다 들킨 듯 당황하면서 둘러댄다. 물어본 적도 없는데 먼저 얘기를 한다. 뻔히 눈에 보이는 짓을 하는 걸 보면 귀엽다는 생각이 든다. 매년 스승의 날을 보내는 방법은 늘 똑같다. 수업이 끝나면 피자나 치킨을 시켜서 같이 먹기도 한다. 피자를 30판 정도 시키는데 한 시간 전쯤에 주문을 해둬야 한다. 양이 많다 보니 배달도 안 돼서 직접 차를 갖고 가지러 간다. 스승의 날에는 수업이 끝나면 대표 학생 한 명이 사무실에 들어온다. 아마 그날 나의 시선을 끌기 위해 뽑힌 학생일 것이다. 별로 중요하지도 않은 상담을 신청하고 상담을 한답시고 시간을 끈다. 다른 아이들은 그 사이에 케이크에 불을 붙이고 전체 등을 소등하고 기다린다. 이날은 졸업생들도 먹을 것을 사들고 방문을 한다. 거의 매년 반복되는 일상이다. 나도 항상 하던 식으로 한쪽 코를 막고 반대쪽 코로 바람을 불어 촛불을 끄곤 한다. 콧물이 같이 튀어나온 걸까. 아이들은 기겁을 하면서도 좋아한다. 재학생과 졸업생이 함께하는 스승의 날은 보람차게 하루가 지나간다.

피자집도 처음에는 이 정도 많은 양의 주문은 도대체 어디에서 하는 것인지 궁금해했다. 이제는 스승의 날이나 수능 종강 파티, 회식 때마다 주문을 해서 대량 주문만 하는 단골로 알고 있다.

15년 전쯤 기억에 남는 스승의 날이 있었다. 학원 수업은 격일로 진행되었는데 그날은 수업이 없었다. 재원생에게는 수업이 없는 날이라 학원에 아무도 없을 거라고 미리 얘기를 해뒀다. 학원에 오지 말고 그 시간에 공부를 하라고 했다. 저녁때가 되어서 일찍 퇴근하려고 준비를 하고 있었다. 대충 마무리 짓고 나가려다 불현듯 드는 생각이 있었다.

'아, 졸업생들이 올 수도 있겠구나. 학원에 왔다가 문이 잠겨서 그냥 가버리면 엄청 서운하겠네.'

그런 생각이 드니 지금 퇴근을 하면 안 될 것 같았다. 따뜻한 손길로 졸업생들을 맞아줘야 했다. 집에 갈 생각은 접고 학원에 좀 더 있다 가려고 했다. 졸업생들을 기다리는 시간이 무료했다. 달리 할 일도 없어서 소파에 누워 TV를 보고 있었다. 시간이 6시가 조금 넘은 때였다. 20분 정도 지났을까 갑자기 졸음이 쏟아졌다. 앉아있던 자세는 어느새 누운 자세로 변해 있었다. '누가 오면 깨우겠지.'하고 잠이 들었다. 학원에서 잠을 자는 경우는 거의 없었는데 그날따라 이상하게 잠이 밀려왔다. 도저히 참을 수가 없었다. 졸업생들이 오기 전에 일어나야지 하고 잠이 들었다. 얼마간의 시간이 흘렀을까? 다행히 눈을 떠보니 아직 아무도 오지 않았다. TV도 켜둔 채로 잠이 든 것이다. 야구를 보려고 앉아있다 잠이 들었는데 일어나니 야구도 이미 끝나 있었다. 다른 프로그램이 방송되고 있었다. 깜짝 놀라서 시계를 봤다. 10시에 가까워지고 있었다.

'아 올해는 아무도 안 왔네.'

밖은 어두워졌고 허무함도 밀려왔다. 피식 웃음이 났다. 아무도 찾아오진 않았다. 이런 적도 처음이었고 '뭐 한 거지'라는 생각도 들었다. 한 사람도 찾아오지 않은 스승의 날이었다. 하지만 혹시 올지도 모를 졸업생 누군가에게 난 스승의 의무를 다했던 날이다.

사무실에 있으면 쉬는 시간마다 아이들이 들어온다. 대부분은 인사를 못했던 아이들이 인사차 들어올 때가 많다. 출석을 부를 때 허겁지겁 도착하면 아무래도 얘기할 시간이 없긴 하다. 준비운동이 끝나면 본 운동을 한 시간 정도 한다. 본 운동이 끝나면 15분 정도 쉬는 시간을 준다. 이 시간에 간단한 상담을 하기도 하고 궁금한 것들을 물어보기도 한다. 유달리 지쳐 보이는 학생에게는 냉장고에서 음료수를 꺼내서 주기도 한다.

"드릴 말씀이 있는데요."하고 남학생이 들어왔다. 직감적으로 가벼운 상담은 아닌 듯했다.

"뭔가 걱정이 있어? 앉아서 얘기해봐."

단체회식

학생은 한참 뜸을 들이고 있었고 대략 어떤 얘기일지 감이 왔다.

"학원을 옮겨야 할 것 같아요."

"그러니? 옮겨도 상관은 없는데. 다만 이유를 알 수 있을까? 우리 학원의 문제라면 내가 앞으로 고쳐 나가야 되니까. 미안해하지 말고 얘기를 해줄래."

얘기를 들어보니 학원의 문제는 아니었다. 집하고 학원이 멀다는 것이 이유였다. 아무래도 집 근처의 학원으로 다녔으면 한다는 것이었다. 가끔은 학원을 바꾸는 학생들도 생긴다. 그럴 때면 기분이 좋을 수는 없다. 열심히 지도한다고 생각했는데 그런 이야기를 들으면 속이 상하고 기분도 가라앉는다. 지금이야 경험이 쌓여서 학원을 더 좋은 방향으로 이끌고 가는 모니터링 정도로 생각한다. 학원을 바꾸게 되는 학생들의 이유가 우리 학원의 문제점 일 수 있기 때문이다. 아이들이 학원을 바꾸는 경우가 많지는 않지만 이유는 다양하다.

'어떤 선생님이 무서워요. 운동이 다른 학원보다 힘들어요. 애들과 사이가 안 좋아요. 학원비가 부담스러워요.'등등 이유는 다양하다. 학생의 문제가 아니라 학원이 고쳐야 할 점들로 받아들인다. 그래야만 더 좋은 학원으로 발전할 수 있다고 생각해서다. 학원을 바꾼다는 학생에게는 일단 미안하다고 사과한다. 미리부터 문제점이 없도록 수업을 진행하지 못한 부분의 사과이다. 충분히 상담을 하고 나면 다시 남는 학생도 있고 옮기는 학생도 있다. 학원을 바꾸는 학생들에게 마지막으로 당부를 한다.

"우리가 부족한 부분은 고치도록 노력할 거고, 다른 학원 가서 혹시 적응이 안 되거나 힘든 일이 있으면 다시 돌아와도 된다."

그렇게 얘기하고 모든 강사들도 마지막 인사를 해 준다. 그러면 십중 팔구는 다시 돌아온다. 다른 학원을 다니면서 겪게 되는 불편함도 있기 마련이다. 이런저런 이유를 비교하면 차라리 원래 있던 학원이 낫겠구나 하고 돌아오는 학생들도 있다.

이번엔 옮기게 되는 학생은 단지 집에서 먼 것 말고는 다른 이유는 없었다. 집 앞에 가까운 학원으로 다니는 게 공부시간을 더 투자할 수 있을 거 같다는 이유였다.

"너보다 더 멀리서 오는 애들도 있는데 네 생각을 존중해줄게. 잘 해보도록 해라. 언제든 다시 와도 된다."

"네 저도 일단 가까운 학원을 다녀보고 그 다음에 생각할게요."

실제로는 그 학생보다 멀리서 오는 학생들도 많긴 하다. 일산에서 경의선 시간 맞춰서 오는 학생도 있고 평택에서 기차를 타고 오는 학생도 있었다.

"그래. 학원은 멀리 다녀도 대학은 가까운데 가자는 게 내 생각이긴 한데 암튼 잘 적응하도록 해라."

그 학생이 그만두고 한 달 정도의 시간이 지났다. 옮겨간 학생으로부터 전화가 왔다. 다시 학원을 오겠다는 것이었다. 그런데 오긴 오는데 혼자가 아니었다. 다니던 학원에서 친구랑 같이 온다는 것이다. 한 달 정도 운동을 해보니 우리 학원이 시스템이 잘 갖춰져 있다는 것이었다.

제비 다리를 고쳐 준 흥부가 다음 해에 박 씨를 선물로 받게 되는 것이 이런 기분일까? 열과 성을 다하면 진심은 통한다는 생각이 들었다. 오래 학원을 하다 보면 별의별 일이 다 생긴다.

15

자신을 속이고

수능을 보면 수험표 뒷면에 본인이 푼 답을 적어온다. 그것을 가지고
가채점을 한다. 수능을 보면 한 달 이내에 성적표가 나온다. 일반과의
입시는 그때부터 시작이 된다. 수능 성적표로 원하는 학교와 학과를 지
원하게 된다. 체대 입시는 가채점 점수를 바탕으로 본격적인 입시가 시
작된다. 수능을 본 다음날부터 가채점에 따라 최종학교를 정한다. 때로
는 가채점 결과와 실제 수능 점수의 차이가 나는 학생이 있기도 하다.
시간이 없어서 답을 다 못 적어 오면 기억을 더듬어 채점을 하게 된다.
답이 기억이 안 나면 틀린 거로 채점하는 학생도 있고 맞은 거로 채점
하는 학생도 있다. 여기서 실제 점수와 차이가 발생된다. 그러나 대다
수의 학생은 가채점 점수와 실제 수능 점수의 차이가 별로 없는 편이
다. 가채점 점수를 바탕으로 학교를 정하고 바로 학교별 운동에 들어가
야 한다. 수능 성적표가 나올 때까지 기다릴 여유가 없다. 성적표가 나

오고 20일 정도 지나면 실기시험이 시작되기 때문이다.

　성적을 정확하게 얘기하지 않은 학생이 두 명 있었다. 둘의 운동 시기는 다른데 나에게 말했던 내용은 비슷했다.

　A라는 여학생은 성신여대를 지원하기로 결정했었다. 가채점 점수로 미루어 봤을 때 성신여대를 써도 괜찮아 보였다. 평소에도 운동을 굉장히 열심히 했던 학생이었다. 보고 있으면 말리고 싶을 정도로 몸을 사리지 않고 했다. 대학을 가고 싶은 마음이 그대로 보이는 학생이었다.

　수능 성적표가 나오는 날이 다가왔다. 당일은 오전 운동은 생략하고 학교에 가서 성적표를 받아온다. 성적표를 받으면 상담 대기 줄을 서고 순서를 정한다. 순서대로 정확한 점수를 넣고 학교를 확정 짓고 실기점수의 기준점을 제시해준다. 어느 정도의 실기를 해야만 합격 예상 점수가 나온다고 설명을 해준다. A는 상담을 계속 뒤로 미루고 있었다. 다른 친구들이 모두 끝나면 하겠다고 운동만 하고 있었다. 이상하다고 생각하지는 않았다. 어차피 상담이야 순서대로 하는 것이라 양보할 수도 있다. 일찍 할지 늦게 할지의 차이만 있지 결국은 하게 돼 있다. 그리고 본인은 상담과 관계없이 성신여대 운동을 계속 진행하고 있었다. 며칠에 걸친 모든 학생의 상담이 끝났다. 이제 남은 사람은 A밖에 없었다.

　"성적표 가져왔니?"

　"저 그게 말이죠. 분실했어요."

　"그럼 다시 발급받아 오도록 하고. 점수는 가채점이랑 같니?"

　"네 똑같아요."

그러고는 운동을 하겠다고 사무실을 나갔다. A는 며칠이 지나도록 성적표를 가져오지 않았다. 일주일에 하루는 휴식 일이 있다. 그날 발급받아 오라고 해도 아파서 못 갔다고 한다.

"가채점 점수 그대로예요. 성신여대를 그대로 쓰고 싶어요."

"그 점수라면 써도 되는데 그래도 성적표는 갖고 와야지."

A는 매일매일 요령껏 빠져나갔다. 결국엔 원서 쓰는 당일까지도 성적표를 제출하지 않았다. 의심도 들긴 했지만 어쩔 수 없이 성신여대에 원서를 넣었다. 실기를 못하지 않아서 크게 걱정도 되진 않았다. 실기 시험이 끝나고 학원에 와서 기록을 적는데 실기가 대박이 난 것이다. 수능 대박이 나는 경우도 있고 실기 대박이 나는 경우도 있다. 둘 다 드물게 일어나기도 한다.

학생들을 지도해보면 평균 기록이 있고 최고 기록이 있다. 대학교에 시험을 보러 가면 보통은 4종목 정도의 실기를 본다. 4종목 모두 본인의 최고 기록이 나오기는 쉽지 않다. 그런데 A는 모든 종목에서 본인의 평소 기록보다도 훨씬 좋은 기록을 받아왔다. 고생했다는 격려를 하고 합격자 발표하는 날까지 기다리고 있었다. 합격은 염려가 없을 정도로 시험을 잘 봤다.

성신여대 발표하는 날이 돼서 학원에서 합격자 조회를 했다. 인적 사항을 넣고 최종 클릭을 했을 때 합격이 떴다. 축하한다고 말을 하는 순간 A가 나를 껴안더니 펑펑 우는 것이다. 놓으라고 해도 좀처럼 떨어지질 않았다.

"선생님 죄송해요. 사실은 수능 점수를 속였어요."

많이 놀라진 않았다. 도대체 몇 점인지는 궁금했다.

"어느 정도 예상은 했는데. 네가 하도 성적표를 안 가져와서"

"그대로 말씀드리면 성신여대를 못 쓸 것 같아서요."

실제로 성신여대를 지원할 수 없는 점수였고 실기를 워낙 잘 봐서 합격을 한 것이다. 성적표를 그대로 냈다면 성신여대 지원은 못했을 것이고 욕도 엄청 먹을 점수였다. 축하를 해 주긴 했지만 괘씸한 마음이 사그라지지는 않았다. 좋은 결과로 끝난 거짓말이었다.

B는 이대를 준비하던 학생이었다. 가채점도 대충 해서 왔다. 3등급 정도를 받았다고 한다. 학원에선 점수를 소수점까지 계산을 해서 지원을 한다. 대략이란 점수는 성격상 용납이 되지 않는다. 계속 캐물으니 채점을 하지 않았다고 한다. 집에 와서 시험지를 다시 풀어보니 평

농구 특기 수업

균 3등급은 나온다는 얘기다. 그 정도 점수면 이대를 지원할 수 있는 점수였다. 예전에 이런 경험이 있어서 미심쩍긴 했지만 운동을 안 시킬 수도 없었다. 성적표가 나왔을 때 점수가 틀리면 절대 쓰지 못하게 할 생각이었다. 수능 성적표가 나오고 2차 상담을 진행했다. B는 며칠 동안 성적표를 가지고 오지 않았다.

"너 언제쯤 성적표 가지고 오니?"

"엄마가 갖고 오신대요. 엄마랑 같이 상담을 할게요."

"언제쯤 오시는데?"

"내일쯤 오신대요."

약속을 잡고 기다리고 있었다. 시간이 되어 어머님이 도착했다.

"선생님 힘드시죠? 이거 드세요."

어머님은 웃는 얼굴로 양손 가득히 물건을 들고 왔다.

"네 바쁘신데 오시느라 힘드셨죠?"

"아뇨, 진즉에 왔어야 하는데 죄송해요."

"네 성적표를 좀 볼게요."

"그게 제가 보관하다 성적표를 잃어버렸어요."

아니 성적표를 잃어버렸다는 얘기를 믿어야 하나 싶었다. 어머니가 거짓말을 할 이유는 없었지만 납득은 되지 않았다.

"잃어버렸다는 건 분실을 말씀하시나요?"

"네 분실을 했어요."

"재발급도 가능한데요."

"점수는 다 아니까 그냥 상담해주세요."

점수를 안다고 하시는데 두루뭉술 대략 3등급 정도라고 했다. 몇 점짜리 3등급인지는 기억이 안 난다고 그냥 이대를 쓰자고 내게 얘기했다. 프로그램에 임의로 점수를 입력해서 이대를 지원했다. 어머니나 학생이나 그 정도 점수가 맞는다고 얘기를 하는데 믿을 수밖에 없었다. 하는 수없이 그 점수로 이대를 지원했다. 이대는 기초실기와 특기가 있는 학교다. 또한 실기점수를 전혀 공개하지 않는 학교이기도 했다. 운동과 공부를 잘하면 당연히 붙겠지만 커트라인을 잡기가 어려운 학교이다. B는 실기는 잘하는 편이었고 큰 실수 없이 시험을 마쳤다. 조심스럽게 합격도 기대하고 있었다. 합격자 발표하는 날이 되었다. 이대를 본 학생이 여러 명이 있어서 순서대로 검색을 했다. 합격, 불합격, 불합격, 합격, 5번째가 B의 차례였다. B는 이상하리만큼 침착했다. 전혀 긴장하는 빛은 보이지 않는다. 수험번호를 입력하고 최종 클릭 순간이 제일 긴장이 된다. 클릭하자마자 화면이 떴다. '불합격입니다.'라는 문구가 선명했다. B는 아무런 말도 없이 사무실을 나갔다. 위로를 해 줬지만 무덤덤하게 괜찮다고 얘기를 한다. 마치 불합격을 예상이나 한 듯이 아무런 반응이 없었다. 이대가 점수를 공개하지 않지만 그 정도 수능 점수에 실기도 나쁘지 않았는데 불합격이라 아쉬웠다. 학교에 확인을 할 수도 없는 부분이라 답답하기만 했다.

B는 서울 여대도 시험을 봤다. 이대는 소신 상향으로 지원한 학교고 서울여대는 안정권으로 둔 학교였다. 실기는 3종목을 본다. 학원에선 네 명이 시험을 봤다. 9시 입실에 맞춰서 시험장에 들여보내고 기다리

고 있었다. 실기시험장은 개방이 되는 곳도 있지만 수험생 말고는 입실이 안 되는 곳이 대부분이다. 학원 초창기에 개방이 되는 시험장은 관중석에 앉아서 보기도 하였다. 대기하면서 우리 학원생들이 눈에 보이기 시작하면 그때부터 심장이 수험생보다 더 뛰는 것 같았다. 실기가 시작되면 관중석하고 거리가 떨어져 있어도 어느 정도의 기록인지 대강 눈에 들어온다. 우리 학원생 차례가 되어서 출발선에 서면 학생의 긴장이 나에게로 고스란히 전해지는 느낌이다.

성균관대 실기시험장에서 있었던 일이다. 핸드볼 던지기 종목을 하는 곳에 학원생이 대기하고 있었다. 시험이 시작되고 첫 번째 시기에 파울을 했다. 힘껏 던졌는데 정해진 규격 밖으로 공이 떨어졌다. 이제 마지막 한 번의 기회가 남았다. 관중석에서 보고 있는 나까지 들릴 정도로 '악'하는 기합과 함께 힘껏 던졌다. 공의 방향이 이번에도 불안해 보였다. 공이 이상하게 가야 할 방향으로 안 가고 관중석에 있던 나에게로 향하는 것이다. 그 학생은 관중석에 앉아 있던 그 많은 사람 사이에서 나를 보기라도 한 것일까? 두 번째도 여지없이 파울이었다. 그 종목에서 실격이 나온 것이다. 학생의 손을 떠난 공은 지면에 닿을 때까지 시간이 멈춘 듯 오랜 시간이 흐른 느낌이었다. 주변의 모든 것이 멈추고 오직 공중을 떠가는 공만 보였다. 아무 소리도 들리지 않는 상태가 지속된 느낌이다. 그 순간의 정적은 핸드볼 공이 지면에 탕하고 떨어지는 소리와 함께 움직이기 시작했다. 일그러진 학생의 얼굴이 보였다. 남은 종목이 더 있긴 했지만 의미가 없어졌다. 그날 이후로 참관이 가능한 시험장에는 강사를 들여보내거나 아예 들어가지 않았다.

정오가 되기 전에 서울여대의 시험이 끝났다. 기록을 확인하고 네 명의 총점을 계산했다. B는 그중에서 2등이었다. 1등이 현주고 4등은 지성이었다.

"현주가 떨어지면 다 떨어지고 지성이가 붙으면 전부 붙는 거다. 나중에 합격자 조회는 누구부터 할까?"

"쌤 잔인해요."

"잔인한 거 아니다. 합리적인 거지."

여러 명이 시험을 보면 결과 조회는 점수가 제일 낮은 학생부터 할 때가 많다. 1등부터 조회했는데 떨어지면 속된 말로 김이 샌다. 점수가 뒤지는 학생은 조회할 필요도 없어진다.

어느덧 발표하는 날이 왔다. 4등부터 합격자 조회를 했다. 불합격이 떴다. 제일 먼저 떨어진 지성이는 사무실에 그대로 남아 다른 친구들 조회를 지켜봤다. 3등을 조회하자 합격이 떴다. 갑자기 와아하고 소리를 질렀다. 3등이 붙었으니까 2등하고 1등은 당연히 붙는 것이다. 그런데 이변이 생겼다. 3등은 붙었는데 2등인 B가 떨어졌다. 이건 정말 있을 수 없는 일이었다. B는 조용히 사무실을 나갔다. 안에 있던 학생들에게 축하와 위로의 말을 건네고 밖으로 나왔다. B는 오늘은 일찍 들어가 쉬고 싶다고 했다. 허락을 하고 곰곰이 생각을 했다. 이해가 안 되는 일이다. 여태껏 실기점수를 공개하는 학교의 계산이 틀린 적은 없었다. 어머니에게 전화를 했다.

"어머니 이건 좀 문제가 있는 거 같아요. 학교에 확인을 해 봐야 할 것 같아요."

"아니요. 어차피 이대가 아니면 별로 생각이 없었어요. 그러지 마세요."

"그래도 이건 입시 부정인데요. 확인을 해야 될 것 같아요."

"아뇨, 이대로 그냥 포기할게요. 그동안 고생하셨습니다."

전화를 끊고 생각을 되짚어봤다. 불합격에 전혀 놀라지 않는 B 학생의 행동과 너무도 차분한 어머님이나 마치 예상이라도 했다는 듯이 너무도 태연했다. 결론은 내게 말한 점수가 정확하지 않은 것 같았다. 이대 지원은 하고 싶고 수능 점수는 나쁘고 거짓 점수로 이대를 썼던 것 같다. 특기가 있는 학교라 거기서 점수를 따보자는 생각이었던 것 같다. 어머니까지 태연하게 틀린 점수를 얘기할 거란 생각은 전혀 못했다. 학교는 가고 싶고 요행수를 바랬던 것 같다. 입시에는 요행도 없고 기적도 없다. 수능 점수도 노력이요 실기도 노력이다. 노력한다고 모두가 합격하는 건 아니지만 합격생 가운데 노력을 안 한 사람은 없다.

갑질 건물주

입시학원은 올해로 22년째다. 22년간 5번이나 이전을 했다. 이전을 하는 이유는 여러 가지가 있었다. 임대료가 오르기도 하고 조금 더 큰 장소를 구하려고 이전하기도 했다. 4번째 학원 자리로 이사 갔을 때의 일이다. 요즘은 조물주 위에 건물주가 있다고도 한다. 건물주가 갑이라고도 하고 실제 계약서에도 갑과 을로 계약이 된다. 임대를 하려고 건물을 보러 다닐 때는 임차인이 갑이다. 맘에 안 들면 들어가지 않으면 된다. 건물주들은 공실이 오래도록 지속될 땐 임차인의 조건을 들어주려고 하는 편이기 때문이다. 아주 짧은 기간 임차인이 갑이 되는 것이다. 그 갑의 위치에서 임대차 계약을 쓸 때 가능하면 세세히 써야 한다. 건물도 한 번이 아닌 여러 번에 걸쳐서 확인을 해야 한다. 가능하다면 그 주변 사람들의 조언을 들어 보아도 좋다. 왜냐하면 임대차 계약을 하는 순간부터 을이 되기 때문이다. 계약서에도 을이라고 명시가 된다.

을이 되기 전 잠깐이라도 갑의 위치에 있을 때 계약을 잘 해야 한다. 세밀하고 꼼꼼하게 따져봐야 손해 보는 일이 없게 된다. 세 번의 계약을 하는 동안 갑질을 하는 건물주를 만나본 적이 없었던 것도 다행이라면 다행이었다. 네 번째 건물주와는 계약을 하는 순간부터 이사를 나오는 그날까지 힘든 나날이었다.

2009년이었다. 기존의 학원에서 좀 더 큰 곳으로 확장하기 위해 자리를 알아보고 있었다. 몇 달을 발품을 팔아서 이전할 곳을 찾았다. 그 건물은 2년간 공실이었다고 한다. 건물주를 만났을 때 느낌은 곱슬머리에 키가 작고 딴딴하게 생겼다. 나이는 환갑을 조금 넘긴 듯 보였다. 보증금에 임대료만 받고 관리비는 없다고 했다. 원래는 관리비를 받았는데 안 받는 조건으로 계약을 하게 된 것이다. 그때까지도 나는 사람을 볼 줄 몰랐나 보다. 그 건물주가 괜찮은 사람으로 보였으니까. 웃으면서 말하는 사람은 다 좋은 사람인 줄 알았다. 아마도 계속 건물이 비어 있어서 빨리 임대를 하려고 했던 모양이다. 가계약을 하고 15일 정도 인테리어 공사를 먼저 하기로 했다. 인테리어를 끝나면 월세를 내기로 하였다.

웬만한 공사는 직접 했기 때문에 시설공사가 어렵지는 않았다. 학원 공사는 운동의 편의를 위해서 먼저 천정을 다 제거한다. 천정이 높아야 운동하는데 지장을 덜 받는다. 그 후에 칸막이와 벽에 관련된 공사를 하고 최종적으로 마루를 깔게 된다. 상식적인 일이지만 마루를 먼저 깔면 다른 공사 먼지들로 바닥이 더러워지기 때문이다. 천정 작업이 끝나고 벽공사가 마무리될 즈음에 건물주가 오더니 잠깐 보자고 했다. 내일부터는 마루 작업을 하려던 때였다.

"어쩐 일이세요?"

"아무리 생각해도 관리비를 받아야겠어."

갑자기 없던 관리비 얘기를 하니 황당했었다.

"관리비는 없다면서요."

"그게 다른 층은 다 받고 있는데 여기만 안 받으면 내가 얼마나 곤란하겠어."

"제가 관리비 부분은 다른 세입자에게 얘기 안 할게요. 누가 일부러 와서 물어볼 일도 없을 텐데요."

"말 안 한다고 그게 모르나 다 알지."

"아니 처음에 없다고 하시더니 갑자기 계약을 바꾸는 게 말이 되나요."

"아 그럼 계약 해지하고 나가!"

갑자기 화를 버럭 내는 것이다. 더 이상 무슨 말을 할 수도 없었다. 계약을 파기하고 위약금을 받아봤자 아무 의미가 없었다. 지금까지 공사한 부분이 있고 다른 곳을 구해서 간다는 것도 이미 불가능했다. 일주일 후에는 오픈을 해야 했고 공사도 많이 진척되고 있었다. 울며 겨자 먹기로 관리비를 내기로 했다.

건물주가 자기도 미안하니까 다른 층보다는 적게 받는다고 했다. 나중에 알게 된 일이지만 다른 층하고 관리비는 똑같았다. 관리비가 똑같은 것뿐만이 아니었다. 가계약 시 없던 관리비가 인테리어 공사가 끝날 때 쯤 생기는 것은 다른 세입자도 겪은 일이었다.

가계약 후 부동산에서 잔금을 치르고 최종 계약을 하려고 했다. 건물주는 난데없이 주차비를 추가했다. 차량 갯수당 받아야 하는데 우리는 차가 많아서 그냥 기본요금만 받는단다. 항의를 하면 돌아오는 대답은 항상 같았다.

"그럼 계약 해지를 해. 위약금 주면 되잖아."

이건 갑질이 아니라 아예 악질이었다. 강남도 아니고 강북에서 자기 건물에 주차비 내는 경우는 거의 없다. 계약서상에 마지막 조항이 하나 더 포함되었다. 임대료가 연체될 경우 연 이자 18%의 연체료를 낸다는 것이다. 이런 계약서가 어디 있냐고 따졌다. 이건 형식에 지나지 않고 연체 안 하면 되는 거 아니냐고 하는데 이제는 더 이상 대꾸도 하고 싶지 않았다.

그때부터 슬기로운 을의 생활을 시작해야만 되었다. 물론 배운 점도 있었다. 개인과 개인의 법적 계약은 꼼꼼히 따져봐야 한다는 것이다. 그런데 아무리 꼼꼼히 따져 봐도 이런 건물주를 만나면 방법은 없다. 건물주는 많은 계약을 하면서 유리한 계약을 하는 법을 익힌 것이고 세입자는 계약 경험이 별로 없어서다. 건물은 총 6층이었고 그중에 2층에 임대를 하였다. 2층은 계단을 중심으로 좌우에 사무실이 두 개가 있었다. 우리가 201호이고 옆은 202호였다. 202호는 10평 정도의 작은 사무실이었다.

수업 중에 정전이 발생했다. 무슨 일인지 확인하기 위해서 건물 밖으로 나가보았다. 전체 건물에서 2층만 정전이 되었다. 우리와 옆 사무실이었다. 202호에 가서 왜 정전이 됐는지 물어봤다. 이유는 모르겠는데 갑자기 누전 차단기가 내려갔다고 한다. 202호의 차단기를 올리자 201호인 학원도 불이 다시 들어오는 것이다. 이상한 일이다. 그쪽 사장님이 이거 이상한데 하고 다시 내리니까 양쪽 전기가 다 나가는 것이다. 결론은 우리가 202호의 전기를 끌어다 쓰고 있었던 것이다. 202호 사장님도 우리가 들어오고 나서 전기세가 많이 나와서 이상하다고 생각은 하고 있었다고 얘기를 했다. 전기 요금에 대해선 나도 할 말은 있다. 그동안 전기세를 미납하지 않고 꼬박꼬박 납부했기 때문이다.

다음날 전기업자를 불러서 양쪽 전기를 분리하는 작업을 했다. 그러면서 내막을 알게 되었다. 예전에 2층을 쓰던 세입자가 양쪽 사무실을 모두 임대해서 전기계량기를 한 대만 사용한 것이다. 그 후에 202호 사장님이 임대를 해서 들어왔고 201호는 공실이라 전기세가 많이 나오지 않았다. 우리 학원이 들어오면서 전기세가 늘어나기 시작했고 2층 전체의 전기세는 202호에서 납부하고 있었다.

내가 그동안 냈던 전기세는 건물의 공용 전기세였다. 건물주가 내야 되는 공용 전기세를 내가 냈고 내 전기세는 옆 사무실에서 내고 있었던 거다. 자의에 의한 잘못은 아니지만 계량기 분리 작업을 내 돈으로 진행했다. 원래는 건물주가 해야 하는 것을 내가 했다. 옆 사무실에는 그동안 나온 전기 요금의 일정 부분을 변상해주었다. 건물주에게 얘기를 했더니 자기는 모르는 일이라고 소리를 지른다. 원래 불리하면 큰소리 치는 사람이다. 지금 생각해도 너무 화가 치민다. 202호 사장님에게 나를 고소하라고 얘기했다. 법으로 자초지종을 밝히자고 했다. 그분은 건물주와 싸울 생각이 전혀 없었다. 워낙 성격이 순해서 건물주만 보면 한마디도 못하는 사람이었다. 나에게도 그냥 넘어가자고 했다. 내가 건물주에게 얘기를 했다.

"202호에서 나를 고소한다고 하는데요."

"그런 미친놈이 있나. 마음대로 하라고 해."

"계량기도 제가 설치했는데 좋게 넘어갔으면 하는데요."

아무리 악질 건물주라도 법적인 부분에서는 찔렸나 보다. 나에게 타협을 제시했다.

"이 원장이 잘 좀 정리해주고 강사들 시켜서 계단 청소만 해주면 임대료에서 30만 원씩 감해줄게."

임대료를 매달 30만 원을 덜 내면 내가 들였던 비용은 금방 회수될 금액이었다. 못 믿을 사람이라 그 얘기를 녹음도 해뒀다. 건물주가 위기를 넘기려고 머리를 쓴 것이다. 안타깝게도 녹음한 핸드폰을 교체하면서 대화 내용은 없어지고 말았다.

3개월쯤 지나자 전기에 관한 일은 잠잠해졌다. 건물주는 계단을 엉망으로 청소한다고 트집을 잡기 시작했다. 매달 30만 원씩 임대료가 안 들어오니까 아까웠나 보다. 나도 안 하겠다고 하고 계단 청소는 끝을 맺었다. 2년이 지나고 계약을 갱신하게 되었다. 재계약을 하면서 건물주가 얘기를 했다.

"3개월 동안 임대료 30만 원씩 총 90만 원 밀린 거 이번에 내도록 해"

"그건 계단 청소하면서 30만 원씩 덜 낸 거잖아요."

"무슨 소리야! 계단도 엉터리로 청소하고 제대로 하지도 않았잖아."

건물 계단 청소비로 빠진 부분이라고 했지만 본인은 그런 얘기 한 적이 없다면서 우기기 시작했다. 그러고는 임대료 9%를 올렸다. 내 주변의 지인들은 나와 건물주의 스토리를 재미있게 들었다.

"세상 그런 놈이 다 있냐. 오늘은 또 새로운 소식 없냐?"

"옆에서 들으면 재미있는 얘기지만 당사자는 정말 힘들다."

이 건물에 세입자로 있다가 임대료가 밀린 사람들은 낭패를 보고 나갔다. 밀린 임대료에 연체료 18%가 복리로 붙어서 꽤 많은 보증금을 날리고 나갔다. 눈물을 흘리면서 나가는 세입자도 봤다. 건물주는 임대료가 밀려도 별말을 하지 않았다. 연체료를 받을 속셈이었던 것이다. 그러던 중 건물의 재개발이 확정되었다. 1년 안에는 법적으로 이전을 해야 했다. 이전 공고가 났을 때 2년의 재계약이 만료되고 다시 재계약을 해야 하는 때였다. 건물주가 관리사무소에서 보자고 해서 내려갔다.

"저번 계약한지 2년이 지났으니까 다시 계약서를 써야지."

"나갈 날도 얼마 안 남았는데 그대로 하면 안 돼요?"

"이번에는 많이 안 올리고 그냥 20만원만 올릴게."

"무슨 임대료를 2년마다 꼬박꼬박 올리세요. 여기 재개발돼서 들어올 사람도 없는데."

"아니 마음에 안 들면 그냥 나가도 돼."

"생각을 좀 해 볼게요."

"아니 무슨 생각을 해. 여기다 빨리 사인해"

건물주는 새로운 계약서를 이미 작성해 두었다. 사인도 하지 않고 돌아보지도 않고 나와 버렸다. 건물주는 그 후 임대료를 낼 때마다 왜 적게 내냐고 들들 볶았다. 건물주의 얘기는 듣는 둥 마는 둥 무시하고 본체만체 했다.

"아 그러면 연체료 18% 받으시면 되잖아요."

내 얘기에 건물주도 역시 대꾸가 없었다. 나도 생각이 있어서 임대료 인상분은 내지 않고 있었다. 점점 건물주는 나에게 화를 내는 일이 잦아졌다.

재건축 조합에서 이주를 하라는 통지서가 날아왔다. 3월에 건물주에게 나가겠다고 보증금을 달라고 했다. 건물주는 계약기간이 10월까지라 그전에는 보증금을 못 준다는 것이다. 나가려면 10월까지의 임대료를 제하고 나머지만 준다는 것이다. 작년 10월에 내가 사인을 하지 않았던 계약서를 근거로 하는 얘기였다. 나는 하루라도 빨리 이 건물에서 나가고 싶었고 더 이상 건물주 얼굴은 쳐다보기도 싫었다.

먼저 법원에 가서 '임차권등기명령신청'을 하였다. 보증금을 받지 않고 이사를 가면 법적으로 나의 권리가 없어진다. 이럴 경우를 대비해서 법적 절차를 미리 해 둔 것이었다. 보증금은 한 푼도 받지 못하고 이사를 가게 되었고 민사소송도 같이 진행하였다. 건물주는 그동안 임차인들과 굉장히 많은 소송을 했다. 자기 말로 소송의 황제라며 한 번도 진적이 없단다. 내가 소송을 하니 어이가 없다는 표정이었다. 소송을 신청하니 건물주에게서 답변서가 날아왔다. A4 용지로 100매 정도 되는 분량이었다. 소송도 처음이었고 생각보다 많은 답변서를 보게 되자 겁도 났다. 요지는 간단했다. 내가 10월까지의 계약기간을 어기고 나갔으므로 보증금은 10월 전까지 줄 수 없다. 또한 7개월 치의 임대료를 감하고 원상복구비 1천만 원을 나에게 청구한다는 것이었다. 답변서를 받자 손이 부들부들 떨렸다. 정신 똑바로 차리지 않으면 당하겠다는 생각이 들었다. 건물 내 다른 세입자들이 나보고 조심하라고 조언을 하기도 했다. '네, 감사합니다. 너무 걱정 안 하셔도 돼요. 저도 다 생각이 있습니다.'하고 대답을 했다.

재판기일이 되어 법원으로 향했다. 서부지법에 들어가는데 건물주의 차량이 보였다. 시간이 급했던지 법원 뒤쪽에 대충 주차를 하고 들어간 것 같다. 다산 콜 센터에 전화를 해서 불법 주차된 차량을 일단 신고하고 법원에 들어갔다. 재판이 시작됐다. 법원에선 원고와 피고 간의 서류 검토가 모두 끝난 상태라 판사가 결론부터 얘기를 했다.

"보증금 왜 안 주세요. 돌려주세요."

"세입자가 9% 오른 월세를 내지 않았습니다."

건물주가 판사에게 대답했다. 그 얘기를 듣고 나도 한마디 했다.

"재개발이 확정돼서 임대료 안 올릴 테니 그냥 있으라고 했잖아요. 4년 동안 있었으니까 이번에는 임대료 안 올린다고 했잖아요. 그래서 임대료는 똑같이 낸 건데요."

난 한 번도 건물주가 임의로 올린 임대료를 낸 적이 없었다. 한 번이라도 낸 적이 있다면 임대료의 상승을 서류상 인정하는 것이기 때문이다. 건물주는 답답해했다. 하지만 어쩔 수 없었을 것이다. 본인이 늘 말하는 증거가 없었으니까. 판사는 원상복구비도 빼라고 했다. 건물주는 받아야 된다고 했다.

"이 건물에 누가 들어오나요. 재개발하면 철거되잖아요. 다음 세입자가 없는 건물에 원상복구는 인정이 안 됩니다."

재판은 승소했다. 기다린 기간에 비해 허무할 정도로 빨리 끝났다. 승소라고 할 수도 없고 내가 받아야 될 돈을 법적으로 받은 것이다. 판결이 난 당일부터 보증금을 돌려주지 않으면 하루에 5만 원씩 이자가 붙는다고 판사가 명시했다. 속이 다 후련했다. 재판이 끝나고 복도에서 건물주를 다시 만났다.

"이봐 법원 앞에 법무사 사무실에서 보증금 받아 가."

건물주가 기분 나쁜 눈으로 얘기했다. 난 최대한 낮은 톤으로 대꾸했다.

"이 양반이 정신 못 차리셨네. 내가 내 돈 받는데 그렇게 설명하면 어딘 줄 알고 찾아가냐고요. 법원 앞에 법무사가 한둘도 아니고. 법무사 못 찾으면 난 그냥 하루 이자 5만 원씩 받을래요. 이만 갑니다."

얘기를 끝내고 가려는데 건물주가 팔을 붙잡았다.

"이봐. 이봐. 정문 나가서 왼쪽으로 가면 맨 끝에 있는 법무사 사무실이니까 그쪽에서 받아 가."

"진즉에 그렇게 얘기해야지. 아직도 그쪽이 건물주인 줄 알아요. 그만가세요. 재판의 황제."

법원 문을 나와 법무사 사무실에 가는 길에 눈에 번쩍 띄는 장면이 연출되어 있었다. 건물주 차량에 주차위반 딱지가 붙어있었다. '난 그냥 불법주차 차량을 신고한 것뿐이야.'라고 살짝 남은 미안함을 자기합리화로 지워버렸다. 5년 동안 갑질에 고통받았던 일들이 5분 만에 일정 부분은 보상을 받은 느낌이다. 내 생애 건물주가 될 수 있을지는 모르겠으나 저렇게는 살지 말아야겠다고 다짐했다. 아니 꼭 건물주가 되어서 저렇게는 살지 말아야겠다.

3장

체대 입시,
합격의 비밀

합격을 많이 시키는 것은 나만의 노력으로는 부족하다. 강사 선생님들과 학생들이 혼연일체가 되어야 한다. 피스톤은 연합 학원이다. 매년 2000 이상의 학생들이 피스톤의 이름으로 시험을 본다. 내가 합격을 시키지 못하거나 지원을 하지 않는 대학이 있을 수도 있다. 피스톤은 전체 합격생들의 자료를 공유함으로써 각 학원의 부족한 부분을 해결할 수 있다. 내가 알지 못하는 대학의 자료를 들여다볼 수가 있다. 가장 중요한 자료는 컷에 가깝게 붙은 학생들의 기록이다. 높은 점수로 합격한 학생의 점수는 합격자 명단을 차지할 수는 있어도 입시자료의 값어치는 떨어진다. 한 학원에서 전국에 있는 모든 대학을 지원할 수도 없고 모든 대학의 합격자를 배출할 수도 없다. 자료와 정보의 공유는 합격률을 높이는 근간이 된다.

공부와 운동

공부 방법과 운동방법은 개개인마다 차이가 있다. 실제 사례를 중심으로 입시를 준비하는 방법에 대해 살펴보고자 한다. 정확한 공부 방법과 운동방법으로 맞춤형 입시가 진행되는 것이 가장 효율적이다. 개인마다 특성이 다르기 때문에 세세하고 면밀한 상담이 필요하다.

도형이는 고대 합격생이다. 3학년이 되는 2월에 학원에 상담을 왔다.

"체대 상담하고 싶은데요."

큰 키는 아니지만 어깨가 떡 벌어지고 건장한 체구였다. 눈썹이 상당히 진해서 뚝심이 있어 보였다. 상담은 가장 기본적인 설명으로 시작한다.

"입시는 수능 실기 내신의 합으로 합격생이 결정된다. 대학들은 입시 결과를 발표하는 곳이 거의 없고 우리는 연합 학원이라 매년 천여

명의 학생들이 각 대학을 시험 보고 그 결과를 공유한다."

"고대를 가고 싶은데요."

"모의고사 성적표 줘봐라."

도형이에게 상담 전화가 왔을 때 성적표를 가지고 방문하라고 미리 얘기를 해줬다. 성적표의 점수와 내신을 프로그램에 입력하면 합격에 필요한 실기점수가 화면에 뜬다. 밖으로 데리고 나가서 실기 테스트를 했다. 고대 종목은 농구, 지그재그런, 높이뛰기, 소프트볼 던지기로 진행된다. 운동장에서 소프트볼 던지기를 마지막으로 모든 측정을 끝냈다. 고대 합격의 관건은 소프트볼이 가장 큰 영향을 미친다. 떡 벌어진 어깨를 가진 도형이는 공을 만점 근처까지 던졌다.

"집에 가서 공부 열심히 하고 6월 모의고사 보고 다시 와라."

"네 지금 운동하면 안 돼요."

대체육관 단체 운동

"고대 말고 다른 학교를 지원한다면 지금부터 운동을 하고 고대만 가겠다면 지금 안 해도 된다."

사실 도형이가 운동신경이 없었거나 가나다군의 세 학교를 준비한 다면 바로 운동을 시작해야 한다. 고대 말고는 원서를 쓰지 않겠다는 학생이고 고대 실기는 무척 강했다. 미리부터 운동을 할 필요가 없는 학생이었다.

도형이는 6월 모의고사 성적표를 들고 다시 찾아왔다. 성적을 프로 그램에 입력하니 지원 가능 점수였다. 실기 테스트를 다시 해봐도 실기 능력이 줄어있지 않았다.

"9월 모의고사 보고 다시 와라."

"운동 또 안 시켜주세요?"

"9월 모의고사 보고 고대 가능 점수가 안 나오면 바로 운동을 하도 록 하자."

도형이는 신이 나서 돌아갔다. 3월 6월 9월 모의고사가 조금씩 향상되 고 있었다. 보통은 점점 떨어지는 경우가 많은 편이다. 9월 모의고사 성 적표를 들고 온 도형이는 수능을 기약하며 이번에도 다시 돌려보냈다.

최종 수능 성적표를 들고 도형이가 왔다. 그동안 걱정이 많았다. 혹 시라도 고대를 지원할 성적이 나오지 않는다면 내가 선택한 방법은 최 악이 되는 것이기 때문이다. 성적이 떨어져서 다른 대학을 지원해야 만 한다면 수능 이후에 운동을 시작해서 갈 수 있는 대학이 많지 않아 서다. 성적 환산 프로그램으로 점수를 계산했다. 예전엔 계산기를 들고 수작업으로 했는데 지금은 프로그램화되어 있어서 간편해졌다. 가채점 점수를 입력하고 내신을 입력했다. 기본이 되는 두 점수를 입력하면 나머지 하나 실기점수가 뜬다. 300점 만점에 288점을 받으면 합격 가능의 점수가 나왔다. 그날부터 바로 두 달간 운동을 실시했다. 내 예감대로 운동신경이 좋았고 실기 기록은 꾸준히 올라갔다.

원서를 쓰는 날이 되니 도형이 어머님에게 연락이 왔다. 고대 한 곳만 원서를 쓰기에는 불안하고 다른 대학도 원서를 썼으면 하는 것이었다. 도형이 아버지가 서울의 모 대학교에 교수로 재직하고 있었다. 그곳에도 원서를 넣고 싶은데 도형이가 말을 듣지 않는다는 것이다. 아버지가 도움이 될 수도 없고 그 대학은 일단 실기가 맞지 않았다. 나도 도형이와 마찬가지로 반대 의견을 말씀드렸다. 더 낮은 학교라 해도 실기에서 잃는 점수가 많아서다. 눈썹쟁이 도형이는 끝내 고대만 썼다. 본인도 집중력이 흐트러지고 싶지 않다는 것이었다. 체대는 서울대도 붙었는데 더 낮은 학교를 떨어지는 학생도 꽤 많다. 연습된 종목이 아니면 실기 점수를 많이 잃을 수 있기 때문이다.

실기 당일 도형이의 몸을 풀어주고 다른 학원 원장들하고 얘기를 나누고 있었다. A 학원 원장이 나에게 물었다.

"얘는 실기 얼마나 해?"

"올 만점 노리고 있어."

아래위로 훑어 보면서 믿기지 않는 표정이었다. 고대는 올 만점이 쉽지 않은 학교이다. 시험장에 들여보내고 나서, 기다리지 않고 학원으로 돌아왔다. 보통 8시에 입실하면 5시 정도에 시험은 끝이 난다. 그런데 6시가 돼도 연락이 없었다. 실격이 있었나? 다친 건가? 오만가지 생각이 다 들기 시작했다. 처음에는 불안하고 그다음엔 화가 났는데 시간이 지날수록 걱정되기 시작했다. 임계점을 넘어가면 마음이 바뀌는 부분이 있는가 보다. 중학교 때 친구 두 명이 가출을 한 적이 있었다. 한 명은 하루 있다가 집에 들어갔다. 아버지한테 정말 실컷 얻어맞았다. 손이 발이 되도록 싹싹 빌었다고 한다. 다른 한 명은 일주일 후에 들어갔다. 어느 시기가 지나니까 집에선 제발 들어만 와라로 바뀌었다. 내 심정이 그런 상태가 됐다. 7시쯤 되니 도형이가 왔다.

"너 어떻게 된 건데 이제 오니?"

아이들은 시험이 끝나면 잘 보던 못 보던 연락을 먼저 한다.

"시험을 하나밖에 안 봐서 끝나고 마음을 정리할 시간이 필요했어요."

얘기를 듣는데 분위기가 묘해진다. 눈썹 진한 애들은 원래 속을 알기 힘든가? 뜸을 들인다.

"전화로 결과를 말씀드리는 건 도리가 아닌 거 같아서요."

"이렇게 늦게 온건 도리냐? 죽을래."

"시험은…"

또 머뭇거린다. 수험생만 아니면 한 대 때리고 싶다.

"예상대로 안됐어요."

"뭘 실수했는데"

"소프트볼이오."

"이런 어떻게 됐는데?"

소프트볼 시험은 다른 종목에 비하면 실격이 많이 나오는 종목이다. 겨울에 시험을 보고 운동장이 고지대에 있어서 차가운 날씨와 바람의 영향이 변수로 작용한다.

"1점 깎였어요. 다른 건 다 만점이에요."

실기 300점 만점에 288점 이상이면 합격선인데 299점을 받아온 것이다. 실기는 전체 1등을 했고 쉽게 합격을 했다. 얘기가 끝나고 결국은 한 대 때렸다. 정말 운이 좋은 경우였다. 누구나 똑같은 방법이 적용되지는 않는다. 재수 삼수하고도 못 가는 학생도 있다. 도형이에게 맞춘 합격 전략이었다.

대현이는 내신이 나쁜 경우였다. 고3이 되고 3월에 상담을 왔다. 모의고사는 국어 영어 평균이 6등급이고 내신은 체육과목을 빼고 전부 가였다. 대현이의 고등학교는 내신을 수우미양가로 분류했었다. 1학기, 2학기 내신에서 체육을 뺀 모든 과목이 가를 받았다. 자기보다 공부 못하는 학생이 아무도 없다는 것이다. 얼굴도 잘생기고 운동도 잘하고 키도 큰데 공부만 못한다. 이럴 때 세상은 공평하다고 말해야 하는 것인가? 모의고사 점수도 나쁘고 내신도 나빴는데 내신이 워낙 나쁘니까 상대적으로 내신만 나빠 보였다.

학교는 인천대, 상명대, 숭실대를 준비했다. 내신이 반영이 안 되거나 실질적으로 차이가 거의 없는 학교 위주로 지원했다. 수능과 실기가 합격에 직접적으로 영향을 미치는 학교를 위주로 편성했다. 첫해에 실기 성적은 대단히 좋았는데 수능 점수가 나빠서 깔끔하게 떨어졌다. 본인도 공부가 부족한 것을 인정하고 후회도 많이 했다. 다음 연도에 재수를 시작했다. 대현이가 잘하는 것이라고는 체육밖에 없었고 체육인의 길을 본인의 운명으로 알고 포기하지 않았다. 재수를 하면서 성적이 오르기는 했다. 정확히는 잘 찍었다는 표현이 맞을 수도 있다. 국어 5등급 영어 6등급을 받아왔다. 1년 공부해서 한 등급이 올랐다. 전혀 영혼이 담기지 않은 목소리로 '고생했다'고 칭찬을 해줬다. 원래 대현이는 칭찬을 먹고 자라는 아이라 한마디 툭 던져준 것이다. 칭찬을 하면 눈에 띄게 열심히 했다. 학교는 작년과 똑같이 지원을 했다. 인천대, 상명대, 숭실대의 순이었다. 합격자 발표가 났을 때 세 학교 전부 예비번호를 받았다. 작년에는 예비도 없었는데 이번에는 예비라도 받았다. 확실히 작년보다는 상황이 나아졌다. 세 학교가 전부 예비 번호를 받아서 초조하기는 했지만 하나 정도는 붙을 것으로 기대를 하고 있었다. 추가 발표할 때마다 숨죽이고 지켜봐야 했다. 1차 예비 발표가 끝나고 순번이 예상보다 앞으로 많이 당겨졌다. 작은 희망이 조금씩 커져갔다. 2차 예비를 발표하고 순번은 조금 더 앞으로 당겨졌다. 마지막 3차 발표쯤이면 하나 정도는 붙을 것 같았다. 예정보다 미리 발표를 하는 대학도 있어서 발표 날짜에 상관없이 매일 확인을 했다. 대현이는 재수생이고 작년보다 열심히 해서 꼭 합격하기를 바랐다.

하지만 마지막 발표가 났을 때 모든 희망이 사라지고 말았다. 인천대 예비 1번, 상명대 예비 2번, 숭실대 예비 1번으로 끝이 났다. 그해 입시에 가장 운이 없는 학생이었다. 대현이도 집에서 확인을 했는지 연락이 왔다. 10년 전의 일이지만 지금도 귓가에 그 말이 맴돌고 잊히지 않는다.

"저 올해도 안 된 건가요?"

뒷말이 끊어지고 울먹울먹하는 것 같았다. 평상시 밝던 아이가 땅으로 꺼져 들어가는 목소리로 얘기했다. 힘없고 작은 목소리인데도 크게 다가왔다. 수화기를 귀에 대고 있었지만 그 목소리는 심장에서 들렸다. 삼수는 더 고민을 해봐야 할 것 같다며 전화를 끊었다. 대현이는 삼수를 했는지 군대를 갔는지 그 후 통 연락이 없었다.

여름이 지나고 찬바람이 간간이 부는 계절이었다. 머리가 굉장히 긴 남학생이 운동을 하고 있었다. 그날 외부 일이 있어서 잠시 자리를 비웠었다. 내가 없어서 운동을 먼저 하고 상담을 나중에 받으려는 학생 같았다. 상담을 하려고 그 학생을 사무실로 불렀다. 달려오는 학생은 대현이었다. 늘 스포츠머리였던 대현이가 머리를 길러서 갈기 머리를 하고 온 것이다.

"마음 단단히 먹었나 보다. 머리도 안 자르고. 보통은 머리를 미는데 넌 거꾸로 길렀네?"

"시간이 없었어요."

며칠 뒤 머리를 자르고 내가 알던 모습의 대현이로 돌아왔다. 세 번째 수능을 다시 봤다. 최근에 본 모의고사 성적이 좋아서 잘 볼 거라 기대를 하고 있었다. 역시 성적은 배신하지 않는다는 진리를 깨달았다. 하는 만큼만 오르는 것이다. 이번에도 한 등급만 또 올랐다. 국어 5등급 영어 5등급, 1년에 한 등급씩은 꼭 오른다.

이번만은 달랐다. 숭실대에 기어이 합격을 했다. 대학 4년을 마치고 ROTC로 임관을 했다. 재학 중에는 4년 내내 학원에서 강사로 학생들을 지도했다.

대현인 '나는 힘들게 대학 갔지만 너희들은 쉽게 가라. 그리고 나 같은 경우도 있으니 절대 포기하지 마라'면서 아이들을 지도했다. 현재는 학원에서 부원장으로 학생들을 지도하고 있다. 견디기 힘든 그 순간도 결과가 좋으면 다 좋은가 보다. 지금은 추억으로 기억되는 일이다.

동근이는 수학만 잘하는 학생이었다. 수학은 2등급이고 나머지 과목은 형편없었다. 본인에게 물어봐도 다른 과목은 자신이 없다고 했다. 내신은 9등급 중에 5등급이었다. 5등급은 체대 지원하는 학생의 평균 내신 정도이다. 입시전략은 수학과 탐구 과목 하나만 집중하기로 했다. 보통은 성적이 약한 학생은 수학을 포기하고 국어 영어에 집중한다. 반대로 동근이는 수학을 포기하면 갈 수 있는 학교가 없고 수학으로 대학을 가야 하는 상황이었다. 국어는 5등급을 목표로 하고 영어를 포기하기로 했다. 수학은 2등급, 탐구는 3등급으로 정했다. 지금 한체대는 수학이 필수지만 동근이가 시험 볼 때는 한체대 전형에 국어가 필수였고, 영어와 수학에서 선택을 할 수 있었으며 탐구 1과목이 필수였다.

입시전략인 국어 5등급, 수학 2등급, 탐구 3등급 정도만 받는다면 전체 지원 총점은 상당히 좋아진다. 한체대와 용인대를 지원하였다. 용인대는 국어, 영어, 수학 중에 1과목 반영이고 탐구 1과목 반영이라 지원점수가 높게 나오게 된다. 본인도 상담 결과에 만족했고 목표가 정해

지면서 공부에 집중도가 높아졌다. 동근인 항상 영어 점수에 스트레스를 받고 있었다. 영어를 포기하면서 본인도 홀가분해졌다. 예상대로만 나온다면 국어 영어를 못해도 대학을 가는데 지장이 없는 성적이다. 달성 가능한 목표는 결과에 도달하기가 훨씬 수월한 법이다. 용인대는 특이하게 장거리 종목이 있는 학교다. 체대 실기 중에 장거리 시험이 있는 학교는 별로 없다. 서울과 수도권에선 용인대와 성균관대만 장거리 시험이 있었다. 추운 겨울에도 땀을 내면서 열심히 뛰었다. 선천적으로 심폐기능이 좋은 동근이에게 유리한 종목이었다. 장거리 종목은 연습하면서 쉽게 만점이 나왔다. 한체대와 용인대만 지원을 하기로 했다. 가군, 나군, 다군에 있는 세 학교를 다 쓸 수 있는 실기와 성적의 조합이 나오지 않아서다. 최종 발표에 두 학교 모두 합격을 했다. 전략을 잘 짜서 공부했고 좋은 결과가 나왔다. 그 많은 체대 중에 지원할 수 있는 곳이 두 곳밖에 없었고 결과가 좋아서 기쁨도 두 배였다. 만약 두 학교의 실기가 맞지 않았다면 지원조차도 어려웠을 것이다. 동근이는 영어를 포기하는 상황이라 지원할 수 있는 학교가 별로 없었지만 실기가 맞았던 운이 좋은 학생이었다.

어떻게 준비 하는가

체육대학은 수능과 실기 내신의 3개 영역을 기본으로 선발한다. 학교별로 세부 방법에서 차이가 나기 시작한다. 내신을 반영하지 않는 학교도 있고 수능의 비중이 높거나 실기의 비중이 높거나 하는 차이가 있다. 지원하는 대학의 입시요강에 맞는 준비 방법이 필요하다.

첫 번째는 수능이다.

서울권 또는 주요 국립대 체육교육과를 목표로 한다면 수능에 비중을 높이는 것이 중요하다. 최근 입시 경향을 봤을 때 학생들의 성적이 점점 높아지고 있는 추세다. 학교별 반영 과목의 평균 3등급 이내의 성적을 유지하는 것이 기본이다. 성적이 낮다면 실기 비중이 40% 이상인 대학들을 찾아 지원하는 것이 바람직하다. 아무래도 수능 비중이 높은 대학은 실기로 합격하기엔 불리할 수밖에 없다.

영어 영역의 절대평가로 수능 영역별 실질반영률의 파악이 중요하다. 특히 올해 입시는 지원 대학에 맞추어 수능을 준비하는 것이 유리하다. 영어 영역의 실질반영률이 감소했다. 이는 상대적으로 다른 영역의 실질반영률을 올리는 풍선효과를 가지고 왔다.

각 대학은 과목별 반영 영역이 서로 다르다. 본인의 수능 성적이 가장 유리하게 반영되는 학교를 선택하는 것이 중요하다. 보다 빠르게 지원 대학을 결정하고 그에 맞게 수능 준비를 하는 것이 합격의 열쇠다. 각 군별 2개 대학씩 총 6개 지원 대학을 미리 결정하여 체계적이고 계획적인 수능 준비를 해야만 한다.

두 번째는 실기다.

수능 성적이 지원 학교를 결정한다면 실기 성적은 지원한 학교의 합

십자달리기 연습

격을 결정한다. 안정적이고 높은 실기 능력은 남들보다 조금 더 빠른 준비로 가능하다. 최근에는 상위권 대학들도 2학년 초부터 준비하는 학생이 늘어나고 있는 추세이다. 과거 상위권 대학을 지원하는 학생들은 실기 능력이 다소 부족한 편이긴 했다. 상위권 대학은 수능의 변별력이 높았기 때문이다. 상위권 대학에 합격하고 중위권 대학을 떨어지는 경우도 많았다. 최근에는 상위권 대학을 지원하는 학생들도 높은 실기 능력을 보인다. 준비 기간이 길수록 실기능력이 올라가는 것은 당연하다. 다만 운동의 투자시간이 늘어나면 자연히 공부시간이 줄어든다. 이런 부분의 변화로 입시학원도 운동하는 횟수가 줄어들고 있다.

세 번째는 내신이다.

정시와 수시의 내신은 다른 양상으로 전개된다. 수시에서는 내신의 비율이 높으며 실질반영 비율 또한 높게 나타난다. 반면 정시에서는 내신이 반영되지 않는 학교들도 있다. 내신 반영 비율은 높지만 실질 반영비율이 낮게 나타나기도 한다. 본인이 지원하고자 하는 대학의 내신 반영 비율과 실질 반영비율을 반드시 확인하여야 한다. 내신 관리를 한다면 유리하게 대학에 지원할 수 있다. 대학을 선택하지 않은 상태라면 5등급 이내로 내신을 유지해야 한다. 그래야 수능 이후 학교를 정하는 데에 불리함이 줄어든다. 반대로 내신이 6등급 이하인 학생도 방법은 있다. 내신을 반영하지 않거나 내신 환산점수의 차이가 수능이나 실기로 대처가 가능한지 확인하여야 한다.

20년 전 체대 입시 초창기에는 주 4회 수업이 주를 이루었다. 10년 전부터는 3회로 줄었고 최근에는 주 2-3회의 수업을 하고 있다. 대학의 입시요강이 수능의 비중을 늘리는 추세로 변하고 있기 때문에 입시학원도 시스템의 변화가 생기게 됐다. 운동을 하는 날은 등원과 하원의 시간까지 포함하면 많은 시간이 할애가 된다. 운동 횟수를 줄이고 운동 시간을 늘리는 방향으로 효율성을 높여가고 있다.

실기의 중점은 기초실기에 최선을 다하되 전공실기가 있는 경우 전공도 소홀히 할 수는 없다. 전공실기를 잘하는 학생은 보다 폭넓은 대학을 선택할 수 있다. 실기에서 남들보다 높은 점수를 받아 부족한 수능 성적을 이겨내고 합격한 사례가 굉장히 많다. 틈틈이 실기에 집중하고 투자하여야 한다. 단, 전공 실기는 점차 없어지고 있는 추세이다.

공부도 잘하고 운동도 잘하면 상위권 대학을 간다. 둘 중에 하나만 잘하면 중위권에서 하위권의 대학을 가게 된다. 운동을 잘하면서 공부까지 잘하는 게 쉽지는 않다. 누군가는 공부도 잘하고 운동까지 잘하기 마련이다. 둘 다 잘하는 학생들은 정말 대단하다. 상담을 하거나 조회, 종례시간에 자주 해 주는 말이 있다.

"누구에게나 주어진 시간은 똑같다."

1년여를 같은 운동시간에 투자하는데 수능을 보면 성적이 상위권부터 하위권까지 다양하다. 운동을 하지 않는 시간에 수능을 준비한 만큼 지원 대학이 결정된다. 그 어려움을 이겨내는 학생이 좋은 대학을 가게 된다. 학생들의 평균운동 기간은 1년에서 1년 6개월 정도이다. 짧게는

수능 이후에 2달만 운동해서 붙는 학생도 있고 재수 삼수를 하는 학생
도 있다.

　수학의 비중이 점차로 올라가고 있다는 점은 유념해야만 한다. 2-3
년 전만 해도 체대 준비생의 절반 이상은 수학을 공부하지 않았다. 흔
한 얘기로 수포자라고도 한다. 수학을 필수로 보는 학교와 선택으로 보
는 학교가 있다. 수학을 필수로 보는 학교가 서울대, 고대, 연대, 중앙
대, 성균관대, 서울시립대인데,　그 이외는 거의 없다. 수학을 선택으로
보는 대학은 국어 영어만 공부해도 전혀 지장이 없었다. 당연히 공부의
방법도 수학을 보는 대학과 수학을 보지 않는 대학으로 구분을 두고
진행되었다. 동국대나 국민대가 목표였던 학생은 수학을 공부해도 전
혀 도움이 되지 않았다. 수학 점수는 반영이 안 되기 때문이다. 최근부
터 경향이 바뀌고 있다. 영어가 절대평가로 되면서 영어 과목에서 변별
력이 없어지기 시작했다. 상대적으로 수학이 필수로 바뀌는 대학도 늘
어나고 있는 추세이다.

　체육대학의 전형방법은 영어가 절대평가로 바뀌면서 많은 변화가
생겼다. 그동안은 약 10년간 입시전형이 변한 부분이 거의 없다고 해도
무방했다.

　서울대, 고대, 연대를 지망하는 학생은 수능의 비중을 높여 입시전략
을 짜는 게 효과적이다. 수능은 평균 2등급 이상이 나와야 한다. 최하로
잡은 점수라 그보다는 더 좋은 점수를 받을수록 유리하다. 운동은 2회

정도나 1회를 하는 것이 바람직하다. 고대는 원래 특기가 없고 연대도 올해부터 특기 종목이 폐지가 돼서 서울대만 특기를 함께 준비하게 된다. 특히 서울대 기초 실기 중 턱걸이는 집에서 연습하는 것이 훨씬 효과적이다. 학원에 와서 3시간 정도 수업을 하면 그중에 턱걸이에 소요되는 시간은 30분 정도가 된다. 실제 턱걸이 종목의 연습시간은 집에서 하는 것이 효율적이다. 인터넷으로 간이 철봉을 구입해서 방문 틀에 설치하고 들락 달락 하면서 턱걸이를 연습하는 것이 가장 쉽게 향상시킬 수 있는 방법이다.

중위권 대학을 지원하는 학생은 운동과 공부의 비중을 반반으로 둔다. 수능 평균 점수 3등급에서 4등급 사이의 학생들이다. 그 정도의 점수가 나오면 지원할 수 있는 학교가 많은 학생들이다. 여기에 해당되는 학생은 수학을 공부할 것인지 포기할 것인지 본인에게 맞춰 결정하는 것이 포인트다. 수학을 공부하면 선택이 폭이 넓어지기는 한다. 다만 수학 성적이 나오지 않는 학생은 다른 과목에 중점을 두는 것이 낫다. 수능에서도 영역별로 가중치를 주는 방법이 틀려서 정확한 점수의 계산이 필요하다. 선택의 폭이 많아 지원 가능한 대학을 가장 신중하게 봐야 되는 성적의 학생들이다.

중하위권 학생은 실기의 비중을 높이는 것이 좋다. 성적으로 본다면 5등급에서 6등급 정도이다. 내신을 안 보는 학교가 반 이상으로 늘어나고 있고 내신을 보더라도 실질 차이가 적게 나고 있다. 내신 부담이 없으면서 실기 변별이 높은 학교를 지원해야 유리하다. 어떤 경우는 아예 내신은 포기하고 실기에만 전념해야 할 수도 있다.

　하위권 학생들은 솔직히 붙일 자신이 없다. 등급으로는 7등급 8등급 정도다. 전문대를 지원하거나 지방의 합격선이 낮은 학교를 써야 한다. 아주 가끔은 5등급이나 4등급의 과목이 하나 있고 나머지 모든 과목은 점수가 나쁜 학생도 있다. 그나마 높게 나온 한 과목의 가중치를 살려서 지원하는 대학이 있기도 하다.

3

자기소개서와 면접

체대에서 자기소개서를 쓰는 학교는 거의 없다. 숙대만 원서 쓸 때 자기소개서와 학업계획서를 같이 제출한다. 자기소개서가 당락에 미치는 영향은 거의 없다.

수능 이후의 일정은 다음과 같다. 11월 중순 수능을 보고 다음날부터 가채점 점수를 가지고 최종학교를 확정한다. 12월 초, 중반에 수능 성적표가 나온다. 성적표가 나오고 점수 변동이 크지 않으면 처음 목표한 대학 그대로 지원을 한다. 가끔씩 점수 차이가 많이 나는 경우엔 급하게 학교를 변경하기도 한다. 가채점과 실제점수가 차이가 날 때는 대부분 낮게 나오고 아주 가끔 본인도 이해가 안 되는 오르는 학생도 있다. 오르는 학생은 미세하게 소폭으로 오르지 눈에 띄게 많이 오른 학생은 없었다. 12월 25일 전후로 원서 접수가 마감되고 12월 말부터 가군 실기시험이 시작된다. 숙대 자소서는 원서접수 시 지정된 날짜까지 제출을 해야 한다. 이때까지 못 낸 학생도 있었는데 1월에 실기 볼 때 학교에서 내라는 연락이 온다. 늦게 내고도 합격을 했던 학생이 있었다. 아마도 점수에는 영향이 없는 것 같다.

체육교육과는 면접을 보는 몇 개의 학교가 있다. 면접에 불참할 경우 불이익이 갈 수 있지만 참여해도 점수 차이를 거의 두지 않는 편이다. 면접관이 물어보는 질문도 상당히 평이한 편이다. 답변이 어려웠던 학생은 별로 없었고 간단한 질문으로 끝나는 학생이 많다. 면접도 점수가 있지만 기본적으로 차이가 없다고 볼 수 있다. 체교과는 교사의 자질과 졸업 후의 장래희망을 물어보기도 한다. 미리 예상문제를 주고 대기시간 동안 준비시킨 후 물어보는 학교도 있다.

면접이 합격에 영향을 미치는 학교는 한체대 특수체육교육과와 한서대 경호비서학과가 있다. 이 두 학교는 면접 점수가 합격에 영향을 미친다. 한체대는 지원동기를 물어보고 졸업 후 계획을 꼭 물어본다. 장애인 올림픽의 종류를 물어보기도 한다. 장애인올림픽인 패럴림픽과 스페셜올림픽은 단골로 물어본다. 대부분 학생들의 지원동기는 답안지가 있는 것처럼 유사하다.

"제가 여기에 지원하게 된 동기는 어려서부터…"하고 시작한다.

면접시간이 중반을 넘어가면 감독관들이 유심히 듣지도 않는 분위기라고 한다. 이때 점수를 받을 수 있는 면접을 준비해 가야 한다. 주변에 있는 장애인 학교의 이름을 외워간다거나 장애인에 관한 책을 써서 그들의 현실을 이해하는 데 도움을 주고 싶다 등과 같은 대답이 어필될 수가 있다. 매년 면접 예상문제를 뽑아서 두 번 정도 면접 연습을 시켜준다. 면접은 연습하면 할수록 실력이 좋아진다.

특히 기억에 남는 면접이 있었다. 생활기록부에 2학년 때 내신이 거의 바닥인 학생이 있었다. 1학년과 3학년은 나쁘지 않았는데 2학년 학생부가 너무 나빴다. 면접관이 이 부분을 물어볼 수도 있어 연습을 시켰다. 그 학생이 2학년 때 내신이 나빴던 건 친구들하고 놀러 다니느라 공부를 하지 않았다고 한다. 3학년 때 다시 마음을 잡았다고 한다.

"너 2학년 내신이 왜 이러니 하고 물어보면 어쩔래?"

"글쎄요. 어쩔까요. 솔직한 게 낫지 않을까요?"

"솔직하게 점수 깎이게?"

"그럼 어쩌죠?"

"할아버지나 할머니 살아계시니?"

"할아버지는 살아계시고 할머니는 돌아가셨는데요."

"2학년 때 너에게 멘토와도 같았던 할머니가 돌아가셔서 방황했었다고 얘기해. 어차피 확인도 안 되는 부분이니까."

"그래도 될까요?"

"할머니가 너의 멘토 아니시니? 맞지? 그대로 가."

실제 면접에서 이 부분이 나왔다. 면접을 보는 교수가 '그런 일이 있었구나. 합격하면 열심히 해라.'고 넘어갔다고 한다.

교원대학교도 면접 점수가 있는 학교이다. 여기는 주로 쉬운 질문을 물어보고 어려운 문항 한 가지 정도를 질문한다. 출신학교, 운동 기간, 수능 점수 등의 간단한 면접을 물어보고 심도 있는 문제 한 가지 정도 물어본다. 사회 이슈를 물어보기도 하고 교직관을 물어보기도 있다. 이번 면접에는 '과거보다 생활수준은 나아지고 있는데 왜 삶의 만족도는 더 떨어지고 있는가?'라는 질문이 있었다. 이 부분에선 학생들마다 답변의 차이가 있을 수 있다. 하지만 최종 합격생의 점수를 확인하면 면접의 영향은 미미한 것으로 나타났다.

한서대 경호학과는 면접 점수가 합격을 결정하기도 한다. 수능과 실기도 보는데 면접 점수도 실기점수만큼의 배점이 있다. 여기도 역시 지원동기를 물어본 후 여러 가지 난이도 있는 질문을 한다. 면접 예상 문제는 학교 홈페이지에 올라와 있다. 머리를 단정히 하고 깔끔한 이미지를 좋아한다. 답변을 할 때는 꾸밈이 없고 모르면 모르겠다는 대답이 점수를 더 잘 받는다. 억지로 만든 대답은 좋아하지 않는다는 게 특징이다.

한체대 특수체육교육과와 한서대 경호비서과 두 학교는 면접이나 자기소개서를 소홀히 하면 안 된다. 두 학교를 제외한 다른 대학의 자기소개서와 면접은 형식에 가깝다.

4

대한민국 체대 현실

체대도 수시와 정시로 나뉜다. 하지만 일반대학들의 수시 비중에 비해 체대는 정시의 비중이 월등히 높다. 수시는 내신과 실기 점수만을 평가한다. 수능에 자신이 없거나 내신이 높은 학생들이 주로 지원을 한다. 실업계 학생들의 지원율이 높은 편이다. 일반고에 비해 실업계 학생들은 내신을 올리기가 수월한 면이 있다. 내신의 유리함을 이용하여 지원하는 학생이 많다. 대학은 각 고등학교의 차등을 두지 않고 내신 등급 그대로 점수를 반영해 준다. 실업계 학생들이 일반고 학생보다 상대적으로 높은 내신으로 실기를 보게 된다. 또한 수시는 인 서울에서 뽑는 학교가 별로 없다. 거의 수도권과 지방에 많다. 서울권이 목표이거나 내신이 나쁜 학생은 정시로 체대를 지원하는 것이 유리하다.

개인적인 생각으로는 체대는 수시보다 정시를 증원했으면 한다. 체대를 지망하는 학생들은 내신이 좋은 학생이 적은 편이며 대부분 정시를 목표로 한다. 무늬만 체대인 학교도 있다. 실기시험을 보지 않는 학교들이다. 비실기 전형이라고 한다. 실기를 준비하지 않는 문과나 이과생들의 지원이 대부분이다. 체대 입시를 통해서 체대를 준비하는 수험생들은 대부분 지원 자체를 하지 않는다. 또한 실기를 보지 않는 비실기 전형의 수시가 늘어날수록 운동을 병행하는 체대 준비생들의 설자리가 점점 줄어들게 된다. 일례로 서울의 숭실대에서 수시로만 입학정원의 대부분을 선발한 적이 있다. 다군에 있는 숭실대는 보통 경쟁률이 30대 1이 넘어가는 학교다. 수능보다 실기의 비율이 높아 운동을 잘하는 학생들 사이에선 선망의 학교이다. 대략 30명 정원에 1000명이 지원하는 학교이다. 물론 높은 경쟁률로 붙기가 쉽지 않다. 하지만 숭실대가 수시로만 입학생을 선발하던 때에는 많은 학생들이 다군을 포기하기도 했다.

정시는 수시보다 복잡하다. 내신과 실기에 수능 점수가 더해진다. 개인의 총점을 정확히 계산하고 작년도 커트라인을 확보하는 것이 관건이다. 이를 바탕으로 올해의 예상 컷을 정확하게 예측하는 것이 합격을 결정한다. 정시에서 내신은 점점 그 비중이 줄어들고 있는 추세다. 결국 수능과 실기가 합격에 미치는 영향이 커지고 있다.

수능은 국어 수학 영어와 탐구 과목이 적용된다. 국어는 거의 모든 대학에서 적용되는 과목이다. 합격에 가장 많은 영향을 미치는 과목이라 할 수 있다. 수학은 필수이거나 선택으로 보는 대학이 반 정도 된다.

지원 대학의 폭을 넓히고자 할 때 고민해 봐야 한다. 수학을 준비할 것인지 과감하게 포기하고 다른 과목에 집중할지 현명한 선택이 필요하다. 탐구는 대부분의 대학에서 반영되는 과목이다. 국어, 영어, 수학보다는 기초가 필요하지 않다. 대체적으로 여름방학부터 집중적으로 공부하는 학생들도 많다. 하지만 탐구 과목이 쉽게 점수가 오를 것이라고 간과해서는 안 된다. 기초과목 공부 후에 뒤로 미뤄서 공부할 때는 그 시기의 조절이 중요하다. 생각보다 성적이 안 오르는 학생들도 많기 때문이다.

영어는 절대평가로 바뀌어서 중하위권 학생들에게 유리하게 된 경우이다. 60점을 넘으면 4등급을 부여받는다. 절대평가가 되면서 중하위권 학생들이 조금만 공부해도 4등급이나 5등급을 받기가 수월해졌다. 절대평가로 바뀌기 전에 영어는 4등급 미만의 학생이 많았다. 절대평가의 입시에선 4등급 이상을 목표로 잡고 공부를 해야 한다. 물론 상위권 대학을 지원하는 학생들도 2등급 이상의 점수를 받기가 쉬워졌다. 등급 간의 차이도 줄어들면서 실질 점수의 차이가 확연히 줄어들었다.

절대평가라 시험 운이 작용하는 부분도 있다. 89점, 79점, 69점등 9점대의 점수를 받으면 1점 차이로 등급이 바뀌게 된다. 이럴 때는 실제 지원점수에서는 1점 이상의 손해를 보게 되는 것이다. 입시는 소수점 차이로 합격과 불합격이 결정되기도 하므로 운이 나쁘다고 할 수 있다.

실기에 대해서 살펴보고자 한다. 실기는 크게 기초실기, 선택 실기,

기능 실기로 나뉜다. 기초실기는 예전의 체력장 시험 종목들의 다양한 측정이라 할 수 있다. 제자리 멀리뛰기, 윗몸일으키기, 유연성, 서전트, 핸드볼 공 던지기, 배근력, 왕복달리기 등의 종목들이 있다. 배점표는 대부분 공개가 되어 부정입학의 소지는 없다.

선택 실기는 특기 종목인 경우다. 서울대, 연대, 이대, 수원대, 숙대, 중앙대 등이 시험을 봤다. 현재는 일부 학교만 시험을 보고 없어지고 있는 추세이다. 축구, 농구, 배구, 체조, 수영, 배드민턴 등 측정 종목들도 다양하다. 단, 특기는 점수 공개를 하지 않는다. 일부 공개를 한다고 해도 주관적인 평가가 진행된다. 운동기능과 자세의 채점이 이루어진다. 비공개로 채점이 이루어져서 오해의 소지가 있기도 하다. 기초 실기는 기록을 재고 불러주는 사람이 있고, 기록하는 사람이 따로 있다. 또한 감독관도 있다. 여러 절차로 진행되어 기록이 바뀌는 일은 없다. 특기 종목도 객관적인 점수가 일부 있기는 하다. 하지만 주관적 관점으로 특기 종목의 측정을 한다. 완벽하게 점수 채점이 될 수 있을까라는 합리적인 의심이 드는 것은 어쩔 수 없는 부분이다. 어쩌면 내가 지도한 학생은 '이 정도면 괜찮은데.'라는 필자의 주관이 들어가는 점도 인지상정일 수 있다.

기능 실기는 높이뛰기, 체조, 농구 등의 자세와 운동기능의 평가로 이루어진다. 역시나 주관적인 평가로 이루어진다. 건대와 중앙대의 측정 방법이며 중앙대는 비실기 전형으로 입시제도가 바뀌었다. 선택실기와 기능 실기는 학교에서 요구하는 중요한 포인트에 맞춰서 운동을 해야 한다. 각 대학마다 중점으로 두는 요소들이 있기 마련이다. 그 부

분에 맞춰 실기를 지도하지만 점수가 비공개라 합격자 발표 날까지 초
조함을 떨쳐버리기 힘들다.

　무늬만 체대인 학교도 있다. 대표적인 학교가 한양대이다. 스포츠산
업학과와 체육학과 두 과가 있다. 스포츠산업의 경우는 실기가 Pass/
Fail로 평가된다. 만점이거나 탈락이거나 둘 중의 하나다. 실기의 난이
도가 쉬운 편이다. 하루만 운동하고도 Pass의 기록을 받는 학생이 있을
정도이다. 체대를 갈 생각이 없었던 학생들이 주로 선택하는 학교다.
한양대를 지원하는 학생들은 정해져 있다. 일반과의 수능 점수가 부족
하면 체대의 문을 두드리는 학생들이 생긴다. 그중에 운동 실기가 떨어
지는 학생들이 한양대를 지원한다. 학생들과 사회가 생각하는 학교의
레벨이 있다. 서연고서성한중경외시라고도 한다. 그 가운데 한 학교를
가고 싶은데 성적이 부족하면 노리는 학교가 한양대인 것이다. 체대 입
시 운동을 하지 않은 학생들은 대부분 임용고사를 준비하지 않는다. 한
양대의 임용고사 준비생은 줄어들고 있고 과의 특성상 체교과가 아닌
점도 영향을 미친다.
　무늬만 체대인 학교가 한군데 더 늘었다. 중앙대학교 체육교육과이
다. 올해 입시부터 실기 시험을 보지 않는다. 체대를 준비하는 대다수
학생들이 이미 중앙대는 지원을 포기한 상태이다. 중앙대가 뽑는 인원
은 20명 내외로 적은 인원일 수도 있다. 하지만 실기를 보지 않는다는
것은 굉장한 파급효과를 일으킨다.

풍선효과란 것이 있다. 풍선의 한쪽을 누르면 다른 쪽이 불룩 튀어나오는 것처럼 어떤 부분의 문제가 다른 부분에 영향을 주는 것이다. 사회적으로 문제가 되는 특정 사안을 규제 등의 조치를 통해 억압하거나 금지하면 규제 조치가 통하지 않는 또 다른 경로로 우회하여 유사한 문제를 일으키는 사회적 현상을 의미한다.

풍선효과의 사례로는 성매매 문제 해결을 위해 대대적인 단속을 하자 주택가로 옮겨가 은밀한 성매매가 이루어진 일, 가짜석유의 주원료인 용제의 불법 유통 차단을 위해 단속에 나서자 가짜 휘발유 거래는 줄었지만 정량 미달 판매와 등유를 혼합해 만든 가짜 경유의 판매가 늘어난 일, 금융당국의 가계대출 규제로 인해 은행권이 가계대출을 줄이자 서민들이 고금리를 떠안으면서도 제2금융권으로 몰려 대출을 받는 일 등을 꼽을 수 있다.

중앙대는 가군에 속해 있는 학교다. 상위권의 학생들은 나군에서 건국대나 고려대 경희대 연세대 등을 지원한다. 이 학생들은 그동안 가군에서 중앙대의 교차지원을 많이 했다. 중앙대가 비실기 전형이 되면 수능 점수가 높아지는 것은 명약관화다. 일반과 정도의 높은 점수가 나올 것이다. 결과적으로 중앙대를 지원하려던 학생들은 가군에서 다른 학교를 선택해야만 한다. 서울시립대, 국민대, 한체대, 동국대로 방향을 선회할 것이다. 자연히 중앙대 외의 다른 학교들의 합격선은 높아지게 될 것이다. 중앙대에서 시작된 하향화 지원이 다른 학교에도 영향을 미치는 결과가 발생할 수 있다. 체대 입시도 이런 풍선효과가 매년 발생했고 실기의 변별이 없어지는 추세가 계속된다면 더욱더 커질 수도 있는 것이다.

비근한 예로 한국외대 국제스포츠레저학부가 있다. 체육관련 학과의 특성을 가지고 있지만 실기시험은 없다. 용인캠퍼스지만 수능 점수가 높은 편이다. 이렇듯 중앙대학교 체육교육과의 비실기 전형의 파급효과는 클 것으로 예상된다.

5

신의 한수, 눈치작전

원서접수 기간이 되면 입시가 시작됐다는 것을 피부로 느끼게 된다. 이때는 학생이나 학원 모두 초긴장 상태다. 원서접수만 잘 해도 쉽게 합격하는 학생들이 생긴다. 마지막까지 고민하다가 최종 경쟁률이 낮은 대학을 지원하면 합격이 조금은 수월해진다. 수험생이 많은 해에는 원서접수 때가 되면 정신이 하나도 없다. 예를 들어 학원생이 백 명이고 가군, 나군, 다군을 모두 지원한다고 하면 300개의 원서를 접수해야 한다. 미리 접수시키기도 하고 마지막 날 접수하기도 하면서 구분을 두어야 한다.

예전에는 학원 인근의 PC방에서 원서접수를 했다. 혹시 실수라도 할까 봐 강사 선생님도 따라가서 도와주는 방식으로 했었다. 지금은 학원 내에서 접수하는 방법으로 바꿨다.

원서접수 날에는 10시까지 학원에 집합을 한다. 이날은 원서접수와 각 대학별 모의테스트를 같이 병행한다. 소정의 테스트 비용도 받는다. 이 금액은 실기 테스트와 원서접수가 끝나고 학생들의 회식비로 쓰인다. 원서를 접수하면서 생긴 긴장을 풀고 시즌 운동으로 지친 몸과 마음을 위로하기 위해서다. 학원 내 원서 접수를 위해선 미리부터 준비를 해 둬야 한다. 학생 가운데 노트북을 제출할 사람을 모집한다. 학원 컴퓨터와 노트북까지 총 10대의 PC를 준비한다. 노트북을 제출하는 학생은 실기테스트 비용을 면제해 준다. 원서접수 전날에 학생들을 모아놓고 노트북을 모집한다.

"노트북 있는 사람 손들어."

손을 드는 학생은 별로 없다.

"노트북 제출하면 실기 테스트 비용을 면제 받는다."

큰 금액도 아닌데 갑자기 웅성웅성 해진다. 없던 노트북이 생기기 시작한다. '아빠 것 갖고 와도 돼요?' '형 것 얘기해서 가져올게요.' 모두 능력자가 된다. 노트북을 구하는 일은 생각보다 쉽다.

원서접수 당일 총 10대의 컴퓨터를 가지런히 펼쳐둔다. 원서접수가 시작된 것이다. 대학들은 보통 9시 11시 1시 3시까지만 실시간 경쟁률을 제공한다. 더 늦은 시간까지 경쟁률을 보여주는 학교도 있지만 소수이다. 예전에 대량의 미접수 사태가 발생한 이후로는 최종 경쟁률은 3시까지만 제공하는 학교가 많아졌다.

꽤 오래전의 일이었다. 늘 하던 방식대로 최종 경쟁률을 확인하고

PC방에 보내서 접수를 시켰었다. 10분정도 지났을까. 아이들이 다급한 목소리로 전화를 하기 시작했다. 서버의 접속이 안 된다는 것이다. 일부는 접속은 됐지만 다음 단계의 진행이 안 됐다. 6시 접수 마감 시간이 다가오는데 접속은 계속 불가능했다. 최종 경쟁률을 확인한 학생들의 대량 접속으로 과부하가 걸린 것이다. 결국 접수를 못한 학생들이 속출했다. 비단 우리 학원만의 일이 아니었다. 전체 수험생들이 대량의 미접수 사태가 발생했다. 접수는 마감이 됐고 당국의 발표가 있기까지 초조하게 기다렸다. 접수를 못한 학생 대부분은 눈치작전의 영향이었다.

"선생님 어떡하죠? 시험을 못 보는 건가요?"

"뭔가 발표가 있지 않을까? 너희들이 접수는 늦게 했지만 마감 시간 이후에 한 것도 아니니까 잘못은 아니지."

초조하고 불안한 가운데 당국의 공식 발표가 났다. 발표 내용은 원서 접수 기간의 연장이었다. 미리 접수를 끝낸 학생과 경쟁률을 보고 접수하는 학생과의 형평성 문제가 불거지기도 했다. 말도 많고 탈도 많았던 해였다. 그 일이 있고 난 후 대부분의 대학은 실시간 경쟁률을 3시까지만 발표한다. 당국에서도 서버를 증원해서 미접수 사태는 발생되지 않고 있다.

원서접수 하는 날에는 두 가지 파트로 일정이 진행된다. 하나는 실기 모의 측정이고 다른 하나는 원서접수이다. 측정은 거의 하루 종일 이루어진다. 그 사이사이에 원서접수를 한다. 모든 학생은 대기하다가 자신의 학교가 호명되면 나와서 측정을 실시한다. 정적만이 흐르고 전체 학생이 지켜보는 가운데 실기 테스트를 진행한다. 실기와 관련된 질문 말고는 한마디도 해서는 안 된다. 최대한 대학교 시험장의 분위기와 똑같은 긴장감을 조성한다. 긴장된 상황에서의 기록이 본인의 기록이 된다.

테스트하면서 '한 번만 더 하면 안 돼요.' 부탁을 하는 학생도 있다. 주어진 기회 말고는 실격으로 처리를 한다. 여러 번의 측정으로 만들어진 기록은 믿을 수 없다. 아침부터 시작된 테스트는 중간에 점심시간을 갖고 원서접수 마감 즈음에 끝이 난다. 측정이 진행되는 동안에 본인들의 기록을 게시판에 적어준다. 학교별 배점표에 맞춰서 점수의 채점도 한다. 끝이 나면 오늘 테스트했던 기록으로 합격 불합격 여부를 알려준다. 측정과 원서접수가 모두 끝나면 학생과 선생님은 모두 녹초가 된다. 하지만 이런 측정은 실제 시험장에 가서 큰 도움을 준다.

한국체육대학교와 경기대학교는 체육계열과가 여러 개가 있다. 실기종목은 모든 과에서 방법이 동일하다. 실기가 같기 때문에 마지막까지 눈치작전이 이루어지는 학교다. 수능 성적이 약한 학생들은 경쟁률이 약한 과로 지원하려는 경향이 강하다.

중간 쉬는 시간에 한체대를 지원하는 학생들이 왔다.

"1시 경쟁률을 보니까 전체과가 비슷비슷한데요."

근심 어린 목소리로 얘기했다.

"3시 경쟁률까지 보고 결정하자."

1시까지의 경쟁률은 차이가 조금은 보였다. 총 6명이 지원할 예정이고 2명은 합격 가능성이 높은 학생이다. 나머지 4명은 점수가 약해서 신중을 기해야 했다. 3시 마지막 경쟁률이 발표됐다. 이번 경쟁률을 확인하고 5시까지 접수를 해야만 한다. 모든 과가 골고루 지원자가 몰렸다. 올해 합격선이 가장 낮을 것 같은 과를 골라야만 한다. 학생들은 내 눈만 쳐다보고 있었다.

"어느 과로 접수할까요?"

4명 중에 한 학생이 얘기했다.

"원서접수 첫날 제일 낮았던 과가 어디냐?"

"XX과인데요."

"그럼 거기로 접수해라.

"거기가 지금은 다른 과보다 높은데요."

올해 처음 체대로 진로를 바꾼 재수생이 대답을 했다.

"다른 과들은 첫날부터 정원을 넘겼고 첫날 접수한 애들은 거의 점수가 높을 거야. 자신이 있으니까 일찍 접수했겠지."

4명의 학생은 같은 과에 접수를 하고 2명은 소신껏 접수를 하였다. 최종 합격자 발표가 나고 과별로 합격점수를 확인했다. 역시나 첫날 경쟁률이 낮았던 과가 커트라인이 가장 낮았다. 타과에 비교해 확연히 차이가 났다. 눈치작전으로 합격한 학생들이 외쳤다.

"원장님, 신의 한 수입니다."라고 굉장히 기뻐했다.

"너네는 굵은 동아줄 잡았다. 축하한다."

4명의 학생은 그 학교 말고는 합격한 곳이 한곳도 없었다. 그 해의 입시는 그 장면이 가장 기억에 남는다. 실력이 떨어지는 학생 몇 명이 대학을 합격한 것이었다. 매해 같을 수는 없지만 집중해서 살펴보면 촉이 올 때가 있기도 하다. 의외로 쉽게 합격하는 학생들이 생길 수도 있다.

학생들의 원서는 같은 시간대에 접수를 시킨다. 대다수 대학들은 접수한 순서대로 시험을 본다. 학생들에게 접수 시간을 지정해 주고 함께 접수하게끔 한다. 그래야만 같은 시간대에 시험을 본다. 미리 접수하는 대학은 밤 10시로 시간을 지정해주고 집에서 접수를 시킨다. 비슷한 시간에 접수가 되면 실기도 같은 조에 앞뒤 번호로 보게 될 확률이 높다.

그런데 설명을 아무리 해도 요즘 애들은 사오정이 가끔씩 있다. 자기 듣고 싶은 것만 듣는 아이들도 있다. 혼자 임의로 접수하고 '몰랐어요'라고 대답을 한다. 이런 학생은 운이 나쁘면 다른 학생들하고 시험 날짜가 다르게 잡히기도 한다.

원서접수 후 일정 기간이 지나면 실기 날짜와 시간이 발표된다. 모든 수험생이 같은 시간대 시험을 볼 수도 있고 오전반 오후 반으로 나뉠 때도 있다. 이때 혼자 접수한 학생의 시험 시간대가 다르면 곤란한 상황이 발생한다. 학원에서는 시험을 보는 날 학생들을 인솔해서 시험장에 입실시키고 끝나면 다시 데리고 온다. 조가 나뉜 학생은 혼자서 시험장으로 가야 한다. 일일이 챙겨주고야 싶지만 실기시험 때는 다수의 학생들 위주로 스케줄을 편성해야 되기 때문이다. 또한 실기시험을 볼 때는 시간은 무조건 엄수해야 한다. 약속시간에 늦는 한 사람을 기다리다가 전체에 피해가 갈 수도 있다.

천안 지역에 시험을 보러 갔을 때의 일이다. 전날 출발하기도 하는데 이날은 당일에 출발을 했다. 새벽 6시에 학원에서 출발하기로 했다. 약속시간 전에 모두 왔는데 한 명이 보이지 않았다. 하필 강사 선생님이 지각을 했다. 6시에 전화가 왔다.

"원장님 10분 정도 늦을 것 같은데요."

"어, 학원에 와서 지키고 있어."

"아뇨, 최대한 빨리 뛰어갈게요."

"아니야, 사무실 지키고 있어."

전화를 끊고 수험생들과 출발을 했다. 골목을 지나서 큰길로 들어섰을 때였다. 지하철 입구에서 강사 선생님이 뛰어오고 있었다. 학원 차를 발견하고는 손을 흔들고 있었다. 학생들도 '쌤, 저기에 있는데요.'하고 얘기를 했다. 강사 선생님에게 다가가다가 그냥 외면하고 지나쳤다. 차가 자신을 지나쳐가자 손을 흔들던 강사는 표정이 바뀌었다. 하지만 흔들던 손은 계속 흔들고 있었다. 차가 보이지 않을 때까지…

처음엔 세워달라고 흔드는 손이었는데 나중에는 조심히 다녀오라는 배웅이었다. 학원에는 원장 선생님이 강사를 버리고 갔다는 소문이 파다했다. 그 후로는 약속 시간을 1분이라도 늦는 학생은 아무도 없었다. 그날 새벽에 늦은 강사는 학원 청소하고 정리정돈하고 내가 학원에 도착하는 저녁까지 좌불안석이었다.

원서 접수하는 날 연락이 두절된 학생도 있었다. 이런 경우는 처음이었다. 부모님에게 연락을 해도 학생을 찾을 방법이 없었다. 속이 타 들어갔고 결국은 접수를 못했다. 다음날 태연하게 학원을 나온 학생에게 물어보았다.

"어제 왜 안 왔니?"

"어제는 몸이 아파서 쉬고요. 오늘까지 원서 접수하는 줄 알았어요."

화도 나지 않았다. 화를 내도 바뀌는 건 없어서다. 학교별로 접수 마감 날짜가 틀리긴 하다.

"다른 애들은 다 알고 있는데 왜 너만 모르니?"

"그러게요. 착각을 했네요."

"너 집에서 뭐 했니?"

"몸이 아파서 그냥 잤는데요. 부모님도 출근하셔서 혼자 있어서요."

확인도 안 되는 부분이고 이미 끝난 일이다. 제대로 전달을 못한 학원의 책임이 크다. 아이들이 많다 보면 생각지 못한 일이 발생하기도 한다. 1000여 명이 넘는 학생 중에 원서접수를 놓친 학생은 이번이 처음이고 그 후로도 없는 일이었다. 중요사항은 모든 학생에게 전달하고 몇 번에 걸쳐 확인을 한다. 처음 듣는 소리라는 학생이 있는 게 신기하다.

'아이들은 듣고 싶은 것만 듣는다.'

6

작은 차이가 합격을

실기 시험은 모두가 동등한 조건으로 시험을 본다. 주어진 기회나 평가의 방법은 똑같다. 때로는 미세한 차이가 합격과 불합격을 결정짓기도 한다. 경험이기도 하고 노하우라고 할 수도 있다. 그 부분을 면밀히 살펴서 좋은 기록을 내고 합격까지 이어진 사례들도 있다.

군화 신고 시험 보기

지금은 폐지됐지만 건국대학교 실기종목에 축구공 멀리 차기가 있었다. 시험방법은 간단하다. 2M 정도의 원 안에서 축구공을 차는 것이다. 날아간 공이 최초 지면에 닿은 곳까지의 거리를 측정한다. 멀리 날아간 거리만큼 점수를 받는다. 전면으로 킥을 하고 좌우로는 파울 라인이 있다. 공을 차는 신발은 제한이 없었다. 배구화를 신고 차는 학생도 있고 대부분은 축구화를 신고 차게 된다. 체대 입시를 준비하는 학생들은 거의 배구화를 신고 운동을 한다. 특정 메이커의 배구화는 체대 입시 전용 전문 운동화가 됐다. 가볍기도 하고 바닥이 생고무라서 마찰력이 좋다. 시험 볼 때 미끄러짐이 적다. 늘 신고 운동하던 신발이 배구화라서 그대로 신고 축구를 시험 보는 학생도 있긴 하다. 유난히 축구 킥을 못하는 학생이 있었다. 연습을 아무리 시켜도 거리가 늘지를 않았다. 축구 킥은 40M 이상을 차야만 좋은 점수를 받을 수 있다. 축구 실기 시험은 1월에 있다. 겨울에서도 가장 추울 때이며 운동장에서 실시한다. 발이 시릴 정도로 추운 날씨에는 좌우 파울라인 밖으로 차서 실격당하는 학생들도 부지기수다. 그 당시 건대를 준비하던 학생은 시험 일주일 전까지도 기록이 좋지 않았다. 따로 불러서 얘기했다.

"그리 연습해도 안 되니?"

좌전굴 테스트

"네 저는 축구 쪽에는 아무래도 소질이 없나 봐요."

"소질은 무슨 소질이 필요해. 축구 드리블도 아니고 시합도 아닌데. 앞으로 뻥 차기만 하면 되는데."

"근데 그게 안 되네요."

"신발 사이즈가 몇이냐?"

"사이즈는 왜요?"

"그냥 얘기나 해봐. 기록 올라가게 해줄게."

이럴 때 쓰는 방법이 있었다. 그건 바로 전투화의 착용이다. 일명 군화라고도 한다. 군인들이 신는 전투화를 신고 축구공을 차는 것이다. 입시요강에는 신발에 대한 규정이 없어서다. 다음날 전투화를 신고 축구 킥을 찼다.

"우와, 기록이 훨씬 잘 나오는데요."

"그게 신발이 무겁고 딱딱해서 축구공이 멀리 날아갈 거야. 다만 좌우로 파울만 안 되도록 조심하고."

실기 시험 날 전투화를 신고 시험을 치렀다. 주변에서 '저게 뭐야. 저런 것도 되나.' 이런 소리가 들렸지만 개의치 않았다. 발상의 전환을 하면 시험에 도움을 주는 방법들이 보인다.

바람에 눈 비비기

운동장에서 시험을 보는 종목들이 몇 개 있다. 100M 달리기, 장거리 달리기, 핸드볼 공 던지기, 소트트 볼 던지기 등이 있다. 야외 종목은 날씨에 영향을 많이 받는다. 특히 던지기 종목은 바람에 의해 기록이 좌우되기도 한다. 맞바람이 심하게 불 때 공을 던지면 기록이 확연히 줄어든다. 날아가는 공이 다시 수험생한테 돌아오는 느낌이 들 정도다. 이럴 때 수험생들은 바람이 멎기를 기다렸다 던지는데 진행요원들은 빨리 던지라고 다그친다. 잠시의 시간만 주고 계속 기다려주지는 않는다. 맞바람이 심하게 불 때 쓰는 방법이다. 프로야구 선수들을 보고 착안한 방법이고 시험 전날에 주지시켜 준다.

"던지기 할 때 맞바람 심하게 불면 눈을 비비고 있어라."

"예? 어떻게요?"

"눈에 이물질 들어간 척 계속 비비고 있어. 바람 멈출 때까지."

"던지라고 하면 어쩌죠?"

"그냥 바람 불어서 기다리는 것보다 훨씬 더 시간을 끌 수 있어. 바람이 멈출 때까지 버티는 건 각자의 요령이다."

실제 시험장에서 이 방법은 효과가 좋다. 시간이 어느 정도 지체가 되고 있어도 재촉이 덜하다. 시험을 보고 온 수험생들은 도움이 됐다고 만족해한다. 한 번씩은 써 봐도 좋은 방법이다.

원서 늦게 내기

원서를 늦게 내야만 유리한 학교들이 있다. 정확한 얘기는 불리하지 않다고 해야 맞을 듯하다. 체육대학들은 그해 입시를 위해 기자재를 새로 구비한다. 시험에 관련된 공들도 새로 구비한다. 모 대학교는 농구 시험이 있다. 농구 드리블 후 레이업 슛을 하고 골밑 슛까지 끝내고 종료 지점까지의 시간을 측정한다. 이 학교는 농구공도 새로 구비하지만 농구대의 그물도 새로 갈아 끼운다. 문제는 여기서 발생이 된다. 그물이 새것이고 길이도 긴 편이다. 그물이 늘어나 있지 않아서 농구공이 그물과 마찰이 심하다. 이 학교는 원서접수를 무조건 늦게 시킨다. 지원자들을 따로 불러서 한 번 더 설명을 해준다.

"모 대학교는 무조건 원서를 늦게 써라. 접수 순서대로 시험 본다."

"왜요. 불안한데요."

"농구 시험 볼 때 그물이 새 그물이라 공이 늦게 내려온다."

"늦게 내면 유리한가요?"

"이틀간 시험 보는데 늦게 내면 둘째 날 시험을 보고 농구대 그물이 많이 늘어나서 수월하다."

앞 번호의 수험생 가운데는 농구공이 그물 중간에 걸려서 대롱대롱 매달려 있을 때도 있다. 점프를 해서 공을 쳐내야 한다. 100분의 1초를 다투는 시험에서 그 정도의 시간이 흐른다는 것은 치명적이다. 가능하면 늦게 접수해서 불리함을 없애야 한다. 동등한 조건에서 보는 시험이라도 미세한 유불리가 존재한다.

오후 시험 보기

실기 시험을 보는 시간대는 크게 두 가지다. 첫째, 오전에 전체 학생들이 함께 입실해서 시험 보고 다 같이 끝나는 것이다. 효율성은 떨어지지만 가장 평등한 방법이다. 파울의 기준을 공평하게 적용하기가 쉽다. 단, 많은 인원이 시험을 보기 때문에 시간이 길어지는 단점은 있다.

둘째, 조를 나누어서 시험을 보기도 한다. 오전 반과 오후 반을 나누기도 하고 이틀 동안 시험을 보기도 한다. 시험은 오후에 보는 것이 대체적으로 유리하다. 오전 시험의 입실 시간은 8시나 9시이다. 시험을 보기 위해 새벽 6시에 정도에 일어나서 준비를 해야 한다. 일찍 일어나려면 일찍 자야 된다. 문제는 일찍 잠자리에 드는 학생이 거의 없다는 것이다. 일찍 잠이 들어도 아침 일찍 일어나는 일은 피곤할 수밖에 없다. 수능이 끝난 학생들은 12시 전에 잠을 자는 경우가 거의 없다. 게임이나 인터넷을 하고 늦게 자는 학생이 대부분이다. 그 습관을 단번에 고치기가 쉽지는 않다. 시험을 보려고 아침에 아이들을 만나면 대부분 피곤해 한다. 오후 시험을 보면 잠도 푹 자고 여유로운 점이 많다.

오후에 시험을 보려면 원서접수 창을 계속 확인해야 하다. 경쟁률과 현재 접수 인원을 파악해야 한다. 오전 시험을 볼 정도의 인원이 접수한 것 같다고 생각되면 그때 원서접수를 한다. 이때 주의할 점이 있다. 무조건 늦게 원서접수를 한다고 오후 시험이 되는 건 아니다. 원서접수 후 일정 기간이 지나면 실기 날짜가 발표가 된다. 학생들에게 실기 일정을 확인하고 있을 때였다.

"실기일 다들 파악하고 왔지? 다들 오후로 확정됐지?"

"네. 그런데 문제가 생겼어요."

"무슨 문제?"

"저희 전부다 오후인데 한 명만 오전이에요."

가끔 예상하지 않은 일이 일어나기도 한다. 그 해는 지원하는 수험생이 많아 경쟁률이 높았다. 실기를 이틀간 보게 된 것이다. 모든 학생이 오후 시험으로 결정되었다. 단, 클릭을 맨 마지막에 한 학생 한 명이 그 다음날 오전으로 결정됐다. 아무리 신경을 쓰고 조절한다고 해도 입시에 변수는 늘 있기 마련이다. 오후 시험의 또 다른 이점은 파울의 기준이 느슨해진다는 것이다. 시험 감독관이나 진행요원들은 수험생보다 더 이른 새벽부터 시험 준비를 한다. 오전 시험이 끝나면 점심시간을 갖고 오후 시험을 준비한다. 오후가 되면 체력적, 정신적으로 지치기 마련이다. 오전과 비교한다면 시험이 쉬워질 수도 있다. 오전에는 까다롭던 파울 규정이 오후에는 느슨해질 수도 있어서다. 대다수의 학교는 오전과 오후 시험의 파울 규정을 일정하게 유지하려고 노력을 하지만 미세한 차이가 있다.

1차 통과

1차 컷을 따로 실시하는 학교가 있다. 이런 학교는 수능 점수로 1차를 통과해야 실기를 볼 수 있다. 정원의 3배수나 4배수, 6배수를 수능 점수로 선발한다. 1차 컷을 통과하지 못하면 실기도 못 보고 불합격 처리가 된다. 점수가 여유 있는 학생들은 상관이 없지만 낮은 점수일 때는 써야 할지 말아야 할지 갈등이 된다. 실기 기능이 뛰어나고 1차만 통과하면 합격 가능성이 있는 학생이라면 도움이 되는 방법이 있다. 예를 들어, 가군에 있는 국민대학교는 1차에서 4배수를 뽑는다. 만일 20명 정원에 3시 현재 70명이 지원을 했다고 치자. 현재까지는 10명의 여유가 있는 셈이다. 5시에 원서는 마감된다. 3시가 마지막으로 보여주는 경쟁률이다. 최종 인원은 마감이 끝나고 나온다. 마감 전에 학생들이 많이 몰릴 경우 1차 탈락의 여지가 있다. 이때 확인을 할 수 있는 방법이 있다. 재현이라고 실기 능력은 매우 뛰어난 학생이 있었다.

"선생님 어쩌죠? 지금은 4배수는 안 넘는데요."

재현이는 국민대를 지원하고 싶은데 수능 점수가 낮은 편이었다. 1차에 떨어질 확률이 높았다.

"다은이 오라고 해."

잠시 후 다은이가 왔다. 다은이는 가군을 쓰지 않는 학생이다. 가군, 나군, 다군의 3개의 대학을 시험 보는 학생도 있고 다은이처럼 1개만 쓰는 학생도 있다.

"다은아, 4시 50분에 국민대학교 원서 좀 내라."

"네! 저는 그 학교 써도 1차에 떨어지는데요. 그리고 1차를 붙는다 해도 실기를 못해서 어차피 안 될 건데요."

"그건 걱정하지 마라. 네가 시험 볼 일은 없으니까 접수만 해라. 몇 명이나 되는지 파악하려고."

4시 50분쯤 가군을 쓰지 않는 다은이를 접수 시켜본다. 접수가 되면 수험 표에 수험번호가 뜬다. 수험번호가 지원자의 현재 정원이다. 80번이 넘지 않으면 접수를 하고 100번이 넘어가면 고민을 해 봐야 한다. 이 방법으로 통과를 시킨 학생들도 꽤 있었다. 물론 단점도 있다. 컷 통과를 걱정하는 점수라는 건 지원자 중에 가장 낮다는 것이다. 실기가 뛰어나지 않으면 붙기도 힘들고 원서접수비도 든다. 접수비는 학원에서 내주는데 보통 10만 원 정도 한다. 적은 금액도 아니고 학생과 협약을 한다. 말이 협약이라 거창해 보이지만 특별난 건 없다. 최종 합격을 했을 때는 그 비용을 학생이 부담하도록 한다. 대학 붙는데 10만 원이 무슨 문제이겠냐. 이 방법으로 1차 컷을 통과한다면 한 번의 기회가 주어지는 셈이다.

선택만 잘 해도 합격

인생은 선택의 연속이다. 요람에서 무덤까지 삶에는 무수히 많은 선택이 있다. 군대에 가면 제일 먼저 배우는 것은 줄을 잘 서야 한다는 것이다. 어느 줄을 선택하느냐에 따라 순간순간 희비가 엇갈린다. 지금 생각해보면 아무것도 아닌데 그때는 그게 왜 그렇게 중요했는지 모르겠다. 하루 일과의 반은 줄을 서는 것이기 때문이다. 훈련소에 들어가는 순간부터 줄을 잘 서야 한다. 식사 시간에도 줄을 잘 서면 남보다 빨리 먹고 쉬는 시간이 많아진다. 작업을 할 때도 줄을 잘 서면 수월한 일을 맡기도 한다. 이런 것은 단순히 운이다.

체대는 선택과 운이 함께 이루어지는 경우가 많다. 합격과 불합격의 갈림길에서 선택한 대학이 운도 따라주어야 합격이 수월해진다. 특히 비슷한 수준의 대학은 선택을 잘 해야 한다. 수능 영역과 반영률 실기 차이를 면밀히 따져 보아야 한다. 본인에게 가장 적합한 곳의 선택이 합격을 결정짓는다.

수능이 끝나고 얼마 지나지 않아 선배에게 전화가 왔다. 수능 후에 진로를 체대로 바꾸는 상담이었다. 흔하게 있는 일이기도 하다.

"친구 딸인데 운동을 했으면 하는데."

"운동은 했었나요?"

"아니 처음이고 준비하던 대학이 힘들 것 같아서 이쪽으로 변경하고 나중에 ROTC도 생각한다는데. 그건 나중 일이고 지금은 당장 합격이 중요하니까."

"수능 점수하고 실기 테스트해보고 방향을 정하죠."

"그래 늦게 하는 애니까 더 신경 써주고 수강료는 많이 받아도 상관없어. 집은 부유하니까. 집에서는 1대 1 레슨을 원해"

"부유하지 않으면 할인도 해 주는데 부유하다고 더 받진 않아요. 하하."

약속을 정하고 학생을 만났다. 자리에 앉자마자 수능 점수부터 물어보았다. 서울 중위권 대학의 지원이 가능한 점수였다. 상위권 대학은 수능의 변별이 높고 중위권 대학은 실기의 변별이 높은 편이다. 전형적으로 수능 후에 체대를 지원하는 방법대로 진행할 수밖에 없다. 조금 높은 수능 점수로 부족한 실기점수를 만회하는 것이다. 반 편성을 시키고 바로 운동을 시작했다. 집에서는 발등에 불이 떨어진 상태였고 운동시간을 최대한 많이 해 달라는 부탁도 있었다. 시간은 촉박하고 실기를 모르니까 이해는 된다. 24시간 잠도 안 자고 운동만 하면 기록이 올라올까? 운동은 하는 것도 중요하지만 쉬는 것도 중요하다. 일정 부하의 운동을 하면 근육이 피로해진다. 이 피로감을 회복할 시간의 안배를 해야 운동이 향상된다.

아이는 갑자기 시작한 운동이지만 열심히 했다. 강남에서 마포까지 거리도 꽤 멀었는데 지각 한 번 없이 성실하게 다녔다. 버스나 지하철이 한 번에 오는 것도 없고 중간에 환승을 해야 돼서 교통 편이 복잡했다. 연약한 몸에 운동하는 것이 걱정도 되고 불러서 얘기했다.

"운동은 처음인데 힘들지?"

"힘들긴 해도 재미있어요."

"재미있으면 다행이고 교통이 나빠서 오고 가고 불편하지. 미안하다. 학원이 외진 곳에 있어서 이런 두메산골까지 찾아줘서 고맙다. 이제는 학원 오는 길은 익혔지?"

"불편한 거 없어요. 택시 타면 금방 와요."

"그렇지 택시 타면 멀지 않지 다리만 건너면 되니까. 내가 쓸데없는 걱정을 해서 미안해."

아닌 게 아니라 운동 시작할 때부터 지금까지 택시만 타고 다녔단다. 집은 부유하다는 선배의 말이 다시 생각났다.

운동을 한 지 한 달이 지나고 원서 쓰는 기간이 됐다. 생각만큼 운동이 늘지 않아서 떨어질 것 같았다. 어머님과 다시 상담을 해야만 했다.

"운동을 하긴 했지만 더디게 늘어서 생각했던 대학이 쉽지 않을 듯 보이네요."

"네. 갑자기 시작했는데 본인도 좋아하고 그거랑 느는 건 다른 거 같네요. 혹시 서울이 아니라도 다른 대학을 추천할 만한 곳은 없을까요?"

어머님은 걱정스럽게 얘기했다.

"수도권 대학에 골프학과가 있는데 실기가 없고 수능과 내신으로만 뽑아요. 또 체대 중에 무용으로 뽑는 학과가 있는데 그 두 군데는 가능성이 있어요. 무용의 수준이 높지 않아서 작년에도 한 달 준비하고 들어간 학생이 있어요."

다시 다른 방법을 선택하기로 했다. 어머니는 그날로 학원을 그만두고 무용을 알아보았다. 그리고 강남의 유명한 무용선생님에게 레슨을 받기로 결정했다. 체대 입시와는 비교도 할 수 없을 정도의 상당한 금액의 레슨비가 들었다고 했다. 물론 비용은 중요하지 않았을 것이다. 집이 부유하니까. 입시가 끝나고 결과가 좋아서 두 학교 모두 합격을 했다. 계속 이쪽으로 붙들고 있었으면 가능성이 보이지 않았다. 최종 선택을 잘한 결과이다.

준태는 서울의 한양대를 준비하고 있었다. 지금은 한양대 실기가 쉽지만 준태가 시험 볼 때는 실기의 난이도가 상당히 어려운 대학교였다. 수능과 실기를 계산했을 때 가능성은 충분했다. 한양대만 합격한다면 본인은 굉장히 만족한다고 했다. 준태는 집이 안성이라 시외버스를 타고 다녔다. 피곤함을 무릅쓰고 운동을 잘 따라왔다. 주말 수업이 일찍 끝난 날 준태의 가방에 테니스 라켓이 꽂혀 있는 게 보였다. 궁금해서 불러서 물어봤다.

"가방에 라켓은 뭐니?"

"테니스 라켓이오."

"누가 테니스 라켓인 줄 모르니. 그럼 저게 탁구 라켓은 아니잖아. 왜 갖고 왔냐고?"

"아! 오늘 일찍 끝나는 날이라서 테니스 치고 가려고요."

"너 왜 테니스 친다는 얘기는 안 했어?"

"그냥 선수를 한 것도 아니고 취미예요."

"얼마나 쳤는데?"

"하기는 어려서부터 했는데 잘 치지는 못해요."

바로 테니스 특기로 대학을 입학한 아이에게 연락을 했다. 약속 시간을 잡고 준태의 실력을 점검해 보기로 했다. 졸업생은 테니스 선수 출신이라 준태의 수준을 바로 파악할 수가 있었다. 테스트를 해보니 꽤 잘 쳤다. 그 정도 실력이면 학교를 바꿔도 될 것 같았다. 테니스 특기가 있는 연세대로 지원을 하기로 했다. 급하게 내린 결정이었다.

학생들이 최초 학원을 방문하고 상담을 하게 되면 특기나 취미를 물어본다. 유도, 태권도, 합기도나 유소년 축구, 약수터에서 친 배드민턴이라도 있는지 꼬치꼬치 물어본다. 준태는 테니스 얘기를 꺼내지 않아서 간과했었다.

"저는 한양대만 가도 좋은데요. 정말 테니스 특기로 연대가 가능할까요?"

"다른 학교를 낮춰서 쓰고 연대를 상향으로 쓰면 될 거 같아."

"그럼 한번 해 볼게요?"

준태는 연세대 시험을 봤고 특기에서 좋은 점수를 받았다. 실기 보조를 하던 대학생들이 준태가 제일 눈에 띄었다고 한다. 기대에 어긋나지 않았고 연세대에 합격을 했다. 원래 목표보다 상위권 대학교로 가게 되었다. 체육교육과라 교원자격증도 발급이 된다. 체육 선생님이 되면 꼭 다시 찾아온다던 준태는 그 후 함흥차사가 되었다. 아직은 교사가 안 됐는지 다른 진로로 선택한지는 모르겠다. 어디에 있든지 잘 지내고 있으리라 믿는다. 그 당시에 준태가 테니스 라켓을 가져오지 않았다면 한양대학교를 다니고 있었을지도 모르는 일이다. 좋은 선택이 최상의 결과를 낳은 것이었다. 입시를 하면서 잘못된 선택으로 떨어지기도 했고 낭패를 보기도 했다. 항상 옳은 선택만 할 수는 없다. 입시란 떨어지는 확률이 더 높기 때문이다. 본연의 일에 최선을 다하고 학생에게 꾸준한 관심을 가져야만 성공률은 높아진다.

지금은 예전보다 좋은 선택을 하기가 쉬워졌다. 전에는 학생의 수능과 내신 실기를 모든 대학에 맞춰서 계산을 했다. 분량이 방대해서 간혹 빠뜨리는 대학도 있었다. 상담을 해야 하는 인원이 한두 사람이 아니라 경험을 토대로 학교를 선택했다. 시간이 지나고 '왜 이 대학은 계산을 안 했지?'하고 혼자 아쉬워했던 일도 많았다. 상담 시간은 한 시간 넘게 이루어지지만 수많은 학교를 살펴보는 건 어려운 일이었다. 하루에 열 명 상담하기에도 빠듯했다.

그런 경험과 자료를 데이터화 시켜서 지금은 수능 점수, 내신점수, 영어 등급, 한국사 점수, 실기 기록을 입력하면 서울과 인근의 합격 가능한 모든 대학이 한눈에 들어온다. 합격 가능 점수까지도 함께 나오는 시스템이다. 상담 시간도 줄고 학생이나 부모님 입장에서 이해도도 훨씬 높아졌다. 제일 중요한 점은 빠뜨리거나 놓치는 대학이 없어졌다. 지원 가능한 학교가 순위별로 기록이 돼서 보이기 때문이다. 선택만 잘해도 반은 합격하고 들어가는 것이다.

4장

체육대학의
미래와 비전

체육은 다른 분야에 비해 발전 속도는 느리지만 꾸준히 발전하는 분야이다. 체육대학의 미래와 그 비전은 여러 가지 이유로 매우 밝다고 본다. 주 5일제 근무의 확산은 여가시간의 증대로 나타났고 체육과 관련된 활동도 함께 발전하였다. 또한 건강에 대한 지속적인 관심으로 운동이 실생활에 미치는 영향이 점점 커지고 있다. 예전이나 지금이나 체육대학을 목표로 하는 학생들의 가장 큰 이유는 변하지 않았다. 바로 체육이 좋아서 한다는 것이다. 본인이 좋아서 체대를 결정한다는 것은 그 분야에서의 자기만족과 성공을 높이는 가장 큰 이유이다.

1

4차 산업혁명에 즈음하여

2016년 1월 스위스 다보스에서 열린 세계경제포럼(World Economic Forum)에서 제4차 산업혁명이라는 말이 처음 소개되었다. 지난 대선에서 정치인들의 공약에도 4차 산업혁명과 관련된 부분이 많았다. 4차 산업혁명의 시대가 도래했다고 한다. 체육에서는 4차 산업혁명이 현실적으로 많이 느껴지지는 않는 편이다. 운동을 통한 신체활동은 로봇이 대신할 수 없는 분야이기 때문이다. 인공지능 로봇의 출현은 인간의 활동 영역에 지대한 영향을 미칠 것이라고 한다. 가장 먼저는 편리한 세상이 오고 다음은 인간이 하던 일을 로봇이 대신해서 일자리가 줄 것이란 얘기가 있다.

일자리는 현재도 부족하고 실업률은 우려스러운 수준이다. 4차 산업혁명으로 인한 일자리의 감소는 이제부터 시작이지 않을까 생각한다. 세계경제포럼이 발표한 '일자리의 미래' 보고서에 의하면 현재 초등학교에 입학한 아이들의 65%가 지금은 존재하지 않는 전혀 새로운 형태의 일자리에서 일을 하게 된다고 한다. 하지만 미래에도 절대 없어지지 않을 직업은 운동선수라는 보고서는 시사하는 바가 크다.

모 여고에 재직하고 있는 선생님이 상담을 왔다. 어머님과 학생도 함께 왔다. 아버지는 단도직입적으로 얘기했다.

"서울대, 고대만 준비시켜 주세요."

아버님의 표정은 굉장히 단호했다. 덧붙여 이야기를 했다.

"수능 점수는 어떻게든 만들어 올게요. 실기만 준비 시켜주세요."

"네, 성심껏 지도할게요."

다른 학생에 비해 상담은 간단하게 끝났다. 아버님은 영어선생님이었다. 궁금해서 여쭤봤다.

"영어 선생님이신데 왜 체육으로 보내시려고요."

"미래엔 현재 직업이 많이 없어진다고 하는데요. 공무원이 제일 무난한 것 같아요."

부모님이 교사이면 자녀도 교사가 되길 바라는 분이 많다. 임용고사 경쟁률이 아무리 높아도 개의치 않는다. 경쟁률이 높아도 붙을 사람은 붙기 마련이다. 최근에는 경쟁률이 많이 떨어졌다.

"학교도 나중엔 AI가 수업을 대신하는 시대가 온다고 하네요."

아버님이 먼저 얘기를 꺼냈다.

"아 그 시기가 오려면 아직은 멀지 않았을까요."

산업체에서 로봇이 인간을 대신한 것은 이미 오래전 일이다. 학교에서도 로봇이 교사를 대신한다는 것은 생각해 본 적이 없었다.

"4차 산업 혁명 시대가 도래해도 없어지지 않는 과목이 두 개가 있다고들 해요."

듣다 보니 그 과목이 궁금했다.

"두 과목이 뭔가요?"

"수학과 체육이오. 수학하고 체육은 사람이 가르치지 않으면 안 되니까요."

그제야 이해가 됐다.

"네 그럴 수밖에 없겠네요."

상담이 끝나고 우택인 학원을 등록했다. 말수는 적고 성실한 학생이었다. 서울대는 기초실기 외에 특기를 같이 시험 보는 대학이다. 전공시험을 볼 종목으로 축구를 선택했다. 축구는 어려서부터 계속했던 운동이고 다른 종목은 해 본 것이 없었다. 우택인 키가 작은 편이고 축구를 좋아했지만 선수 생활을 한 적은 없었다. 발재간이 있기는 했으나 기본기를 다시 잡아야 했다. 현역 축구선수 두 명을 특기 강사로 붙여

축구특기 연습

서 2대 1로 지도했다. 한 명은 우택이 옆에 붙어서 설명을 하고 다른 한 명은 맞은편에서 공을 받아 주었다. 집중 지도의 효과는 얼마 지나지 않아 바로 나타났다. 한 달 정도 지나자 축구 실력이 처음에 비해 눈에 띄게 늘어 있었다. 이제 시험을 봐도 축구 특기는 밀리지 않겠구나 하는 수준까지 올라왔다.

축구 특기는 운동장에서 시험을 본다. 겨울에 치러지는 시험이라 날 씨에 따른 변수가 다양하다. 눈이 오거나 기온이 내려가면 컨디션 조절에 애를 먹는 종목이다. 우택인 다행히도 큰 실수 없이 시험을 치렀다. 팔이 안으로 굽는다고 할까? 내가 지켜본 수험생 가운데 제일 잘 한 것 같았다. 학교 측에서 특기점수를 공개하지 않아서 추측만 할 뿐이다. 큰 실수 없이 시험은 봤지만 점수를 모르니 발표까지 불안감은 계속되었다.

가군 서울대 시험이 끝나고 나군 고대 시험 보는 날이다. 아침 6시 30분쯤 학원에서 만나서 시험장까지 함께 가고 있었다. 우택이가 걱정스럽게 물었다.

"서울대는 모르겠는데 고대는 붙겠죠?"

"하던 대로만 하면 떨어지고 싶어도 떨어질 수가 없지."

"저 진짜 체교과를 가고 싶어요."

"당근이지. 붙을 거야 걱정하지 마라."

"제가 보험으로 하나 합격한 곳이 있긴 한데. 거긴 진짜 가기 싫어요."

서울대 고대 준비하는 애가 보험으로 미리 합격해둔 곳이 어딘지 떠오르지 않았다.

"거기가 어딘데?"

"육사요. 전 체육 선생님이 하고 싶고 육사는 정말 가기 싫어요."

"육사 못 가서 안달인 애들도 있는데. 와! 보험 제대로 들었네."

속으로는 다행이라고 생각했다. 고대는 붙을 수 있다고 생각은 하고 있었다. 하지만 시험은 끝나봐야 아는 것이고 특히 실기는 변수가 많기 때문이다. 육사는 내가 붙인 것은 아니지만 아이의 미래를 위해 한곳이 라도 갈 곳이 있다는 것은 다행한 일이었다.

학교에 도착했다. 8시에 시험장에 입실을 하고 5시쯤 모든 시험이 끝났다. 시험이 끝나고 우택이의 기록을 확인했다. 발표할 때까지 기다 리지 않아도 될 정도로 시험을 잘 봤다.

고대처럼 기초실기만 실시하는 학교는 실기 기록과 점수를 공개해 준다. 그 점수와 수능 점수를 합하고 내신을 합하면 총점이 나온다. 예 상 컷을 훌쩍 넘는 점수라 별다른 걱정은 없었다. 이제 남은 걱정은 서 울대가 어떻게 될 것인가 하는 것이었다. 시험은 서울대가 먼저 봤는데 합격자 발표는 고대가 먼저 했다. 우택인 육사를 가지 않게 되었고 육 사를 원하는 그 누군가에서 자리 하나를 양보해준 셈이다. 조마조마하 게 기다렸던 서울대도 합격자 발표를 했다. 다행히 서울대도 합격을 했 다. 가까운 미래에 우택인 임용고사도 볼 것이고 워낙 성실한 학생이라 임용고사도 분명히 붙을 것이다. 꿈에 그리던 교사가 되어 교단에 있을 우택이의 모습을 상상해본다. 지금도 아버님의 얘기가 귓가에 생생하다.

'4차 산업 혁명 시대가 도래해서 AI가 수업을 대체한다고 해도 체육 선생님 수학선생님은 없어지지 않을 직업이에요.'

체대 입시학원도 급격하지는 않지만 서서히 시스템이 바뀌어왔다. 사람의 몸이 직접 하는 일이라 다른 곳처럼 빠른 속도로 진행되지는 않았다. 처음 학원을 시작했을 때는 지금처럼 인터넷이 발달되지 않았다. 홈페이지도 없었다. 각 대학의 진학정보는 실제로 모든 대학의 입학관리처에 문의를 했다. 그때는 정보의 오픈을 하지 않던 시절이었다. 입학 실기종목을 일일이 확인하고 실기 배점표도 문의했다. 실기종목은 알려줘도 배점표의 외부 공개는 안 된다는 학교도 대부분이었다. 배점표의 비공개는 부정입학의 오해도 생기게 되는 것이다. 언제나 불통은 의심을 낳기 마련이다.

수작업으로 계산되던 지원점수도 이제는 컴퓨터가 대신한다. 필수 정보만 입력하면 합격 가능 여부가 화면에 바로 나온다. 가능성이 높은 대학이 1등부터 순서대로 뜨고 필요한 점수까지 확인된다. 이러한 소프트웨어의 발달은 학생들의 합격률을 높여줄 뿐만 아니라 학교 선택에 있어서도 최선의 대학을 선택할 수 있게 됐다.

운동장소 면에서도 그때와 지금은 판이하게 달랐다. 학원은 건물을 임대해서 자체 체육 시설을 갖추고 학교 체육관을 대관해서 수업을 하는 형태였다. 자체 시설에는 프로 매트라고 고무 재질의 바닥재를 깔고 운동을 했다. 지금은 모든 학원이 바닥에 마루를 깐다. 어떤 학원은 아예 규모 자체를 학교 체육관보다 크게 만드는 대형 학원도 생겨나게 되었다. 학원도 시대의 흐름을 따라서 변화를 했다.

4차 산업혁명이란 단어가 피부로 느껴진 사건이 있었다. 이세돌과 AI라고 하는 알파고의 대결이었다. 알파고는 구글 딥마인드가 개발했다. 딥마인드는 2010년 영국에서 케임브리지대학교 출신들이 스타트업으로 설립했고, 2014년 1월 구글이 인수했다. 딥마인드는 2015년 유럽 바둑 챔피언 판후이 2단에 5 전 전승을 거둔 후 10여 년 동안 세계 바둑계를 평정한 이세돌 9단에게 도전장을 내밀었다. 인간과 컴퓨터의 대결이면서 애국심과 자존심의 대결이었다. 이세돌 9단은 처음에 알파고의 실력을 낮게 보았다.

"아무래도 인간의 직관력과 감각을 인공지능이 따라오기는 무리가 아닐까 생각한다. (그러나) 이번에 알고리즘 설명을 들으면서 인공지능이 직관을 어느 정도 모방할 수 있겠다는 생각이 들었다"라고 말했다.

그러나 막상 대국이 시작되자 알파고의 수준은 생각했던 것 이상이었다. 수십만 건의 기보를 연습하여 스스로 진화를 거듭했다고 한다. 알파고는 바둑에서의 정석을 여러 번 비껴가는 기보를 취했다. 어쩌면 그 정석이란 것은 인간만의 정석일지도 모른다. 알파고의 실력에 대한 오판은 결국 4대 1로 패배하는 결과를 낳았다. 알파고에게 진 이유는 여러 가지가 있을 것이다. 내가 생각하는 이유는 알파고가 이길 수 있는 만큼만 두기 때문일 것 같다. 기력이 낮은 프로기사와의 연습경기에서 알파고는 그를 이길 수 있는 정도만 뒀다. 정확히는 지지 않을 만큼만 둔 것 같다. 비슷비슷하게 대국이 진행되는 모습은 둘의 실력이 비슷하구나 하는 오류를 범할 수 있다. 운동도 그런 경우가 많다.

예전에 지방에 있는 고등학교에 출장 수업을 진행했었다. 인원은 7명 정도였고 적은 인원이라 수업 분위기는 화기애애했다. 수업이 끝나면 20분 정도 학생들하고 배드민턴 시합을 했다. 학생들은 방과 후 활동으로 배드민턴을 하고 있어서 한참 빠져 있을 때였다. 나도 배드민턴을 시작한 지 10년이 되었기 때문에 아이들을 이길 정도의 실력은 되었다. 또한 시합의 재미를 더하기 위해서 항상 아슬아슬하게 이겼다. 1대 1로 시합할 때도 간신히 이겼고 2대 1로 할 때도 그랬다. 학생들은 늘 아쉬워했다. 그럴 때 약이 오르라고 한마디씩 던졌다.

"야! 연습 좀 더 하고 와라. 그것밖에 못하냐."

억울하다는 표정으로 학생들이 대답했다.

"선생님 아깝게 진 거잖아요. 다음엔 내기를 해요."

"내기를 하면 이기겠어? 매일 질 텐데."

"이길 수 있어요. 내기하면 더 열심히 할 거예요."

그때부터 학생들과의 내기가 시작되었다. 수업이 끝나면 빵과 음료수가 늘 준비되어 있었다. 몇 개월이 지나도록 아이들은 한 번도 나를 이기지 못했다. 차츰 자기들 실력이 안 돼서 진다는 것을 알게 되었다. 계속 시합을 졌던 건 운이 아니라 실력인 것이다. 다만 그걸 알아채지 못하는 건 아는 만큼 보이기 때문이다. 운동도 자기가 가지고 있는 실력만큼 남의 실력이 보인다. 아이들은 나와의 실력 차이가 꽤 크다는 걸 알게 되었다. 그것도 아주 우연한 계기에서였다.

어느 날 처음 보는 학생이 왔다. 누군지 물어봤다. 운동을 배우고 있는 친구가 대답했다.

"선생님 얘가 우리 학교에서 배드민턴 제일 잘해요. 한번 해보세요."

"그렇게 잘 하는 애를 데려오면 어째. 난 너희들 이길 정도 밖에 안 되는데."

"내기 아니니까 한번 해보세요."

아이들의 부추김에 시합은 시작됐다. 확실히 전에 하던 아이들보다는 실력이 좋았다. 그렇다고 못 이길 정도는 아니었다. 시합을 지켜보던 학생들이 한마디씩 했다.

"뭐야. 쌤 우리하고 할 때랑 틀린데."

그 친구를 이기려면 나도 좀 더 뛰어다녀야 했다. 시합이 끝나고 아이들은 허탈해했다. 친구가 이길 줄 알았는데, 반대의 결과가 나올 거라곤 상상도 못 했던 것이다. 내가 계속 배드민턴을 이길 수 있을 정도만 했더니 내 실력도 그 정도일 거라고 생각했다.

알파고에 대한 생각도 다르지 않다. 이세돌 기사와 대국하기 전에 계속 기능을 계속 업그레이드했을 것이다. 하지만 그전 대국에서 상대에게 이길 정도만 대국을 벌이지 않았을까? 그 대국을 지켜봤던 이세돌 9단은 알파고를 상대자와 비슷한 실력으로 보지 않았을까 생각한다.

경제학 사전의 의미로 4차 산업혁명은 다음과 같이 설명된다.

인류는 18세기에 증기기관과 방적기의 발명에 의해 1차 산업혁명을 일으켰고, 19세기에는 전기 동력을 개발하여 자동화에 의한 대량생산체계를 구축하여 2차 산업혁명을 겪어왔으며, IT 정보기술과 산업의 접목으로 이루어진 3차 산업혁명을 경험하였다. 오늘날에는 사이버 물리시스템(cyber-physicla system)과 사물인터넷(internet of things)의 기술을 융합하여 새로운 가치를 창출해해는 4차 산업혁명에 직면하고 있다. 4차 산업혁명의 핵심은 "모든 것이 연결되고 보다 지능적인 사회"를 구축하는 데에 있다. 빅 데이터, 인공지능 로봇, 사물인터넷, 3D 프린팅, 무인자동차, 나노바이오기술 등이 융합하여 새로운 것을 창조하는 파괴적 기술(disruptive technology)이 중심이 되면 그 속도와 파급력은 빠르고 광범위한 것이다.

4차 산업혁명은 효율과 생산성을 비약적으로 높일 수 있는 한편 로봇과 인공지능으로 대체되는 부분은 일자리가 줄어 양극화를 심화시킬 수 있다. 2016년 다보스 세계경제포럼은 4차 산업혁명에 대해 "자본과 재능, 최고 지식을 가진 이에게 유리하지만 하위 서비스 종사자는 불리하기 때문에 장기적으로 중산층 붕괴로 이어질 수 있다"라고 경고하였다. 따라서 고용시장은 700만 개의 일자리가 없어지고, 200만 개가 새로 생겨 결과적으로 500만 개의 일자리가 사라지는 첨단 기술 집약산업이 도래할 것이라고 본다.

4차 산업혁명이 가져올 변화는 예상은 할 수 있으나 누구도 정확하게 말할 순 없다. 변화를 주도할 역량을 키우는 것이 진정 4차 산업혁명 시대에 필요한 능력일지도 모른다. 체대 입시는 몸으로 해야 하는 일이다. 미래가 되면 현재 우리가 알고 있는 직업의 반 이상은 없어진

다고 한다. 그럼에도 끝까지 살아남는 직업은 몸과 관련된 직업이라고
한다. 수학선생님과 체육 선생님은 AI로 대체가 되지 않는 과목이라고
한다. 학생의 현 상태의 정확한 진단은 사람만이 할 수 있는 일이라 생
각된다. 동작을 가르치고 배우는 과정에서 피드백을 주는 작업은 사람
만이 할 수 있는 것이다. 운동선수 또한 인류가 생존하는 한 끝까지 남
아있는 직업이라고 한다. 이 말은 운동선수에만 국한되는 말이 아니다.
운동 코치와 스포츠와 관련된 산업 전반에 영향을 미칠 것이다. 일반인
들의 운동도 필수일 수밖에 없다. 운동과 관련된 미래는 정확한 예측은
할 수 없어도 꾸준히 발전될 것이고 도태되진 않을 것이다.

변화를 건강한 것으로, 정상적인 것으로 받아들이라고 충고한다. 모든 생명체
는 오래된 것을 버리고 새것으로 자신의 몸을 채운다. 생존이란 계속해서 변
화를 받아들이는 과정이다.
-피터드러커-

2

영원불멸의 법칙, 건강

누구나 자신에게 맞는 건강법이 있다. 꾸준히 운동을 하는 사람도 있고 몸에 좋다는 것을 섭취하는 사람도 있다. 시중에는 건강식도 넘쳐난다. 지인 중에 독특한 건강법을 가진 사람이 있었다. 나에게도 해보라고 하는데 내키지 않는다. 지인의 건강법은 아스피린을 꿀에 재워서 하루에 한 알씩 먹는 것이다. 물론 의학적으로 검증된 방법은 아니다. 본인만 최고라고 생각하는 방법이다. 건강에 신경 쓰는 사람들은 자신만의 건강법을 가지고 있는 사람들이 많다. 나도 나만의 건강법이 있다. 과학적, 의학적으로 검증된 방법은 아니지만 소신을 갖고 있는 방법이다. 나의 건강법은 체질을 확인하고 평상시 체질에 맞는 음식을 섭취하는 것이다. 체질식이라고 한다.

병원에 가면 의사가 내리는 처방은 세 가지의 단계를 거친다. 처음은 현 상태의 진단을 한다. 병의 종류는 너무나도 많다. 정확한 진단을 해야만 오진으로 인한 고통을 받지 않는다. 진단을 하고 나면 약을 처방해준다. 마지막으로 특이체질인지를 확인한다. 특정 약에 대한 알레르기나 부작용이 있는지 확인한다. 나는 병원을 거의 가지 않는다. 정확하게는 질병으로 병원에 가지는 않는다. 운동을 하다가 다쳐서 갈 때는 있다. 상해가 아닌 이상 병원에 가는 일은 없다. 물리치료나 도수치료 침 등을 맞기는 한다.

질병은 꼭 병원에 가야만 낫는 것은 아니다. 흔한 말로 감기는 약 먹으면 7일이면 낫고 안 먹으면 일주일이면 낫는다고 한다. 쉬면 낫는 병이라는 것이다. 겨울에 흔히 걸리는 감기는 만병의 근원이라고도 한다. 병원에서 처방되는 대증 요법은 병의 증상을 없애는 것이다. 콧물 감기약은 콧물을 말리는 것이다. 콧물이 안 나오면 병이 나았다고 생각한다. 내 생각은 좀 다르다. 콧물은 몸 안의 차가운 기운을 밖으로 배출하는 과정이라 생각한다. 그 차가운 기가 전부 나오면 낫는 것이다. 다분히 나만의 생각이다.

건강을 위해서 자연치유와 관련된 공부를 했었다. 대체의학이라고도 한다. 처음 배운 것은 홍채학이었다. 홍채라 하면 눈동자의 색깔을 나타내는 부위를 말한다. 눈에 홍채 카메라를 대고 홍채를 찍는다. 모든 사람마다 지문이 다르듯 홍채의 모양도 제각각이다. 홍채인식 스마트폰도 이와 같은 원리이다. 지문처럼 개개인의 고유한 특성이 있다. 단 지문과 홍채의 다른 점은 건강 상태의 확인 여부이다. 지문과 달리 홍채는 찍어서 확대해 보면 그 사람의 건강 상태가 나온다.

홍채학은 헝가리 태생의 이그낫츠본펙제리 박사에 의해서 정립됐다. 펙제리는 어린시절 다리가 부러진 올빼미를 보게 되었다. 올빼미는 눈이 커서 홍채를 관찰하기에도 편했을 뿐만 아니라 노랗고 밝아서 홍채에 줄이 생긴 것을 우연히 보게 된 것이다. 홍채의 6시 방향의 생긴 줄은 상태가 호전될수록 검은색에서 회색 그리고 점점 옅어지는 것을 발견하게 되었다. 펙제리는 나중에 의사가 되어서 환자들의 눈동자를 유심히 살펴보았고 홍채와 질환의 연관성이 있다는 것을 발견하게 된다.

처음 홍채를 배우러 갔을 때다. 홍채를 감별하는 분이 내 홍채를 찍고 얘기를 했다.

"오른쪽 어깨가 다친 적이 있네요. 왼쪽 어깨도 다쳤네요. 간이 선천적으로 약하시고요."

홍채를 찍으면 병이 보인다는 얘기를 듣고 갔으나 신기하긴 했다. 운동하다가 양쪽 어깨를 수술이 필요할 정도로 심하게 다쳤던 적이 있었다. 그날부로 홍채를 배우기 시작해서 가까운 지인들의 홍채를 열심히 찍기 시작했다. 우리나라에서 홍채로 유명하다는 분들의 강의를 찾아다니면서 들었다. '홍채학이 이런 거구나' 하고 어깨너머로 살짝 배운 수준 정도이다.

홍채학 다음으로 관심을 가진 부분은 체질이었다. 통념상 고기를 먹으면 살찌고 다이어트를 하려면 야채를 섭취해야 된다고 한다. 그런데 사자 호랑이처럼 육식만 하는 동물은 왜 살이 안 찌고 날렵할까? 풀만 먹는 소나 코끼리는 왜 비만할까? 그게 바로 체질이라는 것이다. 사람도 체질에 맞는 음식을 먹어야 건강할 수 있다는 것이다. 나도 내 체질을 알아서 체질식을 한다면 건강할 수 있겠다는 생각을 가졌다. 체질을 공부하게 된 계기이다.

처음에는 사상체질에 관심을 두었다. 우리가 흔히 알고 있는 태양인, 태음인, 소양인, 소음인의 네 가지 체질이다. 사상체질을 최초로 발견한 사람은 이제마였다.

이제마는 환자를 돌보다 난관에 부딪치게 되고 우연한 계기로 사상체질을 발견하게 된다. 같은 증상의 환자에게 같은 약을 처방해 주었는데 환자마다 반응이 달랐다. '왜 같은 병을 가진 환자인데 약이 듣지 않는 사람이 있을까?'하는 의구심을 갖게 되었다. 오랜 기간을 연구한 끝에 사람마다 체질이 다르고 체질에 맞는 음식을 먹으면 건강하다는 결론을 내린다. 그리하여 우리가 알고 있는 태양인, 태음인, 소양인, 소음인의 네 가지 체질을 발견하게 된다.

현대에 와서는 권도원 박사가 팔 체질을 발견하게 되었다. 권도원 박사는 수많은 환자를 치료하다가 우연한 계기로 각 체질마다 맥박이 다르게 뛰는 것을 발견하고 연구를 거듭하여 팔 체질을 발표하게 된다. 팔 체질의 창시자인 것이다. 8체질도 공부를 했다. 시중에 나와 있는 책들도 사서 읽어보고 8체질로 유명하다는 분들의 강의도 들었다.

그 즈음에 부산에서 25년간 체질 감별을 하신 분을 우연히 알게 되었다. 배울 수 있을까 해서 전화통화를 했는데 당분간 서울에 올라올 일이 없다고 하셨다. 궁금한 건 못 참는 성격이라 직접 찾아가기로 했다. 약속을 잡고 바로 다음날 KTX를 타고 부산으로 내려갔다. 약속한 시간에 정확하게 그분이 사시는 아파트에 갔다. 조심스럽게 벨을 눌렀다. 조금의 시간이 지체되고 안에서 인기척이 들렸다.

"누구세요?"

"오늘 찾아뵙기로 한 사람입니다."

할머니가 문을 열어 주셨고 뒤쪽에 할아버지가 서 계셨다. 분명히 약속을 하고 방문했는데 도대체 무슨 일인가 하는 표정이다.

"신분증 좀 줘 봐요."

신분증을 보여드리고 나서야 집안에 들어갈 수 있었다. 집에는 노인 두 분만 사셨는데 갑자기 웬 젊은 사람이 와서 경계를 하셨다. 그래도 이해가 되지 않았다. 약속 시간에 맞춰서 방문을 했고 이미 준비를 하고 계셨을 텐데 의심스럽게 보시기에 이상하긴 했다. 집안에 들어가서야 설명을 하셨다. 내 나이는 알고 있었는데 생각보다 젊은 사람이 와서 다른 사람인 줄 알았다고 하셨다. 내가 나이보다 많이 동안으로 보이는 건 어쩔 수 없다. 순전히 동안인 나의 잘못이었다.

그분은 예순에 감별을 배우고 여든을 훌쩍 넘긴 지금까지도 하고 계셨다. 할아버지도 체질을 공부하게 된 이유는 건강이었다. 건강이 안 좋아서 체질을 감별 받게 되었고 그 후로 체질식을 계속하셨다고 한다. 여든이 넘도록 건강할 수 있는 비결이라고 하셨다.

집안에 들어간 후에 내 체질을 감별하셨다. 자리는 서로 남북방향으로 앉았다. 방문하기 전에 보내드린 내 사진을 보고 이미 감별을 끝냈다고 말씀을 하셨다. 지금 하는 감별은 단지 확인만 하는 것이라고 한다. 사진도 화면이 깨져서 누군지 알아볼 수 없었지만 사진에 담긴 기로 충분히 감별이 된다고 하셨다. 듣고 있어도 보고 있어도 믿기지 않았다.

"태음이네요. 정확히는 목양 체질이고요."

"아. 그런가요."

손가락을 동그랗게 모아서 하는 오링테스트로 감별을 했다.

"태음인을 야채 먹으면 몸이 상해요. 고기는 꼭 먹어야 돼요. 목양 체질은 간이 활성화하는 성질이 있어요. 담즙 분비가 많아서 꼭 고기를 먹어야 해요."

"제가 알던 상식하고는 틀리네요. 보통은 채식 위주로 섭취해야 되지 않나요?"

"채식은 거기에 맞는 체질이 먹는 거고요. 태음인들은 그렇게 식사하면 비알콜성 지방간이 올 수 있어요. 육식을 해서 간이 일을 하게 해줘야 해요. 원래도 담즙 분비가 많은 체질이라 몸이 육식을 필요로 해요"

이 얘기들은 나중에 팔 체질 강의를 들을 때도 듣게 되었다. 찾아간 김에 그 자리에서 오링테스트 하는 법을 배우고 책도 몇 권 받아왔다. 서울에서 내려간 내 성의가 고마웠는지 오랜 시간을 내어 주시고 설명을 해 주셨다. 감사하다는 인사를 드리고 집을 나왔다. 오링테스트 외에 보고도 믿을 수 없는 몇 가지를 더 배웠다. 과학적 의학적으로는 설명이 되지 않는 것들이다.

배운 방법대로 가족이나 지인에게만 감별을 해 주곤 했다. 알고 있는 지식도 많지 않고 쓸데없는 시비에 휘말리기도 싫어서 타인의 감별은 하지 않는다. 친구가 학원에 놀러 와서 체질 감별을 해준 적이 있다. 처음엔 믿지 않는 눈치였다. 감별을 하고 체질의 특성을 설명하니까 반은 믿는 것 같았다. 친구는 태양인으로 감별되었다. 정확히는 금양 체질이다.

"야, 우리나라에 태양인은 별로 없다면서 내가 태양인이야."

친구가 목청을 높여서 얘기했다.

"내가 말하는 특징하고 맞으면 태양인일 가능성이 높아."

"뭔데. 말해봐."

"태양인은 폐의 기능이 월등히 좋아서 담배를 오랜 기간 폈어도 폐가 깨끗한 사람이 많아."

"맞아 나도 전에 병원에 가서 엑스레이 찍었더니 폐가 하도 깨끗해서 흡연 안 하시죠 물어보더라."

다음 설명도 이어갔다.

"폐는 인체의 환풍기 같은 기능을 해서 수분을 말려. 그래서 태양인들은 피부가 건조한 사람이 많아."

"나 엄청 건조해. 피부에 보습제 꼭 발라줘야 돼."

"그럼 네가 태양인일 확률이 높아. 테스트도 그렇게 나왔고 특성도 비슷하니까."

친구는 나머지 반의 의심도 살짝 걷히는 것 같았다.

"근데 이제마 선생님은 우리나라에 태양인은 거의 없다면서."

"다분히 내 생각인데. 이제마 선생님은 체질에 맞지 않은 음식을 계속 먹게 되면 병이 날 수 있다고 했어."

"그러겠지."

"태양인에게 좋은 음식은 생선이나 야채야. 태음인에게는 고기가 좋은데 그때가 언제냐. 지금으로부터 백 년도 더 전이야. 그때 사람들이 고기를 많이 먹었겠냐. 풀을 많이 먹었겠냐?"

"당연히 풀뿌리 아닐까?"

"그니까 풀을 먹는 태양인은 몸이 안 아프고 고기를 섭취 못하는 태음인이 몸이 더 아팠겠지. 이제마 선생님을 찾아오는 환자도 대부분 태음인인 거야. 태양인은 아프지 않으니까 환자도 별로 없지 않았을까 하는 나만의 생각이야."

"그것도 그럴듯하긴 하네."

"아무 책에도 나오지 않는 나만의 개똥철학이야."

체질 감별은 신기하고 재미도 있었다. 학원생들도 가끔씩 감별을 해주기도 했다. 여드름이 유난히 많은 여학생이 있었다. 체질 감별을 하니 태양인으로 감별되었다. 유제품을 줄이라고 하고 나서 효과를 보기도 했다.

타인에 대한 체질 감별은 많이 하지 않는 편이다. 내가 한의사도 아니고 정확한 감별이 되지 않았을 때는 더 역효과일 수도 있다. 또한 체질을 정확하게 감별한다고 해도 체질식을 꾸준히 실천하기가 어렵다.

직장인들은 대부분 점심을 밖에서 먹는다. 아침 점심 저녁을 전부 밖에서 해결하는 사람도 많다. 항상 자기 체질에 맞는 식사를 한다는 것은 현실적으로 불가능하다. 완벽한 체질식은 아니어도 가능하면 체질에 맞는 음식을 먹는 것이 좋다.

TV에서 채식을 해서 건강해졌다는 연예인들도 나온다. 그 사람의 체질과 채식이 맞아서 건강해지지 않았을까 생각된다. 고지방 저탄수화물의 섭취를 통한 다이어트 열풍도 있었다. 고기를 섭취해야 하는 체질에게는 적합한 식사법일 것이다. 체질식을 꾸준히 한다는 것은 어려운 일이지만 최대한 노력을 하고 있는 중이다.

하지만 체질을 몰라도 건강할 수 있다. 건강한 사람들은 공통된 특징이 있다.

첫째는 몸에 맞지 않는 음식은 안 먹는 것이다. 내 친구도 돼지고기만 먹으면 설사를 하는 친구가 있다. 그 친구는 돼지고기는 일체 먹지를 않는다. 주로 생선을 먹는다. 체질 감별을 해보니 태양인이었다. 이렇듯 체질은 모르지만 몸에 맞는 음식만 먹는 사람들이 있다.

둘째는 오래 씹는다는 것이다. 음식을 오래 씹으면 위에서의 소화를 도와준다. 또한 침에는 아밀라아제라는 소화효소가 있다. 많이 씹을수록 침이 많이 섞여서 소화를 도와준다. 체질에 맞지 않는 음식이라도 많이 씹는 과정에서 어느 정도 소화가 이루어지는 것이다. 밀가루가 몸에 안 좋다고 알려져 있다. 여러 가지 이유가 있겠지만 그중에 하나는 오래 씹지 않는 음식이라는 것이다. 라면이나 국수는 후루룩하고 씹는 과정이 별로 없이 섭취가 된다. 침하고 섞일 틈이 없는 것이다.

건강하려면 잘 먹고 잘 자고 꾸준히 운동하는 것도 중요하다. 사람마다 먹는 음식도 다르고 자는 시간도 틀리고 운동은 아예 안 하는 사람도 있다. 하지만 안 먹는 사람은 없다. 먹는 것은 누구나 하는 일이다. 음식을 오래 씹어 먹는 것은 모두에게 해당이 되는 가장 기본이 되는 건강법이다.

직업으로서의 체육교사

군사부일체란 말도 옛말이 된 듯하다. 임금과 스승과 아버지의 은혜 는 하나로 다 같다는 말이다. 선조들은 스승의 그림자도 밟지 않았다고 한다. 예전엔 그렇게 생각했었구나 하는 정도로 지나치는 말이 되었다. 지금은 소명으로서 교사보다 직업으로서 교사를 택하는 사람이 대부 분이다. 사회에 불고 있는 공무원 열풍과도 무관하지 않다.

직업으로서 교사 가운데 체육 선생님은 어떤 부분에서 좋은 점이 있 을까 생각해 봤다. 가장 많이 떠올리는 것이 안정성, 공무원연금, 방학 등 일 것이다. 체교과를 목표로 하는 학생들에게 체육 선생님의 좋은 점이라고 들려주는 내용이다. 현직에 있는 선생님들의 의견을 모아서 정리하였다.

1. 62세 정년 보장이 된다. 퇴직금은 2억 이상이다.

2. 저녁이 있는 삶이 가능하다. 16시 40분에 퇴근을 한다.

3. 14년 차 교사의 연봉은 6천만 원 정도 된다. 방과후 수업을 할 경우 7천 5백만 원 정도이다. 학교에서 주요 부장을 맡아 초과 근무할 경우 년 6백만 원 정도의 추가 수당을 지급받는다.

4. 부부 교사는 경제적 여유가 생기며 방학 동안 해외여행을 다니는 경우가 많다.

5. 자녀 1인당 육아 휴직 시 1년간 월급 100만 원이 지급되며, 추가 수당 없이 2년 더 휴직이 가능하다.

6. 체육교사로 운동부 출장 시 1일에 출장비 4만 원 초과근무 3만 원이 지급된다. 10일 출장 시 70만 원이 지급된다.

7. 교직 생애 1번 학습 연구년제에 선발되면 1년간 재택에서 개인 연구하며 월급 100만원이 지급된다.

8. 수업으로 인한 스트레스가 없다. 수업시간에 함께 운동하며 근무하는 기쁨은 최고이다.

9. 대학원 진학 시 한국교원대에 파견으로 선발되면 2년간 월급을 받으면서 대학원 석사 학위 취득이 가능하다.

10. 학교에 남교사 부족으로 교감 승진 시 체육과목 전공자는 운동부 지도 점수 등으로 매우 유리한 점이 있다.

11. 전국 지역 교육청에 체육장 학사 TO가 있어서 장학사 진급 시 타 과목보다 훨씬 수월하다.

12. 교육부 연구사 합격시 45세부터 교장을 할 수 있으며, 외국의 한국인 학교 교장을 할 수 있으며 관사까지 나오는 윤택한 근무가 가능하다.

13. 적극적인 체육교사 출신들은 교육감, 각시도 교총 회장, 각시도 전교조 지부장, 교육국장, 시의회 교육 상임위원회의 위원 등 새로운 길을 개척하는 사람도 많다.

14. 체육교사하면서 교과서 개발 시 년 천만 원에서 2천만 원의 추가 수당을 지급받는다.

15. 교육청 주관 해외연수 혜택이 있으며 제주도는 년 1회 무료 연수 혜택이 있다.

16. 메가박스 영화 관람 시 교사는 항시 5000원이다.

17. 교총 가입 시 전국 콘도나 전국 놀이시설 50% 할인이 가능하다.

18. 1년에 한번 체육교사 피복비 30만 원을 지급 받는다.

19. 공무원 복지 포인트로 년 80만원 쇼핑이 가능하다.

20. 공무원 맞춤형 보험 가입으로 각종 병원 입원, 통원치료 시 병원비의 90%가 환급된다.

21. 좋은 교사로 참 스승의 의미인 중앙일보 참 교사 선발 시 천만 원의 상금을 지급받는다.

22. 교사하면서 대학교수 준비 시 현장 경력 가산점으로 교수로 전직 시에 매우 유리한다.

23. 한 분야의 전문가가 되면, 예를 들어 체대 입시 전문 강사, 흡연예방 전문 강사, 학교폭력 전문 강사 등이 되면 자기 개발 및 부수입이 가능하다.

24. 여름방학 4주와 겨울방학 5주는 타 직업과는 비교 불가능한 휴가 기간이다.

25. 자기 개발 연수비 13만 원이 년 1회 지급된다.

정년까지 회사를 다닌다는 것은 상상할 수도 없고 이십 대의 반이 백수라는 이태백이란 말도 있다. 세계경제포럼은 '일자리의 미래(The Future of jobs)' 보고서를 발표하며 2020년까지 선진국에서 710만 개 일자리가 사라질 것이라고 전망했다. 실업률과 일자리의 문제는 우리나라에만 국한되는 것은 아니다. 이에 따른 공무원 시험의 열풍은 우연히 시작된 것이 아니다.

체육 중등임용시험의 경쟁률은 서울의 경우 2011년 35대 1, 2012년 32.3대 1의 사상 최고를 찍었다. 교사를 준비하던 많은 수험생들에게 암울한 시대였었다. 최근은 2016년 6.3대 1, 2017년 6대 1로 경쟁률이 오히려 내려갔다. 경쟁률이 내려간 이유가 있다. 체육과목이 필수에서 선택 그리고 다시 필수로 바뀌어서다. 필수로 바뀌면서 학교에서 체육

시수가 늘어났고 연금제도의 변경으로 명퇴 교사가 늘었다. 이와 같은 이유로 더욱 더 많은 체육교사가 필요해졌다.

임용고사는 한 번에 붙기도 하고 재수 삼수를 하기도 한다. 공부 기간이 얼마라고 단정 짓기는 힘들다. 하지만 예년에 비하면 합격이 쉬워지긴 했다. 다만 합격자와 불합격은 적은 점수 차이로 갈린다. 1차로 이론시험을 본다. 여기서 1.5배수를 선발한다. 1차 합격을 하면 2차는 실기시험과 지도안 작성, 수업시연, 면접의 과정을 거친다. 2차 시험 후 최종 합격자가 결정되고 꿈에 그리던 직장을 갖게 되는 것이다. 교사는 이직률도 거의 없고 본인이 원한다면 정년을 채우는 평생직장이다.

직업으로서의 교사의 가장 큰 장점은 아무래도 방학일 것이다. 어떤 회사가 휴가를 1달 이상을 낼 수 있겠는가? 휴가 기간도 가장 더울 때와 가장 추울 때라 가장 적절한 시기이다. 요즘처럼 40도에 육박하는 여름 날씨에 양복 입고 출근하지 않는다는 것으로도 최상의 직장이다. 교직에 들어가는 순간 첫 직장이 평생직장인 되는 것이다.

2015년 미국 노동통계청(US Bureau of Labor Statistics) 보고서에 따르면, 미국인이 평생 갖는 일자리 개수는 평균 11.7개, 영국인은 9개로 나타났다. 우리나라에서도 이미 평생직장의 개념이 사라진 지 오래다. 2016년 5월 통계청이 발표한 자료에 따르면, 15~29세 청년층의 첫 직장 근속 기간은 평균 1년 6개월에 불과했다. 유럽연합(EU)의 경우 2011년 7월부터 2012년 6월까지 조사한 자료에 따르면, 유럽연합 28개국에 사는 25세 이상 64세 미만의 사람들 중에서 40.3%가 평생교육을 받은 것으로 나타났다.

체대를 지망하는 학생의 반 이상은 체육교사를 목표로 한다. 체육교사가 되기 위해선 체육교육과를 진학하여야 한다. 체교과를 졸업해야 교원자격증을 획득할 수 있다. 현실적으로 수능의 요구 점수도 높고 수요가 많지 않아서 상위권 학생들 위주로 합격한다. 체교과를 가지 않고 교원자격증을 획득할 수도 있다. 교육대학원을 입학해서 과정을 이수하면 된다. 체교과를 입학하는 것보다는 쉬운 편이다. 각 대학의 모집 요강에 맞는 입학시험을 봐야 하고 5학기 제로 되어있다. 일반대학원에 비해 교육대학원이 경쟁률이 높은 편이다. 일반대학원은 경쟁률이 1대 1이 나오는 곳도 있다. 교직을 희망하는 수요가 그만큼 많다.

교원자격증을 획득하면 두 가지의 방법으로 교직에 나갈 수 있다.

첫 번째는 임용고사를 보고 공립 중고등학교로 갈 수 있다. 실기는 서울과 인천 경기도 등 시험 보는 지역마다 내용이 틀리다. 시험을 본 지역의 학교로 발령을 받게 된다.

두 번째는 사립 중 고등학교로 나가는 방법이다. 각 학교별로 정해진 시험을 보고 채용되기도 하고 기간제 교사를 거치고 정식 임용이 되기도 한다.

공립과 사립의 급여는 호봉 수에 따라 같은 금액이 지급된다. 특기적성이나 방과 후 수업에 따른 추가 근무로 인한 급여의 차이만 있다. 간혹 학생들이 공립과 사립이 월급이 다르지 않나요? 하고 묻기도 하는데 급여체계는 같다.

2011년 체육 중등임용 경쟁률(일반)

지역	서울	경기	강원	경남	경북	광주	대구	대전	부산	세종	울산	인천	전남	전북	제주	충남	충북
모집인원	15	13	6	13	10	9	0	3	0	0	8	0	11	6	6	3	12
경쟁률	35	48.3	32.8	23	26	72.1	0	35.3	0	0	32.5	0	24	26	19.8	30	30

2012년 체육 중등임용 경쟁률(일반)

지역	서울	경기	강원	경남	경북	광주	대구	대전	부산	세종	울산	인천	전남	전북	제주	충남	충북
모집인원	8	37	7	9	4	12	0	11	0	0	11	9	0	9	7	12	14
경쟁률	32.3	27.5	18.2	27.5	18	23.2	0	36	0	0	12.9	25	0	18.3	14.2	14.8	18.3

2013년 체육 중등임용 경쟁률(일반)

지역	서울	경기	강원	경남	경북	광주	대구	대전	부산	세종	울산	인천	전남	전북	제주	충남	충북
모집인원	9	74	16	16	21	10	15	8	6	3	6	10	20	6	5	19	9
경쟁률	16	16.1	14.6	12	12.7	14.1	10.3	13.2	14.1	9.6	12.8	13.5	11.5	13	9.4	12.8	13.6

2014년 체육 중등임용 경쟁률(일반)

지역	서울	경기	강원	경남	경북	광주	대구	대전	부산	세종	울산	인천	전남	전북	제주	충남	충북
모집인원	57	77	31	19	32	7	24	7	18	18	20	21	19	8	7	38	30
경쟁률	5.7	6.6	6.3	6.4	6.6	9.6	6.3	9.6	5.8	8.9	6	8.1	7.4	6	8.4	5.7	5.7

2015년 체육 중등임용 경쟁률(일반)

지역	서울	경기	강원	경남	경북	광주	대구	대전	부산	세종	울산	인천	전남	전북	제주	충남	충북
모집인원	66	84	37	36	43	12	24	13	22	22	7	19	34	19	14	45	27
경쟁률	7.4	6.9	5.6	6.2	6.7	5.7	5.3	6	4.8	5.5	7.7	6.3	6.0	5.5	5.7	5.8	5.6

2016년 체육 중등임용 경쟁률(일반)

지역	서울	경기	강원	경남	경북	광주	대구	대전	부산	세종	울산	인천	전남	전북	제주	충남	충북
모집인원	76	130	33	38	24	12	14	19	23	14	14	23	39	25	10	25	21
경쟁률	6.3	7.5	8.1	5.1	8.0	7.3	7.9	7.9	6.7	6.4	7.7	6.8	5.2	5.8	5.7	5.9	6

2017년 체육 중등임용 경쟁률(일반)

지역	서울	경기	강원	경남	경북	광주	대구	대전	부산	세종	울산	인천	전남	전북	제주	충남	충북
모집인원	80	134	15	36	9	9	12	20	26	19	13	28	44	17	10	16	16
경쟁률	6.0	7.6	11.9	7.4	8.3	8.7	13.1	7.5	8.5	7.7	7.0	6.6	7.0	8.7	7.0	7.4	9.9

4

국어, 영어, 수학, 그리고 체육

국어 선생님에게 물어보았다. 국어를 잘 하면 좋은 점이 무엇인지? '국어를 잘 해야 공부를 잘한다'고 한다. 국어가 모든 과목의 바탕이며 기본적으로 듣기, 읽기, 쓰기, 말하기의 기초가 튼튼해야 문해력, 어휘력, 독해력을 키울 수 있다고 한다.

영어를 잘하면 좋은 점은 여러분의 상상에 맡기겠다.

수학 선생님에게 물어보았다. 수학을 잘하면 좋은 점은 무엇일까? 수학을 잘하면 실제 기본적인 아이큐가 상승한다고 한다. 과학이나 영어 등 파악하고 해석해야 하는 부분에 대해 월등히 뛰어난 재능을 나타낸다고도 한다. 수학적인 사고를 하는 사람들은 기본적으로 계산과 수치 산정을 잘하기도 하지만 남들이 무심코 지나치는 것들의 세심한 관찰로 획기적인 아이디어를 낸다는 것이다.

국포자, 영포자는 없는데 수포자란 말은 수학 과목만 가지고 있는 특징이다. 수학은 학교에서만 쓰고 사회에서는 써먹지 않는다는 선입견이 반영된 얘기이다.

체대를 가려면 체육을 잘해야 한다. 개개인의 특성을 살리고 전문 체육인의 양성이 최선일 것이다. 하지만 지금의 입시제도는 체대를 가기 위해서 가장 먼저 중요시되는 것이 체육은 아니다. 국어, 영어, 수학을 잘 해야 한다. 국어, 영어, 수학을 잘한 후에 체육을 잘해야 되는 것이다. 물론 체육만 잘해도 갈수 있는 대학이 존재하긴 한다. 하지만 일부 소수이며 국영수를 포기하고 체육만으로 체대를 간다는 것은 불가능하다.

국영수를 잘한 학생 가운데 체육을 잘하는 학생이 선발이 된다. 수능시험 점수는 학교를 선택하는 가늠자가 되는 것이고 체육 실기는 합격과 불합격을 결정하는 역할을 한다. 국영수 위주의 점수 체계는 점점 더 높아지고 있는 추세이고 수능이라는 제도에서는 기본 과목인 국어, 영어, 수학은 무조건 잘해야만 유리하다.

고등학교에서의 수업 시수는 국어, 영어, 수학, 체육이 가장 많다. 체육도 그만큼 중요한 과목이다. 하지만 수능에서 체육은 과목에 없다. 예전 필자가 학력고사를 보던 시절에는 체력장이라는 운동 테스트를 했었다. 체력장의 점수가 학력고사 점수에 포함이 됐었다. 체대를 진학하지 않는 학생들도 체력장 대비 운동을 해야만 했다. 기준이 낮은 편이어서 어느 정도만 하면 체력장 점수는 누구나 만점을 받았다. 체력장은 점수에 따라서 등급이 주어졌다. 일정 등급만 받으면 만점이 주어졌지만 체대 진학을 목표로 하는 학생들은 특급을 따야만 자존심이 세워지고는 했다.

지금은 수업시수에 체육시간이 많이 들어가 있지만 실제 수능에서 체육을 잘해서 주어지는 유리한 면은 없다. 하다못해 운동을 못해도 체대를 들어갈 수가 있다. 고등학교에서 운동실력이 전교 꼴찌라 해도 체대를 들어갈 수 있다.

체대도 수시 전형과 정시 전형이 있다. 수시 전형은 실기 전형과 비실기 전형으로 나누어진다. 비실기 전형은 실기고사를 실시하지 않는 체육과 전형이다. 체대만 전문적으로 준비한 학생에게는 하늘의 별 따기와도 같다. 체대를 목표로 운동하는 학생들은 비실기 전형은 아예 지원조차도 하지 않는 현실이다.

특히 학생부 종합 전형과 교과 우수자 전형은 다양한 학생들을 선발하려는 대학의 취지로 받아들일 수 있다. 하지만 실기를 준비하지 않고 체육과를 지원하는 학생들에게 유리한 전형인 것이다. 소위 말하는 문과생이나 이과생들에게 유리한 전형이다. 체대를 준비하는 학생 입장에선 대학교에서 요구하는 자격 요건을 갖추기도 힘들고 내신점수에서 탈락하는 경우가 많다. 비실기 전형은 내신 2등급 이하로 붙는 경우가 거의 없다. 물론 반대로 생각할 수도 있다. 운동을 못하지만 체육을 좋아할 수도 있다. 음치라도 노래를 좋아하는 것처럼 말이다. 이런 학생들에게 운동과 관련 없이 체대의 문이 열려 있다고도 생각은 할 수 있다. 하지만 그런 경우는 일부만 해당이 된다. 실제로는 대학을 가기 위한 방법의 하나로 일반학생들의 비실기 전형이며 체육과를 합격하는 것이다.

정시에서도 국어, 영어, 수학 성적의 순서로 가는 학교들이 많다. 올해부터 중앙대는 실기를 보지 않는다. 당연히 수능 성적 곧 국영수의 성적이 우수한 학생 위주의 선발이 될 것이다. 실기 비중을 줄인 체육 대학들도 수능 성적이 합격을 결정짓는다. 국영수 과목의 중요성은 체육에서도 예외가 없다.

본래 수능은 인문계, 자연계, 예체능계의 3개 계열로 치러졌었다. 2005년 이후 인문계, 자연계 2개 계열로 개편되었다. 공부와 실기를 병행하는 체대 입시 학생들에게 있어, 성적이 높은 인문계, 자연계 학생들이 체대로 지원할 경우 성적에서 불리한 면이 생기게 된다. 물론 수능 이후 체대로 바꾸는 학생들은 실기에서 불리한 점이 있기는 하다. 하지만 수능의 비중이 점차 늘면서 이러한 불리함이 줄어들고 있는 과정이다. 이 부분은 학생의 선택에서 불리한 점이지 제도상의 불리한 점은 아닌 것이다.

제도상으로 보았을 때, 인문계와 자연계의 학생이 체대를 지원 시의 불이익은 있다. 인문계 학생이 자연계과에 지원할 때 수리에서 불리한 점은 있으나 예체능으로 지원할 때는 이런 점이 전혀 없다.

예전처럼 수능이 3개 영역으로 돌아갈 수는 없는 일이다. 하지만 예체능 수험생들에게 불리한 입시제도는 개편이 되었으면 한다. 체능을 준비하는 학생들끼리의 경쟁을 유도하고 제도적으로 뒷받침될 수 있어야 하겠다.

5

공무원 시험에도 실기가

선발 과정에서 실기시험이 있는 직업들이 있다. 실기의 난이도가 높지는 않지만, 실기의 비중이 높아 합격에 중대한 영향을 미치기도 있다. 공무원 시험의 부정은 보통은 필기시험에서 발생이 되는데 실기시험에서 발생이 된 경우도 있었다.

체육대학의 실기시험은 도핑테스트를 하는 학교가 전혀 없는데 반해 경찰은 도핑 테스트를 추가했다. 2015년부터 인사혁신처의 도입 결정에 따라 채용 과정에 금지 약물 복용 여부를 확인하게 되었다. 특히 공무원 시험 중 경찰과 소방공무원은 체력시험 비중이 25%에 달해 금지약물의 유혹이 끊이지 않고 있다. 하지만 체대를 졸업하고 경찰과 소방공무원을 준비하는 사람들에게는 실기에 대한 부담은 적은 편이다.

학원을 졸업한 지 꽤 오랜 시간이 흐른 학생에게 연락이 왔다.

"선생님 저 세란데요. 학원에 가서 기를 좀 받을게요."

도대체 무슨 기를 받는다는 것인지 몰라서 의아했다. 학원을 졸업한 지도 오랜만이라 어떻게 변했는지 궁금하기도 했다. 세라는 마음도 착하고 얼굴도 예뻤었다. 운동하던 시절에 다리를 다쳤었는데, 이제는 괜찮은 건지 걱정도 됐다. 세라는 잠깐의 부주의로 다리에 상처를 입었었다. 매달리기 연습을 하다가 난 상처였다. 매달리기는 천장에 달린 봉을 잡기 위해 나무의자를 밟고 올라간다. 봉은 높지는 않았지만 연습을 위해서는 아래 받침대가 있어야 한다. 2인 1조로 연습을 하고 한 사람이 봉을 잡고 오르면 아래에 있는 사람은 의자를 치워준다. 혹시라도 떨어질 때 의자를 밟으면 다칠 수도 있어서다. 그 당시 세라는 혼자서 연습을 하고 있었다. 아래에 있는 의자를 치워줄 사람이 없었다. 본인은 잠깐 연습하고 내려오려던 참이었다. 봉을 잡고 버티다 힘이 빠졌고 의자를 밟으려다 발을 헛디뎌 의자 모서리에 종아리를 긁히면서 바닥으로 떨어졌다. 다리에는 15cm 정도 길이의 상처가 났다. 꿰맬 정도는 아니지만 상처가 깊게 패었다. 남자도 아니고 여자 다리에 눈에 보이는 상처가 나서 마음이 아팠다. 본인도 상처를 보고 눈물을 멈추지 못했다. 아프기도 했지만 흉이 생길 것 같은 걱정이 더 커서이다.

세라는 그 해에 대학을 붙었고 레이저 치료를 하면서 상처도 옅어지긴 했다. 차츰 시간이 지나면서 마음의 상처도 함께 아물어가고 있었다.

약속된 시간이 되자 세라가 도착했다. 오랜만에 보는 얼굴인데 여전히 하얗고 예뻤다. 다리부터 물어보았다.

"많이 아물었지요. 그때가 언젠데. 아직도 기억하세요?"

"너만 보면 그게 걱정이라서. 그런데 갑자기 어쩐 일이니?"

"선생님, 내일 저 마지막 시험만 남았어요."

"무슨 시험인데?"

"스튜어디스요. 내일만 보면 합격해요."

"내일은 무슨 시험을 보는데?"

"최종 실기요."

승무원을 준비하고 있다는 얘기는 익히 들어서 알고 있었다.

"역시 해냈구나. 축하해. 붙었네."

최종 단계만 남았는데 합격 확정이다. 일반인에게는 최종 실기가 어려울 수도 있지만 체대 전공자에겐 시험 보러 가기만 하면 될 정도로 쉽다. 더욱이 세라는 실기가 어렵기로 유명한 숭실대를 졸업했다. 연습이라도 한번 해보라는 것도 사양했다. 그냥 가기만 하면 된다고 전혀 걱정도 안 했다. 체육인의 긍지를 보여주고 오겠다며 자신만만해했다. 최종 합격 소식은 SNS를 통해서 확인했다. 꿈은 이루어진다고 했던가. 대견하다는 생각이 들었다. 혹시 외국을 나갈 일이 있어서 비행기에서 세라를 만난다면 얼마나 반가울까 하는 상상도 해봤다.

때때로 승무원을 준비하는 수험생이 오기도 한다. 실기의 기준이 어렵지는 않다. 하루 만에 기준점을 통과하는 사람도 있고 보통은 3일에서 5일 정도의 짧은 기간만 운동을 한다. 승무원을 준비하는 사람들은 시간이 필요한 종목은 따로 연습을 하고 학원에서는 기구 종목만 측정하러 온다. 어려운 실기가 아니라 지도하기도 쉬운 편이다. 세라에게는 힘든 시험도 아니고 연습도 필요 없을 정도의 시험이었다. 실기보다는 이론시험이 어려웠을 것이고 다행히 모두 통과하고 최종 합격을 했다.

실기가 포함된 공무원 시험이 있다. 소방공무원과 경찰 공무원이다. 얼마 전에도 중표라는 졸업생이 실기 준비를 위해 학원을 방문했다. 중표가 지원한 분야는 경찰 공무원이었다. 내가 보기에도 중표는 경찰이 어울린다. 일단 중표 얼굴을 보면 범인이 거짓말을 못 할 듯싶다. 얼굴 전체에 카리스마가 넘친다. 웃으면서 얘기해도 처음 보는 사람은 무서워할 정도다. 지내고 보면 심성은 착한데 외모만 봤을 때는 오해하기 십상이다. 고등학교 때는 싸움을 한 번도 한 적이 없는데 일진이라는 소문이 날 정도다.

중표를 만나고 보니 공부만 전념한 흔적이 몸에 묻어 있었다. 몸에 살이 불어 있었고 배도 나왔다. 배는 원래도 나왔지만 전보다 더 나왔다. 1차 필기를 채점해 본 결과 붙을 가능성이 높았지만, 2차 실기까지 시간이 별로 없었다. 체육을 전공으로 했던 학생이라 우려할 정도는 아니었다. 공무원 시험에서 요구하는 기록이 지금은 나오지 않지만 예전에 운동을 할 때는 그 이상의 기록을 냈던 학생이었다. 며칠 운동을 하니 확실히 보통 사람들보다는 기록의 향상이 눈에 보였다. 사실 체대생들이 공무원 시험을 실기 때문에 떨어진다는 건 창피한 일이고, 중표 또한 최종 합격했다.

연수가 끝나고 발령을 받으면 근무지에서 한번 만나기로 했다. 아들에게도 학원 삼촌이 경찰이 됐다고 얘기를 해 줬다. 누가 괴롭히면 삼촌한테 얘기하면 된다고 했다. 아들은 초등학교 1학년인데 경찰 삼촌을 만나러 간다니까 많이 설레 했다. 중표와는 예전에 같은 아파트에 살았었다. 몇 번 보기는 했지만 유치원 때라 기억을 못 할줄 알았다. 그런데 무서운 삼촌이라고 하니까 기억을 한다. 애들은 거짓말을 못하나 보다. 중표가 무섭긴 무서운 얼굴인가 보다.

　예전에는 체대를 지원하는 학생들만 실기를 준비했다. 요즘은 체대와는 별도로 실기시험을 봐야 하는 분야가 많아졌다. 소방공무원, 경찰공무원, 특전사, 경호처, ROTC 후보생, 육사 등 다양하다. 소방과 경찰은 실기의 기준이 까다로운 편이다. 실기시험에 떨어져 다시 재수를 하는 경우도 많다.

　체대 졸업생들도 공무원 시험을 준비하는 사람들이 늘어나고 있는 추세다. 제일 많이 시험 보는 분야는 역시 소방공무원과 경찰 공무원이다. 운동을 했던 이점을 살리자면 실기가 있는 공무원 시험이 유리하다. 이론만 합격하면 실기는 큰 문제가 안 되는데 경쟁은 치열하고 이론을 통과하기가 쉽지 않다는 점이 아쉽다.

　최근에는 특전사를 지망하는 수강생이 들어왔다. 학원에 출근하니누군가 강사와 1대 1로 수업을 하고 있었다. 다리가 가늘고 새하얀 피부라 공무원을 준비하는 줄 알았다. 입시생 외의 일반인도 다양한 분야의 수업을 진행하던 터라 특별히 관심을 두지 않았다. 며칠 동안의 수업을 지켜보다가 수업을 맡은 강사에게 물어보았다.

"소방이니 경찰이니?"

"특전사인데요."

예상외의 대답이었다. 더 놀란 것은 군대를 상근으로 마쳤다는 것이다. 왜 군대를 다시 가냐고 물어보니 본인의 꿈이란다. 너무 마르고 왜소해서 특전사 가기 전에 운동하다 쓰러질 것 같았다. 걱정이 되지만 본인의 뜻이 워낙 강하고 심지가 굳게 잡혀 있었다. 특전사는 체격도 크고 몸도 탄탄하고 근육질의 사람이 가는 곳으로 알고 있었다. 이 친구는 몸도 마르고 다리도 가늘어서 안쓰러울 정도다. 얼굴하고 피부까지 하얘서 더 연약해 보인다. 운동은 하기도 전부터 지쳐 보이고 끝날 때까지 한결같이 지쳐 보였다. 힘에 부쳐 하는 모습인데 끝까지 해내는 정신력이 놀라울 따름이다. 첫 번째 시험은 떨어지고 두 번째 시험을 준비하고 있었다. 처음보다는 운동이 늘어서 두 번째 시험은 합격을 했다. 체력도 많이 늘었고 상위권은 아니더라도 붙을 만큼은 된 듯하다. 운동 모습을 볼 때마다 몹시 걱정이 되었는데 합격을 해서 다행이다. 다만 특전사에 가서도 잘 해낼 수 있을까 하는 걱정은 사라지지 않는다.

5장

이제는
체육이다

100세 시대가 현실로 다가왔다. 오래 산다는 것은 분명 축복일 것이다. 단, 100세를 위한 준비가 되어 있는 사람의 얘기이다. 건강하게 100세 시대를 맞이해야 한다. 건강을 잃고 노년을 보낸다는 것은 불행할 수밖에 없다.

법정 근로시간이 줄면서 여가 시간도 늘어나고 있다. 여가 시간의 증대는 체육 산업의 활성화로 이어지고 있다. 보는 스포츠에서 참여하는 스포츠로 추세가 바뀌고 있다. 체육은 개인의 건강관리와 더불어 무수한 수요를 창출할 수 있는 역량을 갖고 있다.

건강한 몸에 건강한 정신이 깃든다

체육전공자들은 꾸준히 하는 운동들이 하나 정도는 있다. 나도 배드민턴과 골프를 오래도록 했고 지금은 사회인 야구에 푹 빠져 있다. 체육을 전공했고 운동을 좋아해서 어떤 운동이든 시작을 하면 몰입을 하고 끝을 봐야 했다. 특히 골프에 빠졌을 때는 운동에 쏟는 시간이 굉장히 많았다. 새벽에 연습장에 가서 4시간 정도의 운동을 했다. 하루에 샷을 천 개를 치는 날도 있었다. 연습장에 있던 프로가 '올림픽이라도 나가세요.'하며 말리기도 했다. 연습용 장갑은 일주일에 한두 개씩 버렸다. 구멍이 나서 도저히 쓸 수가 없었다. 누가 시켜서도 그렇게 까지는 못할 것이다. 그러던 중 갑자기 골프를 접게 되었다. 문득 골프에 쏟는 시간이 아깝다고 느껴졌다. 독서와 골프를 바꾼 것이다. 독서를 꾸준히 하고 있었는데 독서량이 늘어나면서 시간이 부족했다. 독서도 하고 글까지 쓰려니 시간은 더욱 부족해졌다. 골프라는 운동은 평소에도 연습

시간을 많이 투자해야 하고, 라운딩이라도 나가는 날은 하루가 없어진다. 여러모로 시간을 많이 필요로 하는 운동이라 그만두게 되었다.

골프 모임이 끝나고 회식을 하던 중의 일이다. 그 자리에서 건강에 관한 질문을 했던 적이 있다. 질문에 대한 답은 연령에 따라 다르게 나왔다. 그날 모임의 분위기로는 젊은 사람과 나이 든 사람을 구분하는 질문이라고 지칭했다.

"건강하려면 어떻게 해야 하죠?"

내가 생각했던 답은 '운동'이었다. 내 주변에는 체육과 관련된 일을 하는 사람이 많다. 당연히 운동 말고는 다른 답이 나올 거라는 생각조차 없었다. 그런데 중년이 넘은 사람들의 답은 다르게도 나왔다. 평소에 친하게 지내는 누님이 한 마디 했다.

"얘는 밥 먹다 말고 무슨 그런 뚱딴지같은 질문을 하니?"

누님이 대답했다.

"건강하려면 약 먹어야지. 당연한 거 아니니? 그리고 보니 오늘 약 빼 먹었네"

웃으려고 했던 질문이 아니었는데 웃음이 나왔다. 누님도 장난으로 얘기한 게 아니라 진심이었기 때문이다.

그날 모임 참석자들은 하루라도 약을 거르면 안 된다고 하는 사람들이 대부분이었다. 물론 나를 제외하고는 모두들 연세가 있기는 했다. 운동으로 모인 회원들이 약으로 건강을 지킨다는 것이다. 아이러니하긴 했는데 골프는 재미로 하고 건강은 약으로 해결하는 것이다.

"너도 내 나이 돼봐. 밥은 안 먹어도 약은 꼭 먹어야 돼."

누님과 나의 나이차는 10년 정도인데 생각의 차이는 그 이상이었다.

TV에서도 의약품 광고가 넘쳐난다. 어떤 광고는 음식을 배부를 정도로 잔뜩 먹고도 걱정하지 말라고 한다. 소화제가 있다는 것이다. 얼마나 미련한 짓인가 싶기도 하다. 많이 먹고 소화제를 먹는 것인지 소화제를 먹기 위해서 많이 먹는 것인지 알 수가 없다. 광고는 미처 눈치채지 못하는 방법으로 과식을 조장한다. 소식을 하면 소화제가 팔리지 않기 때문이다. 간단한 소화제부터 약에 의존하는 습관이 들기 시작한다. 소식을 하면 쉽게 해결되는 방법이다.

'죽지 않을 만큼 먹고 죽을 만큼 운동하면 몸짱이 된다.'는 말이 있다. 죽는다는 얘기가 두 번이나 들어간다. 그만큼 힘들다. 식욕을 참는 것도 힘들고 꾸준히 운동하는 것도 어려운 일이다. 식단과 운동이 그만큼 관리하기 힘든 것이다. 하지만 저 짧은 구절에도 건강의 핵심이 들어있다.

식이요법과 운동이 졸업 과정에 있는 대학교가 있었다. 체육대학교는 각 학교별로 졸업의 조건이 틀리다. 체육교육과는 교직과정을 이수하고 교원자격증을 발급받는다. 일반 체육대학은 스포츠 지도자 자격증을 필수로 따야 하는 학교가 많다. 생활체육지도자 자격증이라고 불리기도 한다. 어떤 대학교는 정규과정에 맞는 졸업 실기를 보는 학교도 있다. 사실 체육대학교가 들어가기가 힘들지 졸업은 쉬운 편이다. 졸업을 해야겠다는 본인의 의지가 어느 정도만 있어도 어렵지 않게 졸업을 한다. 다른 대학들보다 졸업이 특이하고 까다로운 대학에 대한 이야기다.

A대학교는 보디빌딩 대회에 참가하여 입상을 해야 졸업이 됐다. 지금은 없어졌는데 참신하다고 생각한다. 대회의 규모는 제한이 없다. 전국 어느 지역 대회라도 입상실적이 있으면 인정이 된다. 뚱뚱한 학생보다 마른 학생들이 졸업에 어려움을 겪었다. 대회에 나가려면 근육을 만들어야 하는데 마른 학생이 근육을 만드는 것이 더 어려웠다. A대학교에 다니는 학생들은 1학년부터 대회 준비를 시작하기도 했다. 미리 입상을 해서 졸업의 부담을 덜고 싶어서다. 4학년 초까지 입상을 하지 못한 학생들은 발등에 불이 떨어진다. 대회가 열리는 지역은 상관이 없었다. 지방대회라도 열리면 무조건 참가해야 했다.

학원 강사인 수현이도 입상을 해야만 졸업이 가능했다. 학기 중에는 학원에서 아르바이트로 강사를 하고 있었다. 편입으로 가게 된 학교였다. 3학년으로 편입을 하고 학교에 적응하다 보니 1년이 훌쩍 지나갔다. 4학년 1학기까지 대회 입상을 하지 못했다. 졸업을 못할 수 있다는 압박감이 다가왔다. 옆에서 지켜보는 내가 초조할 정돈데 본인은 얼마나 힘들었을까?

식단도 싹 바꿨다. 닭가슴살과 야채와 단백질 위주의 식사를 했다. 탄수화물은 입에 대지도 않았다. 도와주지는 못할망정 가끔 장난을 치기도 했다. 정신력 강화라는 장난을 했다. 수현이 올 시간 즈음에 짜장면을 시켰다.

"어머 너도 하나 시킬까? 같이 먹을래?"

"아뇨, 저는 도시락 싸왔어요."

우리는 짜장면을 먹고 수현이는 도시락을 먹었다. 수현인 닭 가슴살을 먹으며 괴로워했다. 대회 입상만 하면 닭은 쳐다보지 않겠다고. 라면, 떡볶이, 순대만 질릴 때까지 먹고 싶단다. 수현인 식이조절과 운동을 꾸준히 했다. 근육이 많이 늘어나진 않았지만 균형은 잡혀갔다. 그때는 지방의 소규모 대회는 입상하기가 어렵진 않았을 때다. 3달 정도 지나고 눈에 띄게 살이 빠졌다. 근육은 여전히 없었다. 여자가 단기간에 근육을 만들긴 쉽지 않다.

5개월 정도의 준비기간을 갖고 대회에 참가했다. 여자부 3위로 입상을 했다. 어느 지역의 대회인지는 알 수 없었다. 어느 정도 규모의 대회인지도 알 수 없었다. 본인이 철저히 비밀로 부쳤다. 보디빌딩 대회의 특성상 비키니를 입고 참가해야 한다. 비키니 입은 모습을 아는 사람들에게 보이고 싶지 않아서다. 궁금하기는 했지만 일부러 찾아보지는 않았다. 찾아보려고 해도 못 찾았을 것이다. 이름도 없는 지방의 소규모 대회라서 검색도 쉽지 않았다.

수현이는 졸업을 위해서 운동을 했다. 본인의 의지에 의한 시작은 아니었다. 하지만 여러 가지 효과가 있었다.

얼굴에 몇 개 있던 여드름도 없어져서 물어 보았다.

"몸은 좋아졌니?"

"외형은 큰 변화를 모르겠는데 변비가 없어졌어요."

여학생들은 변비가 많다. 하도 변비가 심해서 자기 나름대로의 처방법을 갖고 있는 학생도 많다.

"외모만 봐도 피부가 좋아졌네."

"네. 힘들긴 했는데 몸이 좋아지는 건 느껴요."

피부도 깨끗해지고 몸도 날씬해졌다. 건강미가 넘쳐 보인다. 힘들긴 했어도 보람이 많았다고 한다. 졸업도 하고 몸도 만들고 이석이조의 효과였다. 지금은 이런 규정이 없어져서 아쉽기도 하다.

몸짱 열풍으로 일반인들의 대회 참가도 많이 늘었다. 체육전공자 외에 일반인들도 입상을 목표로 많은 운동량을 소화한다. 대회 입상이 점점 어려워지고 재학생들도 힘들었을 것이다. 대학 가면 한참 먹고 마시고 놀아야 하는 나이인데 참으려니 힘든 부분도 많았을 것이다.

웨이트 운동이나 다이어트 시 조심해야 할 것이 있다. 시간이 지나면서 다시 원래 몸으로 돌아갈 수 있다. 일명 요요라고도 한다. 식단 조절에 어려움이 있어서다. 도시락을 매일 싸가지고 다니기도 어렵다. 사먹을 만한 음식도 별로 없다. 주변 사람들과 식사를 할 때 혼자 다른 메뉴를 고르기도 어렵다. 기본적으로 인간은 살기 위해선 먹어야 한다. 음식의 조절이 힘들면 운동의 통해서라도 건강을 유지해야 한다. 체육을 전공한 사람은 일반인에 비해 건강한 편이다. 건강의 조건 중 하나인 운동을 꾸준히 실행하고 있어서다. 수현이도 몸을 만들던 그때가 건강 상태가 제일 좋았다고 한다. 피부도 깨끗해지고 소화도 잘되고 늘 컨디션이 좋았다고 한다.

〈건강한 몸에 건강한 정신이 깃든다〉 고대 로마의 시인 유베날 리스의 시에 있는 명언이다. 이것은 원래 소망이었다고 하는데 현대에 와서는 격언으로 이해되고 있다.

정신과 몸은 일체이다. 정신이 강하면 몸이 건강하고 몸이 건강하면 정신이 강하다는 것이다. 반대로 둘 중에 하나가 약해지면 다른 부분에 영향을 미칠 수 있다. 고등학교 동창 중에 주간보호 센터를 하는 친구가 있다. 몸이 불편하신 어르신들을 아침부터 저녁까지 보살펴 드리는 일이다. 직업의 영향일까 친구는 항상 겸손하고 점잖은 편이다. 센터를 방문하면 늘 조용하고 시간의 흐름이 느리게 가는 느낌이다. 입구에 들어서는 순간부터 시간은 느려지고 마음도 차분해지기 시작한다. 차에서 내리는 순간에는 내가 내고 있는 소리 말고는 아무 소리도 없는 듯 정적이 흐른다. 센터에는 몸이 불편한 어르신들이 많다. 몸이 불편하니 마음도 약해 보인다. 연세가 많지 않아도 지병으로 인해 몸이 불편하신 분들도 있다. 어르신들을 뵐 때마다 하루빨리 건강을 되찾기를 기원한다. 건강의 소중함을 느끼게 된다.

얼마 전에 차량을 구입해야 돼서 딜러를 만난 적이 있다. 나이가 지긋하신 분이 견적서를 가지고 왔다. 서류를 볼 때만 돋보기를 쓰고 평소에는 안경도 안 쓰신다. 보기에도 연세는 많아 보였고 정년은 이미 오래전에 하셨다고 한다. '몸도 건강한데 하루 종일 집에 있으면 뭐 하냐.'며 소일거리로 일을 하신다는 것이다. 이야기 중에 곧 여든이라고 하셨다. 몸이 움직이는 한 일을 계속할 거라고 하신다. 건강이 허락해서 일을 하시는지 일을 놓지 않아 건강한지는 알 수 없다. 그분을 보면서 느끼는 점이 많았다.

누구나 현업에서 은퇴를 하게 된다. 시점만 다를 뿐이다. 은퇴준비에 가장 우선시 생각하는 것이 돈이다. 은퇴 후 여유 자금의 준비가 되어 있어야 한다. 돈만큼 중요한 은퇴준비물은 건강이다. 눈에 보이지 않는 준비물이라 중요시 생각하지 않는 듯하다. 은퇴를 위한 건강의 준비는 젊어서부터 꾸준히 하여야 한다. 몸이 건강하면 정신도 건강하기 때문이다.

2

체육인의 한류열풍

체육에서도 한류가 진행되고 있다. 대한민국 1등이 세계 1등인 종목
이 있다. 태권도와 양궁은 두말할 나위 없이 세계 속에 대한민국을 알
리는 체육의 한류를 선도하는 종목이다. 골프와 야구에서도 한류를 찾
아볼 수 있다. IMF 시기에 국민들의 좌절과 한숨을 위로해준 박찬호와
박세리는 영웅이었다. 코리안 특급으로 명성을 날리던 박찬호는 생소
했던 메이저리그를 한국민에게 소개한 전도사와 같았다. 그가 던지는
일구 일구는 국민들에게 용기와 위안을 주었다.

메이저리그에 대한민국을 알린 박찬호의 영향은 그 후로도 꾸준히
한국인 메이저리거를 배출하는 결과로 이어졌다. 류현진 선수의 경기
중간에 다저스타디움에는 싸이의 강남스타일이 울려 퍼지기도 했다.
스포츠와 엔터테인먼트가 어우러진 장면이며 가슴이 뭉클해지는 순간
이었다.

박세리로 시작된 골프의 인기는 박세리 키즈라는 용어를 만들었다. 박세리의 경기를 보고 자란 후배 선수들은 현재 LPGA 상위 랭커들 대부분의 국적을 대한민국으로 만든 근간이 되었다. 세계 속에 대한민국의 국위를 선양하고 있으며 그들은 거의 모든 대회의 선두다툼에 이름을 올리고 있다.

베트남에 부는 축구 한류

박항서 감독이 베트남의 국민 영웅이 될 줄은 아무도 몰랐다. 2002년 월드컵 때 우리나라 감독을 맡은 거스 히딩크 감독의 인기를 능가한다고도 한다. 은퇴할 나이에 도전한 박 감독에게 많은 사람들은 반신반의했다. 박 감독은 3개월 만에 베트남 축구 역사에 한 획을 그었다. 1승이 목표였던 아시아축구연맹(AFC) U-23 챔피언십에서 베트남을 준우승으로 이끌었다. 결과도 중요했지만 과정에서 보여준 선수들의 끈기와 집념이 베트남 국민들을 감동시키기에 충분한 것이었다.

2002년 월드컵 당시의 히딩크 감독은 한국 축구를 처음 접했을 때 깜짝 놀란 게 있다고 한다. 식사시간에 선수들이 고참과 신참으로 나뉘어서 식사를 하는 장면이었다. 후배들은 선배들에게 말을 붙이기 어려운 분위기였다고 한다. 히딩크 감독은 운동 외 시간에서도 소통을 중요시 생각했다. 실제 축구 시합 중에는 선후배의 구분 없이 이름을 부르게 했다고 한다. 가장 나이 어린 후배가 시합 중에 대선배인 홍명보 선수에게 '명보'하고 부르는 건 그야말로 파격이었다. 홍명보 선수는 90

년, 94년, 98년 월드컵을 경험했던 베테랑중의 베테랑이었다. 후배들이 대하기에 범접하기 어려운 선배였을 것이다. 선수 간의 소통은 2002년 월드컵에서 4강 신화를 이루는 원동력이 되었다.

히딩크 감독 체제에서 코치로 보좌한 박 감독은 이러한 부분까지도 베트남 선수들에게 심어줬다.

"선수들과 같은 생각, 같은 행동을 수시로 소통하려고 애썼어요. 변화를 시도 하려면 선수들을 이해시키는 것이 먼저라고 생각했습니다."
-박 감독 인터뷰-

지난 3월 28일 열린 2019 AFC 아시안컵 3차 예선 최종전에서 베트남이 요르단에 1대 1 무승부를 거두며 예선 무패로 본선 진출에 성공하며 박 감독은 베트남 국민들의 사랑을 한 몸에 받았다. 베트남 정부가 수여하는 3급 노동훈장도 받았다. 문재인 대통령은 SNS에 박 감독을 격려하는 메시지를 남기기도 했다. 그에게 거는 기대가 더욱 커진 것이다. 축구를 통한 베트남에 부는 한류열풍이다.

월드컵 축구가 일으킨 멕시코 한류열풍

러시아 월드컵에서 때아닌 한류열풍이 불어닥쳤다. 한국 축구가 세계 1위 독일을 이긴 것이다. 한국은 앞선 경기에서 2패로 16강 진출을 위해서 더 이상 물러날 곳도 없었다. 한국이 독일을 이길 거라고는 누구도 상상하지 못했다. 공은 둥글다는 표현이 이럴 때 맞는 말일지도 모른다. 최종 결과에서 한국은 16강 진출에 실패했다. 잘 싸운 선수들에게 국민들은 격려와 환호로 답해주었다.

한국의 결과에 멕시코에서 갑자기 한류 열풍이 불었다. 한국이 독일을 꺾음으로써 멕시코가 어부지리로 16강에 진출한 것이다. 멕시코 관중들이 한국 사람만 보면 헹가래를 쳐주는 동영상이 전파를 탔다. 멕시코에 사는 지인에게 연락이 왔다. 한국 축구 덕분에 자기가 그 지역의 스타가 됐다고 한다. 지인은 한국인이라고는 한 명도 없는 곳에 살고 있다. 멕시코의 외곽이기도 하고 동양인은 본인 혼자라서 그 지역 사람들이 다 알고 있다고 했다. 한국 축구로 더욱 유명해진 것이다.

경기적인 면에서도 독일의 조별리그 탈락은 80년 만에 처음이다. 세계 축구 역사에서 독일을 상대로 본선에서 2점 차 이상으로 이긴 팀은 겨우 4팀뿐이다. 이탈리아, 브라질, 크로아티아, 그리고 한국이다.

3

몸도 되고 돈도 되고

몸짱의 시대이다. 몸짱으로 성공한 사람들은 내 주변에도 많이 있다. 대학교 후배 중에 김금자라고 있다. 한번 들으면 잊히지 않는 독특한 이름이다. 처음 신입생 환영회 때 이름을 듣고는 가명인 줄 알았다. 그녀도 교사의 꿈을 위해 고려대학교 체육교육과에 입학하였다. 재학 시절에 지인이 '골격이 남다르다'는 조언을 듣고 운동을 시작했다. 보디빌딩 입문 1년 만에 제26회 YMCA 선발대회 52kg 급에서 우승을 하게 된다. 더 나아가 '미스터 코리아(Mr.KOREA)와 마찬가지인 1997년 '미즈 코리아(Ms,KOREA)'에서도 당당히 우승을 차지하게 된다. 당시만 해도 여성에게 보디빌딩은 불모지와 같았다. 모 방송사의 스포츠뉴스에도 인터뷰와 함께 출연을 하기도 했다. TV에 나오는 사람을 보는 것보다 지인을 TV에서 보는 게 더 놀라운 일인 것 같다. 후배가 보디빌딩을 한다는 사실을 전혀 모른 상태에서 인터뷰하는 것을 보니 정말 대단하다고 느꼈다.

우승 소감으로 그녀는 '뭔가 남다르기 위해서, 뭇 여성들이 도전하지 못하는 독특한 영역에서 나만의 꿈을 이루고 싶었다.'고 포부를 밝히기도 했다.

그녀는 '욕심'보다는 '도전'에 더 큰 의미를 두고 좀 더 노력을 하여 미즈 아시아에도 도전을 하게 된다. 그녀의 도전은 결국 1998년도 미즈 아시아에서 우승이란 타이틀을 거머쥐게 된다. 그리하여 '보디빌더 국가대표'로 선발되기까지 했다. 여러 동료들과 함께 단체 합숙을 시작하고 1998년 '미즈 아시아 커플 우승'을 거머쥐는 영광을 차지한다. 보디빌더 국가대표로 승승장구하며 최정상의 자리에서 많은 영광을 누

리게 된다.

후에 2011년 대한보디빌딩협회 선수로 있었던 동료들과 체육발전에 이바지한 공로로 대통령 표창과 포상증을 수여하기도 했다. 2012년에는 '보디빌딩 대회 국제 심판 자격'을 얻고 현재 심판 활동을 겸하고 있다.

그녀는 웨이트트레이닝과 더불어 필라테스, 요가, 개인 PT, 발레핏이란 운동의 각 체계를 섭렵하여 연구 활동과 실제에 접목시키고 있다. '체육교사의 꿈보다 더 큰 꿈을 실현시키고 있는 과정에 있다.'라고 그녀는 얘기한다.

현재는 '여의도 김금자 바디핏'이란 센터를 오픈하여 일반인의 지도와 후학 양성에 전념하고 있다. 이러한 일련의 과정은 처음엔 사소한 곳에서 시작된 것이다. '골격이 좋아 보인다.'는 말을 흘려듣지 않고 운동을 통해 몸만들기에 전념한 결과이다. 그녀 또한 자신이 이 자리에까지 올 것이란 생각은 전혀 해 본 적이 없었다고 한다. 몸만들기로 시작한 운동이 부와 명예까지 거머쥔 최선의 선택이었던 것이다. 처음 다소 촌스럽게 느꼈던 그녀의 이름은 지금 생각해보면 외우기도 쉽고 이름이 온통 금밭인 것 같다는 생각이 든다.

운동을 통해 건강한 몸과 꿈과 사랑을 찾게 된 제자를 소개하고자 한다.

때로는 혼자 상담 오기 어색해서 친구와 같이 오는 학생들이 있다. 함께 온 친구는 아무런 사심 없이 옆에 앉아서 같이 상담을 듣게 된다. 마치 옷 가게에 친구와 같이 가면 따라간 사람이 더 부담 없이 둘러보는 것처럼 말이다.

한 명은 운동을 하려고 온 것이고 다른 친구는 그냥 따라왔다. 운동에 관심이 없던 친구가 먼저 얘기를 꺼냈다.

"얘 운동 진짜 잘해요. 저희 반에서 체육부장을 하고 있어요. 교내 체육대회 하면 얘가 작전은 거의 다 짜요."

"그래 잘하면 좋지."

같이 온 학생의 이름은 형준이었다. 상담이 끝나면 운동 테스트를 시켜본다. 운동에 자신 있는 아이들은 자신의 능력치를 궁금해한다. 그날은 함께 온 형준이도 테스트를 했다.

"테스트 한번 해보자. 간단한 종목만 측정을 하니까. 너도 한번 해볼래. 재미있어."

1시간 정도의 상담을 기다린 형준이도 테스트를 했다. 본인 상담도 아닌데 기다리기 지루했을 것이다.

"저도 해도 돼요?"

호기심 가득하게 대답했다.

"해도 돼. 돈 드는 일도 아닌데."

간단한 몸풀기를 하고 두 사람을 측정해 봤다. 놀랍게도 측정 결과는 전혀 딴판으로 나왔다. 처음에 유연성을 측정했다. 제자리에 서서 차렷 자세로 손바닥을 바닥에 붙여보라고 했다. 체육부장은 손끝도 땅에 닿지 않았다. 같이 온 형준이는 손바닥이 너무도 쉽게 닿았다. 턱걸이와 윗몸일으키기도 시켜 보았다. 체육부장보다 형준이의 기록이 훨씬 좋았다. 형준이가 체대 입시 운동은 훨씬 잘하겠다는 생각이 들었다.

"너도 혹시 운동할 생각 없니?"

"저는 운동 못하는데요."

"너는 운동 못하는데, 왜 운동 잘하는 체육부장보다 기록이 좋니?"

"그러게요. 운동하려고 온 게 아니라서 생각을 좀 해볼게요."

"잘 생각해 보고 언제든 연락해라. 체육부장을 통해서."

체육부장은 구기종목을 잘 했다. 특히 축구를 잘했다. 아이들 사이에서는 축구 잘하면 운동 잘하는 학생이 된다. 체대 입시에 대해 갖고 있는 선입견이기도 하다. 안타깝게도 체대 입시에는 축구를 시험 보는 학교가 거의 없다.

한 달 정도 있다가 형준이가 다시 왔다. 운동을 하고 싶은데 체대가 목표는 아니라고 했다. 친구들도 여기에 많이 다니고 건강이 목표라고 했다. 좀 의아했다. 건강이 목표면 헬스장에서 운동을 하라고 권유했다. 여기는 돈도 더 많이 들고 힘들다는 설명도 했다. 형준이는 한두 달 정도 운동을 해보고 그때 가서 결정을 하겠다고 했다. 편하게 생각하라고만 하고 운동을 시작하게 되었다. 형준인 확실히 운동을 잘했다. 내가 정확하게 보기는 한 것이다. 처음에 약속했던 한 달이 지나도 운동은 계속되었다.

그러던 중 형준이가 건강상 운동을 하게 된 이유를 알게 되었다. 사정을 알게 되었을 때는 운동을 그만했으면 하는 권유도 했다. 걱정이 되고 우려스러웠다. 형준이는 괜찮다고 운동을 지속했다.

형준이의 상태를 알게 된 것은 우연한 계기였다. 학원에서 2박 3일간의 전지훈련을 준비하던 때였다. 출발하는 당일 형준이가 다가왔다.

"선생님, 아이스박스에 제 것도 하나만 같이 넣으면 안 돼요?"

"자리 남으니까 넣어도 돼."

"근데 뭘 넣으려고?"

"주사기요."

어디 아픈가? 마약을 하는 건 아닐 테고. 궁금해서 물어보았다.

"물어봐도 되니?"

"인슐린 주사예요."

형준인 선천성 소아 당뇨병을 앓고 있었던 것이다. 1형 당뇨병이라고도 한다. 태어날 때부터 자가면역 이상으로 췌장의 베타세포가 파괴되어 인슐린이 전혀 분비되지 않는 병이다. 식습관이나 운동부족 비만과도 전혀 상관이 없는 병이다. 1형 당뇨병은 한번 발병하면 현대의학기술로 완치가 불가능하다고 한다. 인위적으로 인슐린을 보충하는 방식으로 혈당을 조절하는 수밖에 없다고 한다. 형준이는 어려서부터 주사를 맞았다고 한다. 초등학교에 들어가서는 직접 주사를 놓기 시작했다고 한다. 듣고도 믿기지 않았다. 형준인 몸도 근육질이며 힘도 세고 운동도 잘했다. 저렇게 튼튼한 애가 선천적 지병이 있다는 말이 다소 충격적이었다. 식성도 굉장히 좋아서 한 번에 먹는 양도 엄청났다. 친구들과 고기뷔페에 가면 식당 사장님이 다음부터는 오지 말라고 할 정도로 많이 먹었다. 그 당시 아이들은 고기뷔페 불판 바꾼 횟수로 식사량을 가늠했다. 형준인 불판 바꾸는 횟수도 많지만 아예 숯불을 갈아달라고 할 정도로 많이 먹었다. 당뇨병을 앓고 있다는 사실은 본인이 얘

기하지 않으면 알 수가 없었다. 인슐린 분비가 되지 않을 뿐 운동기능
에도 전혀 영향을 주진 않았다.

형준이의 상태를 알게 되면서 아무래도 신경이 쓰일 수밖에 없었다.
본인은 한사코 괜찮다지만 그렇다고 걱정이 사라지지는 않았다. 수능
을 보고 학교도 결정했다. 인 서울과 천안에 각각 한 군데의 학교에 지
원을 했다. 실기시험은 매우 잘 봤고 붙을 수 있을 만큼 점수도 받았다.
최종 결과도 두 군데 대학교를 모두 합격했다.

함께 운동한 친구들은 아무도 형준이의 몸 상태를 몰랐다. 운동도 잘
했고 남들이 보기에도 매우 건강해서다. 건강을 위한 운동이 자신을 극
복하고 체대를 합격하는 결과까지 만들어 냈다.

대학 졸업과 함께 형준인 혈혈단신 미국으로 떠났다. 떠나는 이유도
거창했다. 미국에 가서 태권도 도장을 운영하는 것이 목표였다. 형준인
정말 나를 놀라게 하는 재주는 탁월한 것 같았다. 한국인이라고 전혀
없는 지역에 가서 사범부터 시작을 했다. 자신의 꿈을 위해 태평양을
건너간 대단한 친구였다.

미국에 갈 때도 영어는 한마디도 할 줄 몰랐다. 그렇다고 국어를 잘
한 것도 아니다. 본인이 가려는 태권도장 관장님이 그곳에서 유일한 한
국인이었다. 한국에서 영어회화 공부해봐야 소용없을 것 같다고 현지
에서 배우겠다고 무작정 간 것이다. 애는 어떤 때 보면 치밀해 보이기
도 하고 어떤 때는 무모해 보이는 면이 있었다. 관장님 밑에서 사범 생
활을 하다가 자신의 이름으로 도장을 차리는 게 꿈이었다.

몇 년의 시간이 흐르고 미국에 있는 형준이에게 연락이 왔다. 신년이 되어서 인사차 전화를 했다.

"쌤 안녕하셨어요?"

"헤이, 형준 잘 지냈니."

"네, 건강하시죠?"

"오브 코스 물론이지."

"쌤 그냥 한국말로 해주세요. 어색해요."

"오케이. 내가 좀 오버를 했지."

오랜만의 연락이라 흥분이 됐다.

"쌤 근데요, 유진이 아세요?"

"아는데 네가 걔를 어떻게 아니?"

"지금 같이 있어요."

"음 그게 무슨 말도 안 되는 이야기니?"

"말하자면 긴데요. 아무튼 같이 있어요."

옆에 같이 있다는 유진이를 바꿔줬다.

"쌤 안녕하세요."

전화기 너머로 유진이의 목소리가 들렸다.

"어 그래. 그런데 네가 어떻게 거기에 있는 거니?"

"오빠랑 우연히 연락이 닿아서 만났어요."

"너 한국에 이제 안 와?"

"그러게요. 언제쯤 가게 될지 모르겠네요. 하하."

내가 알던 유진이가 맞았다. 어안이 벙벙했고 믿기지 않았다. 유진이는 우리 학원을 졸업한 여학생이었다. 학원은 보통 입시까지 모두 치르면 졸업생이라고 부른다. 형준이와는 세 살 차이였다. 학원을 다닐 때는 서로 모르는 사이였다. 졸업 후에 학원 모임 때문에 만날 일이 있었고 서로 얼굴만 아는 정도였다. 유진이는 미국에 유학차 갔다고 한다. 우연히도 둘 사이의 거리가 그리 멀지 않은 곳에 있었고 한국인은 전혀 없어서 외로움에 자주 만났다고 한다. 나도 신기했고 본인들도 역시 이해할 수 없는 일이라고 한다. 머나먼 타향에서 동포를 만나고 하필 같은 학원을 다녔던 인연이라. 내가 생각하기엔 두 사람 다 한국에 있었다면 서로 만날 일이 거의 없었을 것이다. 척박한 환경이 두 사람을 끌리게 만든 것 같다. 둘이 행복해 보여서 마음이 놓였고 다행이라는 생각이 들었다.

그로부터 몇 년이 지나고 둘은 결혼을 했다. 미국에서 결혼식을 하고 한국에서도 한다고 했는데 여건상 미국에서만 하는 것으로 끝을 냈다. 한국에서 결혼을 하면 나보고 주례를 해달라고도 했다. 여건만 허락된다면 주례도 서보고 싶었다. 하지만 내 나이도 너무 젊었고 결혼을 축복해 주기 위한 주례 여건이 되지 않았다. 지금은 정치인, 교수, 신부님, 목사님 등 다양한 사람들이 주례를 본다. 내가 생각하는 주례의 가장 좋은 조건은 이혼과 재혼은 하지 않은 사람, 아들도 낳고 딸도 낳은 사람, 결혼하고 20년이 넘은 사람, 두 사람을 함께 아는 사람이라야 가장 좋은 덕담과 주례사를 하지 않을까 생각한다. 물론 개인적인 생각이기도 하고 아직까지 주례를 볼 정도로 연륜이 쌓이진 않아서다.

두 사람은 최근에 딸을 낳았고 페이스 북에 육아일기 올리는 걸 보면 시간이 참 빠르다는 생각이 든다. 형준이가 자신의 도장을 차렸는지 알 수가 없었다. 들리는 얘기로는 태권도장 관원이 많다고 들었다. 이국땅에서 태권도로 한국을 알리고 있는 형준이의 건강을 빈다. 또한 우연인지 필연인지 천생연분으로 만난 두 사람이 언제나 행복하길 바란다.

체대를 권합니다

체대는 이런 사람에게 권하고 싶다.

첫째, 운동을 좋아하는 사람에게 권하고 싶다. 제일 강조하는 부분이다.

좋아하는 일을 한다는 것은 그만큼 성공할 확률이 높다는 것이다. 우리가 아는 유명인이나 성공한 사람 중에 마음에 들지 않고 싫은 일을 억지로 해서 성공한 사람이 과연 얼마나 될까?

산악인 엄홍길이 있다. 히말라야 8천 미터 14좌에 이어 로체샤르(8400m)와 얄룽캉(8505m)등 로체(8511m)와 캉첸중가(8586m) 위성봉마저 오른 세계 최초의 산악인이다. 이 목표를 달성하기까지 그는 22년 동안 무려 38번의 도전을 감행했고, 그 과정에서 후배 6명과 셰르파 4명을 잃었다고 한다. 엄홍길은 이제 오늘의 자신이 있기까지 희생을 해가며 도와준 산악인과 셰르파들의 유족을 돕고, 그를 받아준 산에게 진 빚을 갚기 위해 노력하고 있다고 한다. 이게 과연 누가 시켜서 되는 일인가? 자신의 의지로 해야만 성공할 가능성이 높은 것이다.

운동이 좋아서 하는 학생은 만족도도 굉장히 높고 가르치는 지도자의 입장에서도 보람을 느낀다. 대학을 위한 실기 준비는 힘든 과정이다. 하루의 수업은 출석을 부르고 준비운동과 본 운동 마무리 운동으로 진행이 된다. 본 운동과 마무리 운동 단계쯤에 도달하면 학생마다 차이가 보이기 시작한다. 힘이 빠지지 않은 운동 초반에는 누구나 따라온다. 점차 지치고 자신의 한계에 도달할 때 한 번 더 실시하는 운동이 기량을 늘리는 것이다. 좋아서 하는 운동은 이때 힘을 내고 따라오려고 노력한다. 그런 작은 부분들이 쌓이면서 운동은 꾸준히 향상된다.

체대가 궁금해서 부모님이 먼저 와서 상담을 하기도 한다. 부모님의 생각이 예전하고 많이 바뀌었다는 걸 느낀다.

수능 전 종강파티 후 단체사진

"요즘 같은 시대에 취직 잘 되는 전공이 몇 개나 있나요. 자기 좋아하는 것 시켜주려고요."

좋아서 하는 운동은 만족도가 높다. 졸업 후에 체육 관련의 전공으로 나가는 확률이 높은 학생들이다.

스포츠 에이전시나 프로스포츠 구단의 프런트로 나가는 학생들도 많은 편이다. 대학교 재학 시 영어공부를 필수로 해두라고 한다. 전공을 살려서 나갈 수 있는 길을 넓힐 수 있어서다. 아는 후배도 모 프로구단의 프런트 직원으로 입사를 했는데 만족도가 상당히 높다. 해당 구단의 경기가 있을 때 입장권을 보내 주기도 한다. 종목은 축구와 야구 농구인데 구단 산하의 팀들의 경기에 한해서다. 주변 지인들은 티켓을 받고 고마워하기도 하고 부러워하기도 한다.

다니고 있는 직장에 만족하는 사람이 몇이나 될까? 그에 비해서 후배는 하고 싶은 일을 하면서 자기가 좋아하는 스포츠 스타들을 가까이서 볼 수 있는 일을 하고 있다. 그보다 더 좋은 일이 있을까라고 생각한다. 물론 보이지 않는 스트레스와 말로 표현하지 않는 어려운 부분도 있을 것이다. 하지만 직장생활을 하면서 감내해야 하는 어려움은 누구나 있다. 다만 그 정도의 차이가 적지 않을까 싶다.

둘째, 체육 선생님이 되고 싶은 사람이다. 체육교사가 되기 위해선 임용고사를 합격해야 한다. 임용고사는 교원자격증이 있는 사람만 시험을 치를 수 있다. 교원자격증은 체육교육과를 졸업해야 취득할 수가 있다. 체육 선생님이 목표인 사람은 체육교육과를 나와야 한다. 체육교육과는 선호도가 높아서 들어가기가 쉽지는 않다. 지방의 체육교육과도 대체적으로 수능 지원점수가 높은 편이다. 지방 국립대의 체육교육과는 수능 점수가 서울의 최상위권 대학교와 비슷한 학교도 있다. 모지방대는 그 대학의 전체 과에서 체육교육과의 점수가 가장 높은 학교도 있을 정도다.

지방의 대학교에 시험을 보러 학생들을 데리고 간 적이 있다. 동기가 그 대학교의 학군단장으로 있었다. 오랜만에 친구 얼굴도 볼 겸 해서 시험장에 가게 됐다. 시험 보는 당일 동기와 약속 장소에서 만났다. 대학 졸업 후 처음 보기도 하고 정복을 입고 있어서 상당히 나이 들어 보였다. 이상하게 군복은 입는 순간 나이가 들어 보이게 하는 옷인 것 같다. 동기는 자기 머리 위에 있는 현수막을 보라고 했다. 거기에는 '전국 최우수 학군단 선정'이라고 쓰여 있었다. 약속 장소를 왜 여기로 잡았는지 현수막이 알려주고 있었다. 대학 다닐 때도 성실했는데 학군단장으로서도 큰 성과를 내고 있었다. 학군단 자랑을 하는데 듣기에 좋았다.

"이 학교는 체교과 애들이 공부를 제일 잘해. 체교과라면 법대도 기죽어서 다녀."

지방 체교과의 인기를 실감했다.

일반 체육과에서도 교원자격증이 발급되는 학교가 있다. 소수의 몇 학교에 지나지 않으며 자체 경쟁을 거쳐야 한다. 대학 내의 시험을 통하여 정원의 약 10%만 교원자격증이 발급된다.

교사가 목표이지만 체육교육과를 입학할 정도의 실력이 아니라면 교육대학원을 추천한다. 교육의 기간이 길어지고 학비가 비싸다는 단점이 있다. 어려운 점도 있지만 교육대학원을 통한 교사의 길도 열려있고 실제로 교육대학원을 졸업하고 교직에 나가는 사람도 많은 편이다.

체육교사가 꿈인 학생에게는 무조건 체대를 권한다. 임용고사의 합격이 하늘의 별 따기만큼 어렵다는 인식도 많다. 하지만 일반 공무원의 경쟁률도 30대 1에서 100대 1도 된다. 임용고사보다도 훨씬 더 높은 경쟁률이다.

임용고사는 요즘은 10대 1 안쪽의 경쟁률이 나오고 있다. 2017년도의 서울 지역의 체육교사 경쟁률은 6대 1 이었다. 국가고시의 경쟁률 치고는 매우 낮은 편이다. 또한 다른 과목에 비하면 체육은 경쟁률이 훨씬 낮은 편이다. 특정 과목은 임용시험에서 아예 한 명도 뽑지 않을 때도 있다. 실제로 체육과목의 임용고사 합격자들은 예전에 비해 합격이 수월해진 것을 체감한다고 한다. 예전 30대 1의 경쟁률이라면 필자도 강력히 권할 수는 없지만 지금이 도전해도 좋은 시기인 것은 분명하다. 임용고사는 나이의 제한이 없다. 늦은 나이에 합격하는 사람도 간혹 나온다. 다만 교사의 수급은 나라에서 정하는 부분이 있어서 자신이 대학을 졸업하는 4년에서 5년 후의 임용의 경향을 살펴봐야 한다.

셋째, 체육관련 분야의 일을 하고 싶다면 도전하라.
스포츠마케팅과 스포츠경영의 분야가 확대되고 있는 추세다. 스포츠마케팅은 스포츠를 이용하여 제품 판매의 확대를 목표하는 기법이다. 스포츠마케팅을 통해 회사 및 회사제품의 인지도를 높이고 이미지를 고양시키는 효과를 얻을 수 있다. 스포츠마케팅학과는 학문적인 연구는 물론 스포츠 산업 현장에서 필요로 하는 경영관리자와 마케팅 전문가로서의 전문 능력을 갖춘 인재 양성에 교육목표를 두고 있다. 스포츠와 경영마인드를 겸비하도록 건전한 인성을 갖추게 하고 정보처리 능력, 국제 경영감각과 외국어, 스포츠마케팅 등을 중점적으로 배우게 된다.

노인체육의 분야도 있다. 65세 이상 인구가 총인구를 차지하는 비율이 7% 이상을 고령화사회(Aging Society), 65세 이상 인구가 총인구를 차지하는 비율이 14% 이상을 고령사회(Aged Society)라고 하고, 65세 이상 인구가 총인구를 차지하는 비율이 20% 이상을 후기고령사회(post-aged society) 혹은 초고령화 사회라고 한다.

2015년 기준 한국의 65세 이상 노인인구는 662만 4천 명으로 전체 인구의 13.1%에 이르고, 2026년에는 전체 인구의 40%에 이를 것으로 추정된다. 특히 우리나라가 우려스러운 것은 세계 어느 나라에서도 유례 없이 빠른 속도로 고령화사회에 접어들고 있는 것이다. 점진적 대책 마련을 하기 위한 시간의 절대적 부족은 사회문제를 일으킬 수 있다. 다른 한편으로는 고령화에 따른 실버산업의 성장도 나타난다. 노인체육과 관련한 과들이 서서히 두각이 되고 있다.

특수체육의 분야도 관심을 가질 수 있다. 학과의 지원을 가 나 다군에 걸쳐서 특수체육만 지원한 학생이 있었다. 자신은 어려서부터 특수체육학에 관심이 많았다고 한다. 보통의 학생은 특수체육학과와 일반체육학과를 골고루 지원하는데 조금은 특이한 경우라 생각했다. 후에 알게 된 일인데 동생이 장애인이었다. 동생을 돌보면서 느낀 감정들로 인해 장애인에게 도움이 될 수 있는 직업을 생각했던 것이다. 특수체육학과는 면접을 보는 학교들이 있다. 이 학생은 가족이 장애인이라는 주제로 면접을 준비했던 기억이 난다. 특수체육학과는 입학을 하면 장애인 관련 봉사활동을 많이 하고 있다. 특수체육과 관련된 학과가 많은 편은 아니며 특수체육교육학과는 장애인 학교의 교사로 진로를 선택할 수 있다.

아직은 생소하지만 국민체력 100이란 프로그램이 있다. 국민의 체력 및 건강 증진에 목적을 두고 체력 상태를 과학적 방법에 의해 측정. 평가를 하여 운동 상담 및 처방을 해주는 대국민 스포츠복지 서비스이다. 국민체력 100에 참가한 모든 국민들에게는 체력수준 맞춤형 운동 프로그램을 제공하고 운동에 꾸준히 참가할 수 있도록 체계적으로 관리하며, 체력수준에 따라 국가 공인 인증서를 발급한다. 만 13세 이상 대한민국 국민이면 누구나 참여 가능하며, 전국 체력인증센터에서 무료로 서비스를 제공하고 있다. 이 프로그램을 하게 된 취지는 첫째, 국민체력수준 저하 및 비만 인구 증가이다. 둘째, 초단기 고령사회 진입 및 국민 평균수명 연장 사회 간접비용 증가이다. 셋째, 국가의 대국민 체력관리 서비스 제공 필요성 증가이다.

국민건강보험을 통해 1년이나 2년에 한 번씩 무료 건강 검진을 받고 있다. 국민체력 100은 무료 체력 검진이라고 생각하면 된다. 결과가 나오면 등급별 체력 인증서를 발급받는다. 이때 앞으로 실시하게 될 운동 프로그램과 건강관리의 상담도 함께 이루어진다. 이 분야를 체육과 졸업생들이 지도하고 있다. 시간이 지날수록 그 영역의 확대가 많이 이루어질 것이다.

넷째, 목표치 이상의 성적이 나오지 않을 때

체육대학은 일반과에 비해 경쟁률이 높은 편이지만 경쟁률에 비해 실제 합격자의 수능 점수는 낮다. 운동과 실기를 병행해야 한다는 점이 높은 수능 점수까지 기대하기 어려운 부분이다. 운동신경이 어느 정도 있으면서 성적이 높지 않은 학생은 충분히 도전해 볼 만하다. 실기를 제외한 합격생들의 수능 점수는 일반과 보다 대략 2등급 정도는 낮다. 모의고사를 평균 4등급 정도 받는 학생이라면 체대의 문을 두드려도 좋을 듯싶다. 4등급 정도 받는 학생이 인 서울 대학을 가기 위해선 올려야 하는 성적이 만만치 않은 것이 사실이다.

이 부분을 고민하고 있는 학생들과 상담할 때 이런 얘기를 한다.

"공부해서 수능을 2등급 이내로 받을 수 있다면 공부해서 대학을 가라. 2등급까지 올리기 힘들다면 체육을 해도 괜찮다. 단, 네가 운동을 좋아하는 경우에 한해서다."

모의고사를 3학년 현재 4등급 정도 받는 학생이 평균 2등급으로 올리는 건 쉽지 않다. 간혹 끌어올리는 학생이 있지만 극히 일부이다. 확실한 것은 문과 이과에서 4등급으로 대학을 갈 수 없다는 것이다. 체대는 4등급에 인 서울 합격생들이 나오고 있다.

하지만 운동을 싫어하는 학생은 가급적 시작하지 않는 것이 좋다. 일단 본인이 힘들다. 운동은 시키면 억지로 따라올 수는 있지만 과정은 너무나 힘이 들고 고통도 따른다. 보고 있는 주변 사람들도 힘겨워질 수 있다.

운동은 실력의 향상으로 보상을 받는다. 정기적인 측정에서 기록이 향상되면 만족과 자존감을 갖게 된다. 운동에 관심이 없으면서 지속하는 학생은 실기의 향상이 더디게 나타난다. 기록 향상의 재미나 보람을 느끼지 못할 때 중도 포기자가 생긴다. 이런 일이 발생하면 그 기간의 시간과 노력이 너무 아까워진다. 운동을 잘하고 못하고를 떠나서 운동에 대한 관심이 없는 학생은 신중히 판단해야 한다.

다섯째, 학교의 레벨을 높이기 위해 운동을 하기도 한다.

과는 중요시 생각하지 않고 학교 이름만을 보고 지원하는 학생들도 있다. 이런 경향은 점점 늘고 있는 추세이기도 하다. 체대 중에 실기 비중을 줄이고 수능 비중을 높이는 대학들이 점차 늘어나고 있다. 학업 성적이 우수한 학생을 선발하기 위해 입시전형이 바뀌는 것이다. 흔히 생각하는 학교의 이름만을 보고 지원하는 방법이며 성적이 우수하다면 합격도 가능하다. D 대학 2학년에 재학 중인 여학생이 상담을 왔었다.

"H 대학교에 가고 싶은데요."

"지금 다니는 과도 나쁘지 않은데 그대로 다니지 그러니?"

"아뇨, 저는 H 대학을 가고 싶었는데 성적이 안돼서 못 갔어요. 지금이라도 가고 싶어요. 못 가면 평생 후회할 것 같아요. 체대라도 가능성만 있다면 가고 싶어요."

여학생은 테스트 결과 H 대학 말고는 지원 가능한 체대가 아예 없었다. 지원하면 합격할 가능성도 굉장히 높았다. 실제로 H 대학의 실기는 형식에 가깝고 성적으로 학생을 선발한다고도 볼 수 있다. 보통의 체육대학은 들어가서도 실기과목을 수강해야 한다. 이때 실기가 부족하면 적응에 어려움이 있기도 하다.

H 대학은 성적 위주로 학생을 선발해서 입학생들 중에 운동기능이 뛰어난 학생들은 별로 없다. 재학생들도 운동기능이 떨어져서 스트레스를 받거나 힘들어하지 않는다. 동기들이 다들 비슷한 방법으로 입학을 해서다. 학교의 분위기는 일반 체대와는 다르게 공부 쪽으로 훨씬 비중을 두고 있다.

올해는 서울의 상위권 대학 한 곳이 성적만으로 입학생을 선발한다. 예전에 입시 부정으로 실기를 몇 년간 실시하지 않은 대학도 있었지만 그건 예외의 경우이다. 체대에 실기가 없다는 것은 체육인의 한 사람으로 자괴감이 든다. 체육학과 본연의 목표와도 배치된다고 생각한다. 하지만 체대에는 학교 레벨을 높이기 위해 지원하는 학생은 항상 있기 마련이다. 대학도 수능 점수가 높은 학생을 받으려는 대학이 있는 것도 엄연한 사실이다. 양측의 이해가 맞는다면 지원을 하게 되는 것이다. 입시도 전략인데 본인에게 맞는다면 이 방법도 합리적인 선택이다.

마치는 글

내가 글을 쓸 수 있는 힘을 얻은 건 역시 독서였다. 독서를 통해서 책을 읽는 독자에서 책을 쓰는 저자가 되고 싶다는 결심을 하였다. 독서량이 많은 것도 아니고 평소 글을 써 본적도 없어서 막상 책 쓰기에 도전하려니 막막하기만 했다. 내가 살아온 인생에 관한 책 한 권은 꼭 내고 싶다는 마음이 간절했다. 대학을 졸업하고 내가 가진 직업은 유일하다. 내 청춘을 함께 한 학생들의 이야기를 꼭 글로 남기고 싶었다. 그들의 이야기가 곧 나의 이야기이기 때문이다. 가까이서 지켜본 그들은 개성이 넘치며 다양한 이야기를 가지고 있는 학생들인 것이다.

또 다른 이유는 아들 태율이와 딸 가빈이를 위해서다. 이제 막 초등학교에 입학한 아이들이다. 똑똑하기보다는 지혜로웠으면 하는 마음이다. 아이들이 항상 책을 가까이했으면 한다. X세대, Y 세대, 밀레니엄 세대 등 여러 세대를 지나 스마트폰 세대에 태어난 아이들이다. 스마트폰을 가까이하고 책과 멀어지게 하고 싶지 않았다. 아이들은 게임을 하려면 책을 읽어야 했다. 컴퓨터를 사용하는 시간도 책을 몇 권 읽는 지로 정했다. 억지로라도 읽다 보면 차츰 습관이 들것이라고 생각했다. 나도 그 곁에서 함께 책을 읽었다. 아이들의 책 읽는 습관이 후에 책을 쓸 수 있는 저자가 됐으면 하는 마음으로 책을 쓰기 시작했다. 이 책에는 아빠가 어떤 일을 하는 사람인지 아빠 학원에 놀러 와서 아이들이 따르던 형들은 운동을 했는지 알게 될 것이다.

20세까지는 공부를 했다. 특별히 공부를 잘해서가 아니라 공부 말고 는 할 것이 없는 나이고 대학을 가기 위해선 공부를 해야 했다. 대학을 다니면서는 중간고사와 기말고사 볼 때만 공부를 했다. 아마 요령이란 표현이 맞을 듯싶다. 특정 분야를 목표로 둔 공부를 한 기억이 없다. 남 들 다하는 영어를 열심히 한 기억도 별로 없고 전공을 열심히 한 적도 없었다.

재학 중에 군대를 가야 하다는 생각과 제대 후에 임용고사를 봐야겠 다는 생각만 있었다. 최종 임용고사만 붙으면 된다는 생각에 다른 목표 를 두지 않았다. 졸업연도에 임용고사를 실패하면서 인생의 계획이 바 뀌게 되었다.

40세까지는 먹고살아야 했다. 가정 형편이 넉넉하지 않았다. 대학교 입학금을 받아본 이후로 용돈 한번 받지 않았다. 부모님을 원망한 적은 없었다. 세상을 어렵게 살고 싶어 하는 사람은 없다. 다만 누군가에게 슬슬 풀리는 삶도 누군가는 무게로만 느껴지기도 한다.

지금은 초등학교라 불리지만 내가 다니던 시절은 국민학교라 했다.

그때부터 기울기 시작한 가세는 고등학교를 마칠 때까지도 나아지진 않았다. 대학교 등록금이 부담스러웠지만 그건 나중 일이다. 일단 합격해야 시작되는 걱정이다. 대학교에 합격했을 때 등록금을 구해주신 어머님의 그 모습은 평생 잊히지 않을 것이다. 대학생활부터는 살기 위한 삶이었다. 방학 때 놀러 다닌 기억도 별로 없었다. 방학에는 더 많은 아르바이트를 해야 했다. 많은 등록금을 혼자 감당하기 위해선 방학은 소중한 시간이었다.

지금에 와서 돌아보면 '내가 그렇게까지 힘들게 살았었나.'라는 생각이 든다. 난 남부럽지 않게 살았고 부족한 것 없이 살았다고 생각했는데 말이다. 살면서 돈이 부족하다고 생각했던 적은 딱 한 번 있었다. 군제대하고 4학년 복학하던 해이다. 동기들과 3박 4일간 제주도 졸업여행이 계획되어 있었다. 회비가 그 당시에 10만 원 이었던 것으로 기억한다. 제대한지 얼마 안 돼서 그때는 수중에 돈이 없었다. 그때 졸업여행을 못 간 것 말고는 살면서 돈이 부족하다는 생각은 해본 적이 없다. 아마도 갖고 싶은 것 하고 싶은 것이 돈과 관련된 것이라면 처음부터 그런 마음이 들지 않았을지도 모른다.

돌이켜보면 20세에서 40세까지의 20년은 공부를 한 기억이 없다. 임용고사를 보기 위한 공부를 한 1년이 전부다. 필자가 생각하기에 그 20

년간은 책과는 담을 쌓고 살았던 기간인 듯싶다. 물론 내가 하는 일에 대한 공부를 게을리하진 않았다. 하지만 학문을 위한 공부는 아니었다. 입시 관련한 일들은 당연히 해야 하는 일이고 말 그대로 직업이었던 것이다.

40세부터 공부를 시작했다. 주제는 없었다. 그냥 닥치는 대로 궁금하고 관심이 있는 분야의 공부를 했다. 여건만 허락된다면 배우고 싶은 모든 것을 배우자는 마음이었다. 자연치유의 대체의학도 공부하고 사주도 공부하고 경매도 관심을 가졌다. 순서나 중점은 없었다. 단지 신년이 되면 1년간 공부할 분야를 정해서 시작한 것들이다.

여러 분야의 공부를 하면서 느낀 점은 대한민국은 배우려는 사람이 참 많다는 것이다. 어느 분야에 가도 항상 사람이 많았다. 요즘 이 분야가 뜨고 있어서 사람이 많은 건지 내가 뜨는 분야의 관심을 가져서 많은지는 모르겠다.

작년에 잡은 계획이 독서이고 올해 계획은 저자가 되기이다. 독서를 하면서 책을 내고 싶다는 생각도 하게 됐다. 처음 책을 출간하려고 마음을 먹었을 때는 엄두가 나지 않았다. 막막했고 시작과 끝을 알 수가 없었다. 저자가 되는 특강들을 알아보았다. 가격이 만만치 않았다. 하지만 저 정도 가격이면 누구나 저자로 만들어 줄 수는 있을 것 같았다. 친구가 이은대 작가님의 강의를 추천했다. 이 강의가 내가 찾는 바로 그것이라고 친절한 설명도 해 줬다.

강의를 듣게 되면서 내가 책을 낼 수 있을까?라는 생각은 나도 책을 내고 싶다는 것으로 바뀌었다. 3주 차 강의가 끝나면서 '나도 책을 낼 수 있겠구나'로 다시 한 번 바뀌었다. 정확한 표현은 계획만 하던 일을 실천했다는 것이다.

20여 년 동안 수많은 학생들이 거쳐 갔고 나의 열정도 함께 보내 주었다. 내가 아이들을 보면서 느꼈던 감정들을 책으로 남기고 싶었다. 목표를 위해 노력했던 아이들의 모습을 독자들에게 알리고 싶었다. 여기에 이렇게 열심히 하는 아이들이 있다고. 꿈을 이루기 위해 노력하고 좌절하고 아픔을 겪는 아이들이 있다는 것을 보여주고 싶었다.

학원은 학생들과의 친밀도가 굉장히 높다. 아니 무조건 높아야만 하는 것이 맞다. 허물없이 가까울수록 학생이 잘 되기를 바라는 마음을 더욱 갖게 된다. 대학에 보내고 싶은 열의가 더 많이 생기게 된다. 선생님과 학생을 떠나서 대학을 가기 위한 짧고도 긴 여정을 함께 하게 된다. 기뻐하고 슬퍼하는 동료애 같은 마음을 갖게 된다. 매년 합격생이 있으면 그렇지 못한 학생도 있기 나름이다. 결과이면서 과정인 것이다. 1년 단위로 본다면 그 해의 결과이지만 20여 년의 세월로 보자면 아이들과 계속적인 소통이자 순환이다.

오늘도 덜 후회하고 더 만족하기 위해 열의를 갖고 학생들을 지켜본다. 마지막으로 이 책이 나올 수 있도록 도움을 주신 목동피스톤 박동우 대표님과 김방준 원장님, 안양피스톤 석승안 원장님, 신림피스톤 황태인, 황태동 원장님, 그리고 인천미래생활고등학교 박재완 교사에게 감사의 인사를 전한다. 그 외 각 지점 피스톤 원장님들에게도 인사를 전하며 마지막으로 목표를 향해 노력하고 있는 수많은 수험생들의 건강과 좋은 성과를 있기를 간절히 기원한다.

졸업생수기

건국대 고상민

경희대 정주리

고려대 박형우

과기대 유주흥

교원대 고호준

국민대 김희선

서울대 김우택

서울여대 이루미

성균관대 김유선

성신여대 임미나

세종대 임영찬

숙명여대 최주희

숭실대 김대현

시립대 홍준혁

연세대 우송원

이화여대 임라라

인하대 박은지

한체대 박소희

―

　저는 강원도 춘천에서 중학교 체육교사로 근무하고 있는 손찬규라고 합니다. 제가 이 자리에 있을 수 있게 이끌어 주신 이홍성 원장님께 감사의 인사드립니다.

　운동장에서 땀 흘리며 운동하는 것이 마냥 좋았던 고등학교 시절 체육교사가 되는 싶은 꿈을 갖게 되었습니다. 체대입시라는 것이 생소한 시절 아무 정보도 없었던 학교 은사님께서 대학교 후배라고 소개를 받은 분이 원장님이었습니다. 그렇게 인연이 시작되었고 안성 시골촌뜨기들을 동네 형님같이 푸근한 인상과 재치 있는 말씀으로 일주일에 2-3번 서울에서 안성까지 먼 거리를 직접 내려오셔서 열정을 다해 주신 덕분에 저와 체대반 친구들은 좋은 대학입시 결과를 얻을 수 있었습니다. 지금와서 생각해보니 경제 사정이 넉넉지 못한 저희들의 사정을 아시고 수강료도 적게 받고 정성을 다해 지도해 주셨기에 수능이 끝난 고3 추운겨울 새벽 첫차를 타고 서울 학원으로 가서 운동을 하고 막차를 타고 다시 귀가했던 힘든 체대입시 생활을 견딜 수 있었습니다. 그렇게 많은 도움으로 체육교육과에 진학을 하였고 졸업한 뒤 본격적으로 체육교사임용시험에 도전을 하였습니다. 거듭된 실패로 많은 어려움이 있었지만 항상 체대입시시절 이를 악물고 견디며 운동하던 깡으로 포기하지 않고 도전해 4전 5기 끝에 제 꿈인 체육교사가 되었습니다. 참고로 저와 함께 운동했던 안성 시골촌뜨기 체대입시생 7명 중 4명이 교사가 되었습니다.

　교단과 운동장에 서서 체육과목과 운동을 좋아하는 학생들을 바라볼 때 그 꿈을 펼칠 수 있게 도와주고 싶다는 생각이 문득 들 때가 있습니다. 그때마다 원장님이 저희를 가르쳐 주셨던 그 마음을 되새기며 받았던 그 사랑을 학생들에게 돌려주고 싶다는 생각이 듭니다. 대학을 진학하기 위해 만났던 인연이 아닌 함께 땀 흘리고 희로애락을 함께 한 원장님과의 추억은 평생 기억에 남을 것 같습니다. 원장님! 언제 시간되시면 춘천에 꼭 놀러 오십시오! 맛있는 식사를 대접하고 싶습니다. 항상 건강하시고 시간 내서 찾아뵙겠습니다. 감사합니다.

춘천 봉의중학교 체육교사 손찬규

—

비교적 이른 나이인 중학교 2학년 때 저는 이미 체육교사가 되고자 마음을 먹었습니다. 체육을 좋아했고 잘하기도 했기에 이런 과목을 내가 가르칠 수 있다면 얼마나 좋을까 하는 생각으로 고려대 체육교육과를 목표로 학창시절을 보냈습니다. 빠른 진로 선택으로 저는 체대입시학원도 남들보다 빠르게 고2 때부터 다녔고, 학원 주장을 할 정도로 열의를 갖고 운동을 했습니다. 고3 때는 전체적인 수능성적이 나빴고, 재수 때는 수학 성적이 좋지 못해서 마지막으로 삼수를 마음먹고 기숙학원에서 죽기 살기로 공부를 했습니다. 주기적으로 원장님과 연락을 통해 취약한 과목에 대한 조언, 몸이 굳지 않기 위해 어떻게 몸을 풀어야 하는지 등 많은 조언을 받으며 만족할만한 성적은 아니었지만 고려대에 원서를 접수할 성적이 나왔습니다. 원장님은 수능이 끝나고도 무리하게 운동을 시키지 않고 체계적인 방법으로 제 운동능력을 최대한으로 끌어올려주셨습니다. 전체 4점 이내로 감점을 해야 붙는다고 하셔서 최대한 전략적으로 준비하고 실기장에 전체 3위의 성적인 5감점을 하고 교려대학교 체육교육과에 합격할 수 있었습니다. 현재도 교사의 꿈을 마음에 깊이 담아두며 얼른 원장님같은 멋진 지도자고 되고 싶습니다. 이번 기회를 통해 다시 한 번 감사드린다는 말씀을 전해드리고 싶습니다.

고려대학교 15학번 박형우

—

저는 연세대학교 스포츠응용 산업학과에 재학중인 우송원입니다. 우선 책을 출간하신 이홍성 원장님께 축하드린다는 말씀 전하고 싶습니다.

어려서부터 운동을 좋아했던 저는 외국어고등학교에 진학하고 난 후 스포츠 외교관의 꿈을 키웠습니다. 막연하게 연세대학교 스포츠응용 산업학과에 가고 싶어만 했지 체대입시에 대해서는 아는 바가 없었습니다. 수능이 끝나자마자 서울에 올라와 사촌오빠가 다녔던 체대입시 학원을 다니게 되었습니다. 그 학원에서 원장선생님을 만나게 된 것입니다. 체대입시에 문외한 저를 수능이 끝나고 실기를 보기 전까지 세심하게 지도해 주신 덕분에 저는 그토록 원했던 학교에 입학할 수 있었습니다. 학원을 다니면서 인상 깊었던 점은 원장선생님께서 유머와 재치가 넘치셔서 학원 아이들이 정말 잘 따르고 좋아했던 것입니다. 선생님께서는 사람을 즐겁게 만드는 기운이 있으신 것 같습니다. 그런 긍정적인 기운이 학생들을 좋은 길로 인도한 것 같다는 생각이 듭니다. 저도 그러한 학생들 중 한명이고요. 입시 준비 기간이 짧았지만 지금도 가끔 원장님 덕분에 체대입시 준비를 하면서 즐거웠던 경험들이 문득 떠오를 때가 많습니다.

학교에 대해서 조금 이야기 하자면 제가 대학교에서 공부하고 있는 스포츠 응용산업학은 다른학문과 융합하여 다양한 가치를 창출해 내는 학문입니다. 대학교에 입학하여 다양한 수업을 들을 때마다 입학에 큰 도움을 주신 원장님께 감사한 마음이 듭니다. 원장님의 도움 없이는 입학도 하지 못했을 겁니다. 다양한 수업을 들으며 외교관의 꿈을 꾸던 저는 스포츠 의학에 매료되어 스포츠 의학을 연구하고 가르치는 교수가 되기로 마음먹었습니다. 교수가 되어서 원장님처럼 학생들과 친하게 지내며 좋은 영향을 주는 사람이 되고 싶습니다. 제 삶의 한 부분에 긍정적인 변화를 가져다주신 이홍성 원장님께 감사의 말씀을 드리며 글을 마치려 합니다. 감사합니다.

연세대학교 16학번 우송원

—

저는 서울대학교 체육교육과에 재학 중인 김우택이라고 합니다. 우선 이렇게 글을 쓸 수 있게 해주신 '참스승' 이홍성 원장님께 감사의 인사를 드립니다.

원장님과의 인연은 고등학교 2학년 때 시작되었습니다. 2학년 초, 저에게 맞지 않는 수업 방식과 적지 않은 수강료 등의 문제로 전에 다니던 체육학원에 대해 고민을 했었습니다. 그렇게 학원을 쉬게 되었고 9월 모의고사가 끝난 뒤 담임 선생님과 이야기를 나누며 새로운 학원을 찾아본 끝에 원장님을 만날 수 있게 되었습니다. 상담을 하려고 학원에 처음 방문했을 때부터 학원의 입장이 아닌 학생의 입장을 우선적으로 생각한다는 느낌을 받았습니다. 체계적인 점수 분석과 함께 목표로 하는 대학의 합격 전략을 학생의 상황과 입장에 맞게 제시해 주시는 것에 한 번 놀랐고 학생들의 입장을 고려한 학원비에 다시 한번 놀랐습니다. 그리고 당시 운동을 하고 있는 친구들의 모습을 보면서 가족적인 분위기와 편안한 느낌을 받을 수 있었습니다. 원장님과 학원에 대한 좋은 인상과 저의 확신을 가지고 어렵지 않게 학원을 선택할 수 있었습니다.

학원에서 운동을 하면서는 역시 '제대로 선택했다!'라는 생각이 들었습니다. 학생 한명 한명 마치 자녀를 대학에 보내듯이 챙겨주시고 정말 정성을 다해서 지도해 주셨습니다. 자세 하나하나 익힐 때까지 지도해 주시고 보충이 필요하다면 없는 시간을 쪼개 가르쳐 주셨습니다. 다른 장소로 이동해서 운동을 해야 할 때는 혹여나 다칠까 학생들을 모두 직접 차로 데려다 주셨습니다. 제가 축구를 특기로 운동을 해야 했기에 외부 운동이 많을 수밖에 없었습니다. 눈이나 비가 온 후에는 운동이 가능한 모든 곳을 찾아보시고 지도해 주시는 등 정말 저희를 사랑으로 대해 주셨습니다.

감사한 것들이 너무 많지만 제가 특히 감사하게 생각하는 일은 재수생인 제가 운동을 할 때였습니다. 재수를 하면서 개인 운동만 조금씩 했기에 몸 상태가 온전하지 않았던 저에게 거의 개인 선생님을 붙여 주시며 운동 능력을 끌어올릴 수 있게 해주셨습니다. 그리고 전공 실기로 축구를 준비해야 했는데 대학 축구 선수 2명을 저의 개인 코치로 붙여 주셔서 준비를 잘 할 수 있었고 결국 합격의 기쁨을 맛볼 수 있었습니다.

사실 제가 원장님을 만난 시간은 모두 합쳐도 반년 정도 밖에는 되지 않습니다. 그러나 그 짧은 시간에도 불구하고 원장님의 가르침은 저의 남은 인생을 바꿔 놓았다고 해도 과언이 아니라고 생각합니다. 작게는 합격의 기쁨을 누리게 해 주셨고 앞으로도 원장님의 사랑과 가르침을 기억하며 살아갈 것이기 때문입니다. 원장님! 항상 몸 건강하시고 더 많은 학생들이 원장님의 가르침을 받을 수 있게 되면 좋겠습니다. 원장님의 사랑 평생 잊지 않겠습니다. 항상 감사합니다. 자주 찾아뵐게요.

서울대 18학번 김우택

—

안녕하세요. 원장님 바쁘다는 핑계로 자주 찾아뵙지 못해서 죄송해요. 보통의 직장인들하고 다르게 스케줄이 일정하지 않아서 쉬는 날에는 정말 쉬어야 하네요. 입시학원 다니면서 운동할 때는 힘들다는 생각이 많았는데 막상 졸업을 하고 보니 그 때가 가장 그립다는 생각이 들기도 해요. 친구들과 함께 운동을 해서 그런 것 같기도 하고요. 원장님의 말투도 그립고 재치가 넘치셨던 아재 개그도 생각이 많이 나네요. 지금도 여전히 다정다감으로 학생들을 지도하고 계시겠지요? 항상 한결 같으신 원장님께 글로나마 감사의 인사를 드립니다.

제가 꿈을 이룰 수 있었던 것도 체대입시 시절의 도움이 컸던 것 같습니다. 승무원을 준비하면서 힘든 고비가 올 때마다 그 힘든 운동도 버텼는데 이겨내야지 하는 마음으로 넘겼습니다.

모든 시험을 통과하고 최종 실기만 남았을 때 비로소 안도가 되었습니다. 체육과 졸업생이 실기에서 떨어진다는 것은 있을 수 없는 일이니까요. 최종 합격을 하고 나서 꿈을 이뤘다는 사실에 실감이 안 나기도 하면서 너무 너무 기뻤습니다.

운동하던 시절에 항상 부상을 염려해 주시고 따듯한 격려로 이끌어 주셔서 감사드립니다. 운동은 힘들었지만 큰 고비 없이 무난하게 합격을 할 수 있었던 것 같습니다. 항상 건강하시고 책도 대박이 나세요.

대한항공 승무원 석세라

공부하는 놈 위에 뛰는 놈 있다

초판인쇄	2018년 10월 12일
초판발행	2018년 10월 19일
지은이	이홍성
발행인	조현수
펴낸곳	도서출판 프로방스
마케팅	최관호 최문섭 신성웅
편집	정민규
디자인	호기심고양이
주소	경기도 고양시 일산동구 백석2동 1301-2
	넥스빌오피스텔 704호
전화	031-925-5366~7
팩스	031-925-5368
이메일	provence70@naver.com
등록번호	제2016-000126호
등록	2016년 6월 23일

정가 16,000원
ISBN 979-11-88204-76-2 13370

파본은 구입처나 본사에서 교환해드립니다.